KUNSTPÄDAGOGIK UND IHR SUBJEKT

Entwurf einer Praxistheorie

2. Auflage 2003

Die Deutsche Bibliothek - CIP-Einheitsaufnahme

Kunstpädagogik und ihr Subjekt : Entwurf einer Praxistheorie /
Gert Selle. - Oldenburg : Isensee, 1998
ISBN 3-89598-560-0

Gedruckt bei Isensee in Oldenburg

Gert Selle

KUNSTPÄDAGOGIK UND IHR SUBJEKT

Entwurf einer Praxistheorie

ISENSEE VERLAG
OLDENBURG

VORWORT

Über Kunstpädagogik, über ihr Verhältnis zur Kunst und zum Subjekt, dem sie angeblich verpflichtet ist, wird zu reden sein.
Als Inszenierungsvorschlag einer Bildungslehre mit Allgemeingültigkeitsanspruch bedarf sie distanzierter Kritik. Als einer Poiesis oder Kunst muß ihr aus erfahrungsgrundierter Nähe begegnet werden. So unverzichtbar die wissenschaftliche Durchdringung kunstpädagogischer Sachverhalte ist, so wenig darf man ihre Verankerung im Ästhetischen unterschlagen. Kunstpädagogische Praxis lebt vom Wagnis der Subjektivität wie die Kunst und ist gegen das Konstrukt einer Rationalität zu schützen, die sich auf den Konsens scheinbar gesicherten Wissens und selten auf das Ungewisse und Besondere der Erfahrung beruft. Nicht zuletzt zu dessen Stärkung bedarf es ästhetisch sensibilisierter und sensibilisierender Formen der Darstellung und Deutung. Beschreibung und essayistische Erörterung bieten sich an, kunstpädagogische Phänomene darzulegen: Das erzählende Beschreiben akzentuiert die Farben des erlebnishaften Grundes der Erfahrung. Der Essay ist eine genuine Form ästhetischen Denkens. Es besteht wenig Gefahr, den Abstand zur Sache zu verlieren, weil es die epische Distanz als Schwelle des Reflektierens und eine der essayistischen Betrachtungsweise eigene Ironie gibt: Kann es Wichtigeres als Kunstpädagogik geben?
Der Erzähler darf sich in seine Bilder verlieben, der Essayist bleibt ein Gedankenspieler. Es geht um eine Hermeneutik, wo das Beispiel hervortritt, um eine Kunst, wo Praxis sich entwirft, um diskursives Denken, wo Ansätze der Theorie sich zeigen, um Streitbarkeit, wo Zweifel überwiegen. Vorsichtshalber sind Sicherungen in das Verfahren eingebaut: Erstens gibt es das dokumentierte empirische Ausgangs- und Beweismaterial. Zweitens wurden einzelne analytische Schritte bzw. Materialinterpretationen Urhebern und Zeugen zur Kontrolle und Korrektur gegeben. Drittens ist der theoretische Zusammenhang des Entwurfs Thema eines Kolloquiums, aus dessen Teilnehmerkreis einige Arbeiten so weit gediehen sind, daß es parallel dazu vertretbar erscheint, anders als in einer streng wissenschaftlichen Studie zu kunstpädagogischen Grundfragen Stellung zu nehmen.
Dabei hat es sich als unvermeidlich erwiesen, eine Textform voller Brüche zu wählen, die glatt konsumierendes Lesen verhindert.
Perspektivenwechsel und stilistische Sprünge sind ein Instrument zur unterschiedlichen Inansichtnahme des Gegenstands und entsprechen einer absichtsvollen Technik der Überblendung und Durchmischung von Bildern und Gedankengängen. Über den pragmatischen Aspekt des Versuchs hinaus, verschiedene Schreibweisen und Lesearten zur reflexiven Erschließung einzusetzen, handelt es sich um eine künstlerische Methode, mehrdeutigen Phänomenen und unsichtbaren Prozessen zwischen Kunst und pädagogischer Praxis, ästhetischem Erfahrungshandeln und Bewußtsein, Beobachtung und Interpretation nachzuspüren. Kurzum - das Buch mag dadurch schwerer zu lesen sein als ein gradlinig kunstpädagogischer Text, der nur auf die

eine oder die andere Art „erzählt“. Zwar hätte ich gern noch weniger diskursiv erklärt und noch mehr in der poetischen Andeutung gelassen. Aber dann wäre vermutlich gerade wieder eine Form der Eindimensionalität der Anschauung und des Denkens entstanden, die ich hier vermeiden wollte.

Der Versuch ist eine Flaschenpost ins Ungewisse der Zukunft kunstpädagogischer Praxis und ein Behauptungsversuch für ihre Gegenwart. Daran sind alle beteiligt, die mir erlaubt haben, ihnen bei der ästhetischen Arbeit über die Schulter zu schauen. Andere haben Aufzeichnungen oder Bildmaterial freigegeben, wie Norbert Weiser, Grundschullehrer und Kunstpädagoge in Berlin-Neukölln. Des weiteren sind Texte von Claus Arlinghaus, Michaela Griffel, Yvonne Hackmann, Elina Kritzokat, Rosanne Schmidt, Sabine Schröter, Hilde Winkler und anderen zitiert. Konrad Jentzsch, Maria Peters, Günther Regel, Horst Rumpf, Winfried Schmidt und Mitglieder des Oldenburger kunstpädagogischen Doktorandinnen- und Doktoranden-Kolloquiums (Hans Raimund Aurer, Manfred Behr, Anne Krefting, Yvonne Rausch, Sabine Schröter) haben die Arbeit durch Zuruf oder Kritik gefördert. Auch wenn nicht jeder Einwand oder Vorschlag aufgenommen werden konnte, weil der Text seine individuelle Färbung behalten sollte, war mir die kollegiale Stellungnahme wertvoll und anregend über den Anlaß hinaus. Das Buch ist im Vorfeld seiner Veröffentlichung durch hilfreiche Hände gegangen und gründlich überprüft. Allen Beteiligten sei dafür herzlich gedankt.

Nun kann diese Betrachtung, wie geplant, parallel zu ersten wissenschaftlichen Ergebnissen des Projekts „Ästhetische Arbeit in Hochschule und Schule“ erscheinen.*

* So ist das Projekt im Forschungsbericht der Universität Oldenburg ursprünglich zutreffend bezeichnet. Korrekterweise müßte es heute „Ästhetische Arbeit im Bildungsbereich“ heißen, weil sich der Einzugsbereich der Praxisbeispiele, Analysen und theoretischen Konzepte über den Rahmen von Kunstunterricht und das Studium der Kunstpädagogik hinaus erweitert hat.

Als der Verlag mich bat, den Text für die 2. Auflage noch einmal durchzusehen, sah ich mich veranlaßt, das Buch nach langer Zeit wieder zu lesen, mit dem Ergebnis, daß mir dieser sechs Jahre zurückliegende Versuch des Überdenkens von Erfahrung immer noch tragfähig erscheint.

Leserinnen und Leser können dieses Buch in unveränderter Form als didaktikgeschichtliches Zeugnis und als Anregung für aktuelle Praxis nutzen.

Gert Selle

1

BEFREIUNG VOM UNTERRICHT

Auf dem Schulflur

Legen

Landschaft

Eine grabende Frau

Norbert Weiser

Auf dem Schulflur

Auf dem Gang der Schule sitzen sieben Schüler einer sechsten Klasse und ein Lehrer. Sie sitzen auf Hockern, die sie dicht an die Wand gerückt haben. Sie sitzen sich gegenüber, jeweils vier an einer der beiden langen Wände. Zwischen ihnen liegt auf dem Boden ein Bündel Kupferdrähte. Die Drähte sind lang und sehr dünn und völlig gerade. Schüler wie Lehrer haben neben sich auf dem Boden einen Stapel gerissener Papiere sowie einen Bleistift.

Aus den Klassenräumen dringen Geräusche.

Eine Schülerin steht auf, nimmt das Drahtbündel vom Boden. Sie entfernt sich damit von der Gruppe der Sitzenden und geht bis zum Ende des Flurs. Beim Gehen hält sie die Drähte in ihrer rechten, herabhängenden Hand. Die Enden der Drähte wippen beim Gehen. Die Gummisohlen knirschen bei jedem Schritt. Am Ende des Flures angekommen, dreht sich das Mädchen um und bleibt einen Moment stehen. Sie ist ausgestellt, wie man ein Bild ausstellt. Sieben Augenpaare sehen sie an.

Dort, wo sie steht, gibt es Fenster. Der Flur ist dort heller.

Nach einem Moment des Verharrens geht sie den kurzen Weg wieder zurück. Sie sieht auf den Boden. Kurz vor den sich gegenübersitzenden Personen angekommen bleibt sie mit einem Ruck stehen und wirft, noch aus der Bewegung des letzten Schrittes heraus, das Bündel der Kupferdrähte mit weit nach hinter dem Körper ausholender Bewegung zwischen die Sitzenden. Sie sieht auf die am Boden liegenden Drähte, die jetzt ein unscharf begrenztes Feld bilden. Sich kreuzend liegen die Schichten übereinander.

Beim Fall auf den Boden verursachen die Drähte ein überraschend leises Geräusch.

Das Mädchen sitzt wieder auf ihrem Hocker. Alle sehen auf das Muster der auf dem Boden liegenden Drähte. Dann schreiben sie. Reihum liest jeder vor, was er geschrieben hat. Es wird über das Gesehene und über das Geschriebene gesprochen. Dann steht der zweite auf. Er sammelt die verstreuten Drähte auf, bündelt sie. Es dauert eine geraume Weile, das Gewirr der ineinandergeratenen Drähte zu entflechten. Das Bündel ist fertig. Er nimmt es auf, geht wie das Mädchen vor ihm zum Ende des Flures.

Wie er ins Licht tritt, beginnen die Drähte zu glitzern.

Er teilt sein Bündel, nimmt in jede Hand eine der Hälften. Aber das dauert. Auch er verharrt, dort, am Ende des Flures. Sein Verharren und das des Mädchens vor ihm sind unterschiedlich. Sie blieb dort stehen, nachdem sie sich umgedreht hatte, und ihre Augen irrten umher, als suchten sie einen Punkt, an dem sie sich festhalten konnten. Es war ein kurzer Moment. Er zeigt der Gruppe den Rücken. Dabei hantiert er mit dem Material. Er dreht sich erst um, nachdem er das Bündel in zwei annähernd gleichgroße Hälften geteilt hat.

Keiner der Zuschauer sagt einen Ton.

Auch er geht jetzt wieder den Weg zurück auf die Gruppe zu. Seine Arme bewegen sich im Takt der Schritte. Jede Hand hält ein Bündel. Die Drahtbündel bewegen sich seitlich am Körper vorbei. Auf der Hälfte des Weges läßt er das Drahtbündel der rechten Hand hinter sich fallen. Kurz vor der Gruppe fällt auch das zweite. Im gleichen Augenblick, da er den linken Fuß vorsetzt, gleiten die Drähte aus seiner Hand. Die Hand ist hinter dem Körper, denn die pendelnde Bewegung des linken Armes entspricht der Bewegung des rechten Beines.

Aus der Bewegung des Gehens fallen zwei flüchtige Schatten.[1]

Norbert Weiser

Legen

(. . .)
Ruhe
Einigung
Der Mittelkreis
Das Papierfeld
Regeln
Der Boden muß weg
Der Kreis muß voll sein
Gleichgroße Knödel
Den Berg durchsuchen
Sortieren
Ausscheiden
Neu knüllen
Auf Stühlen sitzen
Piotr kommt
Darf ich mitmachen?
Telefonbücher zerreißen

Linien
Feldbegrenzungen
Kreis
Halbkreise
Bodenzeichen
Weiß und Rot
Bodenzeichen belaufen
(. . .)
Papierknödel zusammentragen
Zusammenschieben
Anhäufen
Herumwerfen

Sich hineinwerfen
Sich bewerfen
Sich fallen lassen
Zerfetzen
Schreien
Kreischen

Songül arbeitet allein
Stefanie verschwindet
Mario weiß noch nicht
Papier auf Holzstäbe spießen
Löcher füllen
Den Kreis gleichmäßig hoch füllen
Im Papier waten
Den Rand ordnen
Den Rand betonen
Pappecken aufstellen
Abstände messen
Gleiche Abstände herstellen
Pappecken ausrichten
Pause machen
Zeichnen
Schreiben
Spielen
Songül verändert ihr Blumenfeld
Songül legt Stoffstreifen übereinander
Schicht um Schicht

ein Hügel
Grabhügel
Darauf die Metallplatten
Mario legt sein Auto neu
Mit Muscheln
Muschelauto

(. . .)

Songül legt Papierstreifen
Kreis am Eingang
Dennis stellt Blecheimer auf
Dennis in der Ecke
Eimerecke
(. . .)
Farik fragt: Was hat Songül am Fuß?
Frag sie doch selbst
Roman zeichnet noch
Heh Dennis, was machst'n da?
Legen
Was, legen?
Na, legen eben. Bilder legen

Gerald und Stefanie verschwinden
Mario stapelt Pappecken
Roland rast hin und her
Roland hilft Mario
Roland trennt sich
Roland legt Pappeckenreihe
Besucher gehen
Ruhe
Zusammenfassung
Was morgen?
Das Auto neu legen
Den Kreis verändern
Den Verstärker benutzen
Mit Kreide legen
Mit Eimern arbeiten
Alles kaputt machen
Nur spielen
Papier zerreißen

Ganz klein reißen
Den ganzen Boden belegen
Nur eine Straße lassen
Mehrere Straßen
Plätze auch
Und jetzt?
Holen sie uns die Stöcke?
Gib mir eine Aufgabe
Dürfen wir raus?
Songül legt, Bild um Bild
Als alle gehen bleibt sie, hinkt durch den Raum
Songül kenne ich erst seit heute [2]

Landschaft

Eine von gewundenen Pisten zerfurchte, riesige Mulde mit Haldenbuckeln und steilen Abraumkanten, von einem aufgelassenen SS20-Bunker auf entfernter Anhöhe bewacht. Grundwasserseen, Bahngleise, Rohre, die bizarr aus dem geschundenen Erdreich ragen, armdicke Starkstromkabel, von Raupenfahrzeugen in den Schlamm gedrückt, stillgelegte, rostige Riesenbagger wie tote Saurier im Gelände. Ab und zu das kurze Tuten einer Lok, fernes Geklapper, Eisengeräusch von schwerem Gerät, wo Material abgetragen oder verladen wird.
Eine verwundete Landschaft, über den Spuren der technischen Ausbeutung ein zarter Anflug erster, wilder Begrünung. Ein Restloch, wie es im Braunkohletagebau heißt.
Auf seiner Sohle winzige Gestalten, die seltsam Unbestimmtes in bestimmter Wiederholung tun, einzeln, manchmal zu zweit, wenn einer zum anderen geht. Dann reden sie für mich unhörbar miteinander, zeigen sich etwas, trennen sich wieder. Ich ruhe auf einer Kante am Abgrund sitzend, beobachte, werde selbst zum Teil dieser beschädigten Landschaft, über die ein leichter Schauer hinwegzieht, sattere Grautöne hinterlassend: Staubgrau, Steingrau, Reihergrau mit schwarzen Einsprengseln, ockerfarbenen Aufhellungen im jähen Sonnenlicht. Eine verwischte, diffuse Atmosphäre, ein seltsamer Geruch, nicht Erde, nicht Rauch - jedenfalls ist kein Feuer zu sehen.
Das Erfahrungsfeld ist weit auseinandergezogen. Die an seinen äußeren Rändern sichtbar Arbeitenden sind zwei Kilometer von einander entfernt, bleiben aber in Rufweite mit Nachbarn.
Ich sehe ein Tableau mit vereinzelten Figuren, die sich in langsamer Regelmäßigkeit wie suchend über die zerstörte Fläche bewegen oder an einer Stelle verharren. Da geht eine Frau die irgendwo beginnende, im Nichts endende Strecke von Eisenbahnschwellen, von denen die Schienen längst demontiert sind, hin und her, liegt zeitweise auf einer Schwelle, um sich wieder zu erheben und wieder hin und her zu gehen. Ein Mann wirft lockere Erde von einem Hügel in den Wind, immer wieder Erde in den Wind. Eine Frau gräbt kniend mit bloßen Händen im Boden und scheint etwas bergen zu wollen.
Eine andere kriecht auf dem Rohr, durch das Schlammwasser gepumpt wird, ein Ohr an die Wandung gepreßt. Jemand klopft Eisen auf Eisen, der Wind trägt den Klang zu mir, seinen Urheber hat eine Geländefalte verschluckt. Wenn ich nicht wüßte, was die Einzelnen dort unten tun, müßte ich das Bild als eine rätselhafte Choreographie andeutungsvoller Handlungen verstehen, die durch einen geheimen Plan wie ein in die Zeit gebreiteter Teppich von Ereignissen miteinander verbunden sind, simultan, aufeinander abgestimmt, an verschiedenen Orten. Der Wunsch nach Übersicht streitet mit dem Bedürfnis der Nähe zum Geschehen. Meine strapazierten Gelenke müssen sich neu an das mühselige Gehen über karstiges Gelände gewöhnen. Zu Fuß geht hier, außer uns, niemand. Die wenigen Grubenarbeiter, freundlich grüßend, fahren Bulldozer oder LKW.
Dann bin ich wieder selbst im Bild, Ameise auf der eben noch von Ferne wahrgenommenen Haut dieser amorphen Skulptur beiseitegeworfener, ausgelaugter Materie, auf der sich vereinzelte, kaum wiederzufindende Gestalten behutsam bewegen.

Die Frau kriecht über das Rohr und horcht das Geräusch der Bewegungen in seinem Inneren ab. Den ganzen Tag kriecht und horcht die Frau. Den ganzen Tag läuft die Pumpe in einem die Tonart wechselnden rhythmisch an- und abschwellenden, dunkel unterlegten Summen. Physikalisch handelt es sich um einen Transport, einen Kreislauf von Material: Dem See wird Wasser entnommen, das, auf die Abraumhalden hinaufgepumpt, mit Schlamm vermischt über steile Kanten und Kerben, diese festigend, in den See zurückfällt, um ihn mit tückisch weichem Schlick aufzufüllen.

Aber nicht die Kaskadenbäche, nicht der See, sondern das Rohr mit dem Pumpgeräusch hat es Rosanne Schmidt angetan. Sie horcht mit angelegtem Ohr, spürt im Körper die Vibration des Durchflusses unter schwankendem Druck. Auf einem ihrer Kriechgänge schiebt sie den Camcorder vor sich her, seitlich auf das Rohr gelegt, damit das empfindliche Mikro den Ton aufzeichnen kann. Der Horizont des Bildes kippt um neunzig Grad in die Vertikale. Zunächst ist es das Unsichtbare, nur Hör- und Spürbare, das die Sinne, die Einbildungskraft und das Denken beschäftigt. In den Kriechpausen schreibt Rosanne Schmidt. Mir, dem Beobachter, erschließt sich die Tätigkeit dieser Frau in der Landschaft bei den Rohren aus der Entfernung nur als die einer Person, die im Wechsel Wahrnehmungshaltungen in eindrucksvollen Körperumklammerungen ihres Gegenstands und sonst nur die übliche Schreibhaltung im Sitzen produziert.

Das Bild ist unvollständig, ich werde es später weitererzählen. Ich weiß ja ohnehin aus meiner Beobachterposition nicht, was Rosanne Schmidt da im Einzelnen tut. Ich weiß nur: Sie nimmt etwas nach selbstgesetzten Regeln wahr, schreibt über das Wahrgenommene oder Gott und die Welt, wiederholt die Übung des Wahrnehmens, vielleicht, um sich zu vergewissern oder in der Hoffnung, noch etwas ihr Unbekanntes zu hören, vielleicht etwas, das aus ihr selbst herauskommt und im Schreiben Gestalt annimmt. Sie behält den Körper als Wahrnehmungsorgan im Liegen und Anpressen an das Rohr bei, den Camcorder als Bild- und Tonaufzeichnungsgerät, das Schreiben als Medium sprachlich reflexiver, poetischer oder auch intellektueller Arbeit. Sie unterzieht sich sichtbar einer wiederholten, fast rituellen Tätigkeit, von der sie sich etwas zu versprechen scheint. Lassen wir sie dabei vorläufig allein.

Das erste Bild des Werfens der Kupferdrähte hat angedeutet, was mit einer elementarpraktischen Übung[3] gemeint ist: Es ist die handelnde Einstimmung auf einen intensivierten Prozeß der sinnlich-geistigen Perzeption, der bewußten Wahrnehmung, bei dem gewisse Regelvorgaben einzuhalten oder selbständig auszudifferenzieren sind. Über die Wiederholungen hinaus entwickelt dieser Prozeß trotz der angedeuteten methodischen Disziplinierung eine eigene Dynamik, weil jede/jeder Beteiligte individuell anders und anderes wahrnimmt und die sich aufbauende Erfahrung an ein und derselben Sache, in der gleichen Situation unterschiedlich ist, was die Gruppe mitwahrnimmt.

Zu unterscheiden sind persönliche Haltungen und Handlungsfiguren, so daß wir annehmen können, daß auch die Profile der Verarbeitung des Wahrgenommenen individuell verschieden sind. Wir können die elementarpraktische Übung ein regelhaft strukturiertes und daher disziplinierendes, aber auch ein individuell auszugestaltendes exploratives Handlungsmodell für die ästhetische Erfahrungsarbeit nennen, bei dem sich Handlungs-, Denk- und Bewertungsvollzüge im Rahmen eines Wahrnehmungsprozesses ergeben, der selbst durch Dehnung und Intensivierung zum Erfahrungsthema werden kann. Dieser Prozeß nimmt in den sichtbaren Handlungsformen eine eigene performative Gestalt an, zum Beispiel in Gesten, die nicht von der Regel vorgegeben sind, sondern als Ausdruck des wahrnehmend-handelnden Subjekts gelesen werden müssen. Dann sehen wir eine individuelle Performance; es wird uns gezeigt, wie jemand etwas macht.

Auch im zweiten Bild, bei der Aktion des Legens, sind Merkmale eines angeleiteten Übens noch zu erkennen: Trotz spielerischer Freiheit handelt es sich um ein themenzentriertes ästhetisch-exploratives Probehandeln, um ein Beobachten des gehandhabten Materials und vorübergehender Gestaltereignisse, beispielsweise der Papierhaufen oder auch der Handlungsfiguren des Werfens, Wühlens und Ordnens. Aber hier war die Übung in einen größeren Zusammenhang forschenden Tuns, in ein ästhetisches Projekt[4] von mehreren Tagen Dauer integriert. Im Prinzip mag dies auch beim ersten Bild so gewesen sein. Man fängt nicht aus heiterem Himmel mit dem Werfen von Kupferdrähten an. Diesem Mikado dürften andere Übungsschritte vorausgegangen sein, so wie ihm weitere gefolgt sein können. Denkbar, daß eine elementarpraktische Übung beginnt, um in ein ästhetisches Projekt der längeren Untersuchungs- und Gestaltungsfolgen zu münden. Das Üben ist dann die praktische Einleitung ästhetischer Arbeitsgeschichten, die sich projektartig ausdehnen und verselbständigen, oder die in einer Veranstaltung stattfinden, die von vornherein als ästhetisches Projekt geplant ist.

So bei Rosanne Schmidt, der Frau, die tagelang über das Rohr kriecht. Es ist eine typische Situation erwartungsvollen Übens, vollzogen in einem ästhetischen Projekt, das sich durch das vereinbarte Gruppenvorhaben an einem vorher festgelegten Ort, dem Tagebaurestloch, durch individuelle Entscheidung für bestimmte Situationen oder Gegenstände des subjektiven Wahrnehmungsinteresses am Ort und durch eine selbstentwickelte Methode des Vollzugs der Wahrnehmung und der Reflexion definiert.

Noch einmal, was tut Rosanne Schmidt, ohne daß wir ihr allzu hypothetisch etwas unterstellen müßten?
Sie übt sich im Wahrnehmen eines Phänomens nach eigener Wahl in einem Umfeld, dem sie ausgesetzt ist - diesem Riesenloch in der Landschaft. Trotz technischer Ausstattung regrediert sie auf elementare Sinnestätigkeiten, benutzt nicht nur ihr Ohr, sondern den ganzen Körper als aufnehmendes Organ und distanziert sich nur dann und wann von dieser archaischen Geste durch die Aktion des Schrei-

bens, die - wie die Geste des Horchens - in dieser Umgebung zwangsläufig eine zeichenhaft-sichtbare Gestalt annimmt.

Plötzlich wirkt nicht mehr zufällig oder nur pragmatisch bestimmt, was diese Person auf dem Rohr tut, sondern alles wird zum ästhetischen Ereignis, zur demonstrativ geformten, ästhetisch kommunikativen Handlung. Jeder Beobachter erkennt dies, ohne mit der handelnden Person sprechen zu müssen. Wen ich in einer kaputten Landschaft sitzen und schreiben sehe, dem unterstelle ich, daß er das nicht zufällig tut, und wer über Rohre kriecht und sichtbar daran horcht, irritiert mich nur momentan, bis ich über das ästhetische Moment der Handlung und ihre Wiederholung begreife, daß da jemand mit sich selbst und dem Gegenstand etwas inszeniert. Ich bin unwillkürlich aufgefordert, darüber nachzudenken oder es nachzumachen. Ich bin Zeuge einer ästhetischen Aktion. Aber Rosanne Schmidt inszeniert ihr Vorgehen nicht für uns, die wir zusehen dürfen, auch nicht für andere in diesem Projekt, die ihrerseits ähnliche Annäherungsbewegungen an vorfindliche Phänomene vollziehen und auf ihre Weise performative Haltungen und Gesten entwickeln. Vermutlich macht sie sich selbst das Wahrnehmen und das Wahrgenommene in der Wiederholung bewußt und sucht nach einer Form, die sie gegen das Rohe, Ungestaltete setzen kann. Sie treibt ihre eigene Erkenntnissuche im Horchen und Schreiben, in ihrem privaten ästhetischen Projekt, ohne jede Rücksicht auf ein Publikum. Elementarpraktisches Üben und ästhetische Projektarbeit durchdringen sich hier in einer persönlich angelegten, offenen Erfahrungsgeschichte, deren Fortgang wir noch nicht kennen.

Als Rahmen ist das ästhetische Projekt eine Aufforderung zur Produktion subjektiver Erfahrungsneugier, die sich in explorativen Haltungen und ästhetischem Probehandeln nach selbstentwickelter Methode und in einer selbstbestimmten Zeitökonomie ihrer gestalthaften Aktionsformen realisiert, wobei die schnelle Antwort des Begriffs (übrigens auch des Bildes) vermieden wird und Unklarheiten über die Situation lange ausgehalten werden. Rosanne Schmidt hätte sich ja auch an den Rand einer solchen Grube stellen und sagen können: Da sieht man, wie Naturausbeutung endet, um wieder fortzugehen, oder um zuvor noch schnell ein Foto zu machen. Dann hätte keine Erfahrungsgeschichte stattgefunden, nur eine momentane, vermutlich wenig nachhaltige Bestätigung von Vorgewußtem durch einen mehr oder weniger unbeteiligten Blick.

In ästhetischen Projekten, die ich gern in rauhen Feldern der gesellschaftlichen Wirklichkeit ansiedle, aus denen man ohne Konfrontation mit dem Gegenstand und sich selbst nicht davonkommt, wird aus der situativen Verdichtung des Wahrnehmens ein Aufmerken gegenüber der eigenen Wahrnehmungsfähigkeit und der Geschichte ihrer prozessualen Entwicklung. Es kommt zu einer anhaltenden ästhetischen Subjekt-Aktivität im Wahrnehmen, Empfinden und Denken, zu einer neuen Aufmerksamkeit gegenüber dem Phänomen, aber auch gegenüber sich selbst im situativen Reagieren, also auch zu einer besonderen Ich-Aufmerksamkeit:

Ich sitze hier und studiere das Austrocknen von Schlammpfützen oder spiele mit Dreck. Wenn mir jetzt jemand zusieht! Wirklich Hinsehen, Hinhören, Hinspüren ist eine leicht verrückt wirkende Tätigkeit, in der man mit einem Gegenstand ebenso intensiv befaßt sein kann wie mit sich selbst. Aber es kommt auf die Wahrnehmung an; denn „Wahrnehmung ist eine Spezialkompetenz des Bewußtseins, ja seine eigentliche Fähigkeit. Ganz überwiegend ist das Bewußtsein Tag für Tag, ja Minute für Minute mit Wahrnehmungen beschäftigt. (...) Ohne Wahrnehmung müßte es seine Autopoiesis beenden.“ [5]

Die vor den Sinnen sich ausbreitende Welt der Phänomene hat auslösende Funktion. Mit der Wahrnehmung beginnt das Vorstellen, Denken, Phantasieren, Erinnern - jenes komplexe Durcheinander, das man Bewußtseinsarbeit oder Arbeit am Bewußtsein nennen kann: „Die Sinne sind r e f l e x i v. Sehend erfährt der Mensch nicht nur das Sichtbare, sondern auch sich selbst als Sehenden. (...) Im Sehen erfolgt also eine Verschränkung zwischen der Wahrnehmung von Gegenständen - zu denen auch der eigene Körper werden kann, und der eigenen Subjektivität. (...) Im Sehen gehen Erinnerungen, Wunschbilder und Phantasien des Sehenden ein; sie erzeugen ein je individuelles, perspektivisches Bild des Andern und der Welt.“ [6]

Hier ist nur vom Sehen die Rede, aber ich behaupte: Alle Sinne erzeugen im Augenblick ihrer Beanspruchung diese Reflexivität. Wir erzeugen uns selbst in der Wahrnehmung. Wir produzieren im Wahrnehmungsakt ein Bewußtsein unserer selbst. Ich nenne das den Augenblick ästhetischer Daseinsbewußtheit.

Man kann die Selbstwahrnehmung in der Wahrnehmung[7] zu einem auto-didaktischen Moment im Prozeß ästhetischer Arbeit erklären. Beide Formen der Wahrnehmung, die Wahrnehmung eines Gegenstands und die des eigenen Tuns am Gegenstand bzw. der Befindlichkeit in der Situation vor dem Gegenstand fordern dazu auf, die Situation und das Wahrgenommene zu interpretieren, einen persönlichen Sinn des Handelns und Erkennens zu konstituieren.
Als Begleiter und Beobachter muß ich solche Artikulationsprozesse wahrnehmen oder ahnen, um Hilfe anbieten oder zurückhalten zu können. Vor allem einen Fehler muß ich vermeiden. Ich darf nie vorzeitig Begriffsauskunft verlangen: Was machen Sie da? Was soll das werden? Welchen Sinn hat das, was Sie gerade tun?
Kunstpädagogen brauchen nicht immer alles zu wissen, sie haben oft das Nachsehen, ohne sich deshalb ärgern zu müssen: Plötzlich führt Rosanne Schmidt nicht mehr handschriftlich Tagebuch, sondern sitzt auf ihrem Schlammwasserrohr, eine alte, mechanische Schreibmaschine auf den Knien. Daß es nicht ihr Laptop ist, leuchtet ein. Offenbar will sie ihre Texte mit einem technisch veralteten Instrument produzieren, das der an diesem Ort verkörperten, zuendegebrachten Produktionsgeschichte des mechanischen Zeitalters historisch angemessen erscheint. Mit dem Ding schreibt sie klappernd gegen den Wind.

Ohne daß ich als Lehrer Gelegenheit gehabt hätte, es zu bemerken, wann dies tatsächlich geschah, hat eine Produktionsphase reflektierenden Schreibens die ursprüngliche Wahrnehmungs- und Aufnahmephase, in der nur einiges notiert wurde, überlagert und abgelöst.

Schließlich entsteht eine Textgrafik auf Millimeterpapier, in der Rosanne Schmidt die geschriebenen Wörter zerstückelt, gleichsam in das enge Rohr zurückpreßt - mit ihrer mechanischen Schreibmaschine, so daß Material und Instrument stellvertretend für das Aufteilen und Vermessen stehen, das der Ausbeutungsgeschichte des Restlochs vorausging.

Ich nenne das eine künstlerische Transformation von Erfahrungen, das heißt, das künstlerische Produkt, die Form-Erfindung oder Formfindung ergibt sich im ästhetischen Arbeitsprozeß, wird irgendwann sichtbar, manchmal zur Überraschung der Arbeitenden und ihres Begleiters. Plötzlich „passiert" Kunst. Der Moment freilich will erkannt sein. In der Regel ist dies auch der Moment des Auftauchens von Sinngewißheit in einer gewonnenen Form, die für die Dichte einer Erfahrungsgeschichte steht und auch von Nicht-Beteiligten verstanden werden kann.
Freilich endet die Geschichte der Auseinandersetzung Rosanne Schmidts mit dem von ihr Wahrgenommenen nicht in der Formulierung oder Formung dieser Endlos-Textgrafik.

Im Katalogbuch zur Präsentation des Geiseltalprojekts erscheint ein neuer Text, aus dem ich hier ein Stück zitiere:

(...)

loch 2: dein herz ist eine pumpe

tropfen/lauschangriff auf rohre

sitzt im loch und belauscht das rauschen/in rohren

(...)

es rauscht vorbei das moment unendlich gebrochener tropfenkonstellationen durch rohrgefäßwände.

das loch des nützes

(...)

das loch ein beuteort. der eingriff in einen organismus ihm eine substanz zu entwenden.
das ende der nützlichkeit dieses herausgriffs beschlossene sache. dieser nütz reist seiner profitabilität nächster aus. beute hinterher.

er hinterläßt ein loch. seine spur. das ist die abwesenheit seines nutzes. ein nützlichkeitsloch. in der landschaft. in der bevölkerungsstruktur. bedienstete am hof des nütz.

(...)

ein loch ist ein offener Körper.
ein rohr ist ein organ.

akustik ist eine substanz.
akustik ist eine flüchtige anwesenheit an einem ort.

im loch finde ich das rauschen des gepumpten wassers in rohren.
eine momentane anwesenheit im loch der abwesenheit.

das wasser wird aus dem loch die hänge heraufgepumpt um diese heruntergespült zu werden. zur befestigung. um. das werk eines neuen nütz zur beseitigung des lochs.[8]

Diese im Original sehr viel umfangreichere sprachliche Meta-Reflexion im zeitlichen Abstand zum Ausgangsereignis zeigt, daß die der Sinnesanstrengung vor Ort folgende oder mit ihr verbundene Sinnarbeit mit dem Verlassen des Ortes der Wahrnehmung nicht abgebrochen, sondern über längere Perioden fortgeführt oder wieder aufgenommen wurde. Die Erfahrungsgeschichte hat sich mit einer gewissen Eigendynamik des erinnernden Reflektierens und Weitergestaltens in die Bewußtseinszukunft fortgesetzt.
Auch die kommunikativ-gestalterische Formarbeit ist über ein Jahr hinweg weitergegangen - in den Beiträgen Rosanne Schmidts zur Präsentation des Projekts in der Maschinenhalle der Brikettfabrik zum Beispiel.

Hier muß ich jetzt einen Einschnitt machen. Denn so froh ich als Kunstpädagoge bin, einen Weg zur Kunst gewonnen zu haben, der für alle suchend Beteiligten gangbar ist, so wenig kann ich mich auf diesem Erfolg ausruhen. Es passiert hier ja mehr als die Erfindung von Kunst. Was immer als ein formgebender, poetischer Akt Kunstcharakter angenommen hat, ist aus den vorkünstlerischen Erfahrungsprozessen, aus einer spielerischen oder methodischen oder dem alltäglichen Handeln und Erkennen verbundenen Vorgehensweise der Wahrnehmenden entstanden.
Also muß so etwas wie ein freier Grenzverkehr zwischen Erfahrung und Form stattgefunden haben. So behaupte ich, daß ästhetische Arbeit zwischen den außer- oder vorkünstlerischen Erfahrungsbiographien und einem auftauchenden Sprechen- und Formen-Wollen im Sinne symbolisch-präsentativer Übersetzungen des Wahrgenommenen vermittelt. Ästhetische Arbeit setzt Formulierungsmöglichkeiten frei, die es ohne diese Rückbindung an Erfah-

rungsgeschichten nicht geben würde, sie macht das Subjekt frei, auf eine bestimmte Weise zu sich selbst und zu anderen zu sprechen, ohne sich diskursiv argumentierend oder gleich ein Kunstwerk schaffend legitimieren zu müssen. Denn es geht vor allem um den Akt einer individuellen Situierung. Im Zuge ästhetischer Arbeit situiert sich das Subjekt an einem konkreten Ort in der Zeit und wird seiner selbst in der Befindlichkeit am Ort und in der Zeit des Wahrnehmens bewußt. Dies geschieht v o r aller Kunst. Es darf dabei vergessen werden, was nach dem erlernten Begriff Kunst ist. Es darf sich ein neuer, persönlicher Kunstbegriff zeigen.

Das ist der Grund, weshalb das „Werk", die Produktorientierung, zweitrangig ist, und der Prozeß der Erfahrung den Vorrang haben muß. Der Maler Rémy Zaugg nennt das Werk geradezu ein „Überbleibsel" eben jener Erfahrungsgeschichten, die sich in ihm symbolisch niederschlagen. Das, was dem Werk vorausgeht, ist das subjektiv Bedeutsamere trotz aller Freude an der gewonnenen Form.

Das vergessen nur diejenigen zu rasch, deren Blick produktfixiert ist, die unbedingt Kunst machen wollen, wobei der Umweg über ästhetische Erfahrungsarbeit eher stört.

Eine grabende Frau

Beate Pieper kniet auf ebener Fläche und gräbt Braunkohle. Mit bloßen Händen legt sie in etwa 30cm Tiefe ein feucht glänzendes Flöz von geringer Mächtigkeit frei. Hier wurde nicht weiter gebaggert. Sie muß nur lange genug scharren, um auf Substanz zu stoßen. Die Ausbeutung hat minimale Mengen jenes Stoffes hinterlassen, nach dessen Verbrennungsrückständen einmal die ganze DDR gerochen hat - fremd oder heimatlich, je nach Nase. Eine Frau aus dem Westen gräbt mit der Hand Kohle in einer leergeräumten Grube des Ostens? Wer uns so arbeiten sieht, muß uns für Verrückte halten.

Beate Pieper kniet oder hockt am Boden, legt jeden Tag eine neue kleine Grube neben den alten an, bis eine Reihe entstanden ist, Trichter von etwa einem Meter Durchmesser, auf deren Grund sich kleine Buckel zunächst kompakter Braunkohle wölben. Je nach Tagesalter werden die Buckel rissiger, zerfällt und verfärbt sich das austrocknende Material, so daß eine Zeitspur der Arbeit und der Veränderung des Stoffes entsteht.

Die kleinen Löcher antworten dem Riesen-Restloch in einem eigenen Rhythmus des Atmens. Auch in der kleinen Trichterreihe liegen frische Wunden und alte Narben beieinander. Die große Ausbeutungsgrube hat ihr Zeitmaß des Alterns und Verwitterns, gestört durch neue Eingriffe, Einrisse in die nachgewachsene Haut der Begrünung. Noch immer wird an den Rändern des Restlochs zur Abböschung und Sicherung geschürft und gebaggert. Im Innenraum liegt der sich selbst überlassene Abraum in allen Stadien der Rückkehr zur Natur. Winzig darin, fast unbemerkbar, einige kleine Löcher auf einer Strecke ebenen Bodens von vielleicht 15 Metern: eine Antwort, eine Wiederholung, eine Behauptung? Ein halbbewußter symbolischer Akt, eine Performance - oder was bedeutet ihre Herstellung?

Systematisch legt Beate Pieper das Material bloß, hebt Platten und Brocken ab, schaufelt mit beiden Händen vorsichtig den Schutt auf die Ränder kleiner Krater hinauf. Die Finger streichen über das Freigelegte, säubern es wie einen wertvollen Fund. Geduldig befreit sie die Kohlebuckel von herabrieselndem Staub. Sie fotografiert die Veränderungen, beschreibt die Situation ihres Hierseins im Tagebuch. Die Haut an den Fingerspitzen wird dünn und rissig; sie muß sich anfühlen wie die austrocknende Haut der Kohle.

Beschrieben wird, was in diesem Fall an der ästhetischen Arbeit sichtbar geworden ist. Die wahrnehmbare Form des Handelns war allerdings so einprägsam, daß man vermuten darf, daß hier eine ästhetische Materialbefragung mit einer persönlichen Situierung und einer existentiellen Selbstbefragung zusammengefallen sein könnte. Ob man das eine elementarpraktische Übung oder ein ästhetisches Projekt nennen möchte, was Beate Pieper getan hat, halte ich für nebensächlich. Auffallend ist der Eigensinn der Wiederholungsfigur des Handelns, die Unbeirrtheit des Durchhaltens einer scheinbar primitiven Tätigkeit und - zugegeben - eine gewisse Ferne zum Studium der Kunstpädagogik, wie es üblich ist.
Wir werden hier zu Zeugen einer Bewährungsprobe anderer Art und anderer Richtung. In ästhetische Arbeitsgeschichten Verwickelte sehen sich immer wieder vor das Problem gestellt, das eigene methodische Vorgehen neu im Wahrnehmungsgeschehen selbst zu entwerfen und zu verantworten. Aber nicht nur das - sie müssen auch den Sinn ihres Tuns selbst finden. Wozu die Anstrengung gut ist, sagt ihnen niemand. Sie müssen selbst dahinterkommen. Die Aussetzung an eine Situation, in der nur die eigene Wahrnehmung als Konstruktion einer Wirklichkeitssicht und -interpretation weiterhilft und keine nach Lehrplan verordnete Aufgabe, der die Lösung des Problems schon mitgegeben ist, stellt die Beteiligten vor die Unausweichlichkeit der Frage nach dem Sinn ihres Daseins am Ort und ihrer Tätigkeit. Wer tagelang in einem wüsten Restloch der Industriegeschichte aushält und nicht davonläuft, sieht sich in seiner Belastbarkeit, Erfahrungsneugier, Abenteuerlust und Sinnsuche geprüft - je verrückter und verrückender dieses ernste Spiel getrieben wird. Ich bin daher ziemlich sicher, daß sich hinter Beate Piepers Geste des Grabens Bewußtwerdungsprozesse verbergen. Von einer unauflöslichen Verkettung unserer Existenz mit der Ausbeutungsgeschichte von Natur ist am Ort nicht palavert worden, jedenfalls nicht zwischen mir und Beate Pieper. Aber es sind Momente einer ökologischen Ästhetik oder ästhetischen Ökologie als situative Vorstellungs- und Denkmodelle in der Aktion sichtbar geworden. Es wurde individuelle praktische Erkenntnisarbeit betrieben, ja momentan gelebt, in dieser ästhetisch bestimmten Weise. Andere empfanden es als unpassend, Eingriffe in das vorfindliche Geschehen am Ort vorzunehmen, weil es störende Spuren im Gelände hinterlassen hätte. Einige meinten, man müsse im Restloch alles so lassen wie vorgefunden und es so zum gewachsenen und weiterwachsenden

Kunstwerk der Zeit, des Verfalls und der Renaturierung erklären. Auch das war eine akzeptable, weil sensible Reaktion auf den Ort und dessen Wahrnehmung. Ohne Zweifel ist etwas im Bewußtsein der Einzelnen vorgegangen, während sie scheinbar nur das Wahrnehmen in selbstbestimmter ästhetischer Arbeit übten.

Weshalb ist das eine Schlüsselsituation für die Konstitution des Subjekts - über alles Kunstpädagogische hinaus?

Ich behaupte: Die kohlegrabende Frau wollte nicht primär eine Performance inszenieren oder eine Land-Art-Installation schaffen. Es entstand unter ihrer Hand etwas, das der Konsequenz eigenständig forschender ästhetischer Erfahrungsarbeit gehorchte. Diese Frau hat tatsächlich gearbeitet - beim Graben, beim Schreiben, beim Fotografieren, beim Denken, beim Innehalten und Betrachten. Für mich zählt zur ästhetischen Arbeit, was im Aufbau einer solchen Erfahrungsgeschichte alles zusammenwirkt: der körperliche Zugriff, die emotionale Regung, die intellektuelle Belebung, das Experiment des Formens, das Sprechen über die Dinge, die bewußte Zurückhaltung, der Wunsch, etwas zu verändern usw.

Ästhetische Arbeit zieht ihre eigene Prozeßspur im Bewußtsein, hinterläßt aber auch eine sichtbare Produktspur, in der sich die Formen des Handelns und Reflektierens konservieren wie hier in der Reihe der kleinen Gruben inmitten der großen. Ästhetische Arbeit macht etwas bewußtseinsfest und dingfest. Dies nach zwei Seiten hin: Sie gewährt es Subjekten, ihre je eigenen Erfahrungsgeschichten aufzubauen, stellt ihnen diese gleichsam im Werden vor Augen, und sie erlaubt es, sich in der eigenen Produktspur anderen mitzuteilen, auch im Sinne einer das Subjektive transzendierenden Form der symbolischen Repräsentanz des Erfahrenen (also in Form von „Kunst", sei diese beabsichtigt oder nicht). Ästhetische Arbeit beschreibt als Begriff ein subjektpädagogisches Modell, nach dem Einzelne sich zunächst probeweise gegenüber einem Ausschnitt gesellschaftlicher Wirklichkeit selbst positionieren dürfen, ohne nach der Verallgemeinerungsfähigkeit des eigenen sich verändernden Bewußtseinsstandes und der symbolischen Produkte, die unter der Hand entstehen, fragen zu müssen.

Ich interpretiere daher ästhetische Arbeit als Methode und Medium von Selbstbildungsprozessen. Das Subjekt ist darin mit dem Aufbau einer Biographie der eigenen Erfahrung des Wahrnehmens und Befragens beschäftigt.

Das ist ein komplizierter, verdeckter, privater Vorgang, bei dem die Rolle der Kunstpädagogin, des Kunstpädagogen neu zu überdenken ist: Ästhetische Arbeit ist eine autodidaktische Praxis zur Selbsterzeugung eines wahrnehmungsoffenen Subjekts, das im selbständigmachenden Erfahrungslernen seine eigene Sensibilität des verarbeitenden Bewußtseins entwickelt. Dieses Bewußtsein wird für die Konstruktion momentaner Identitätsprofile bedeutsam: Ich bin hier und sehe, fühle, denke, indem ich an einem wirklichen Ort grabe, etwas untersuche, forme, ohne vorgefaßtes Ziel, aber hellwach, körperlich und geistig aktiv bis zur Erschöpfung. Es ist also nicht nur das so selten gewordene Zusammenfallen von körperlicher und geistiger Tätigkeit, das die ästhetische Arbeit auszeichnet,

sondern auch diese Daseinsgewißheit in einer Form des Handelns:
Indem ich in bestimmter Weise etwas tue und indem ich bemerke, was ich da wie im Moment tue, bin und werde ich augenblicklich das meiner selbst bewußte Ich - in einem geschichtlichen Augenblick meiner Biographie, aber auch im Augenblick einer historisch-gesellschaftlichen Gegenwart, die zu Bewußtsein kommt, wie in der großen Landschaftswunde des Restlochs denkbar.

Doch der momentanen Daseinsgewißheit des Subjekts ist etwas vorausgegangen, was nur mit dem Begriff der Arbeit bezeichnet werden kann. Es geht um nichts weniger als eine Praxis der Selbstanstrengung. Dietmar Kamper hat diesen scheinbar völlig veralteten Begriff ausgegraben.[9]

Etwas vorschnell könnte man ihn allein dem künstlerischen Handeln zuordnen, einer Verausgabung, die schon immer mehr mit Erschöpfung als mit Schöpfung zu tun hatte, weshalb Joseph Beuys einmal behauptet hat, von der Kraftvergeudung gelebt zu haben. Selbstanstrengung, Kraftvergeudung - wären das Andeutungen einer neuen pädagogischen Maxime zur Selbstbildung und Selbstbewußtheit des Subjekts? Die enge kunstpädagogische Zielsetzung wird erkennbar überschritten.
Wo immer ich Beobachter und Begleiter ästhetischer Arbeitsgeschichten bin, stoße ich auf das gelebte Motiv freiwilliger Selbstanstrengung. Ihr zentrales Thema ist das sich selbst definierende Subjekt. Ästhetische Arbeit ist ein Medium der Selbstproduktion und Selbstdifferenzierung des Subjekts vor sich und vor anderen. Ich kann mir Situationen vorstellen, in denen dieser Vorgang wichtiger ist als alles, was an sichtbarer Produktspur übrig bleibt. Das Ich identifiziert sich in seiner momentan aufblitzenden Möglichkeitsform vor sich selber und - in seinen ästhetischen Entäußerungen - auch vor den anderen. Sinn der Selbstanstrengungsleistung ist die Selbstbezeichnung des Subjekts für sich und die anderen.

Wer „Anstrengung als Lebensform" (Kamper) als subjektkonstituierendes Elementarbedürfnis oder als existenzpädagogische Methode ausweist, bewegt sich einerseits im Abseits einer kulturellen Strömung, die Anstrengung zunehmend suspendiert, beharrt andererseits auf dem Recht des Einzelnen, sich Bewährungsproben auszusetzen, die ihm sonst kaum noch abverlangt werden.
Unausweichliche Selbsterprobung, totale Erschöpfung als Kriterien gelingender Selbstbegegnung? Sagen wir vorsichtig, ästhetische Arbeit wäre ein gangbarer Weg, Schule und Universität nicht nur im Sinne einer subjektiven Didaktik[10] des produktiven Lernens nach innen zu öffnen, sondern auch, eine existentielle Situierungserfahrung Einzelner in gesellschaftlichen Außenräumen des Erlebens zu ermöglichen, um das Lehr- und das Lernsubjekt in gewissen Momenten biographisch bedeutvollen Wahrnehmens, Handelns und Erkennens zu sich selbst freizusetzen. Übungen in ästhetischer Arbeit könnten weitreichendere Folgen haben als irgendeine institutionell sanktionierte Lehre. Mindestens würden sie zeitweilig vom Unterricht befreien.

1 Dieser Text liegt als Ein-Blatt-Manuskript aus unveröffentlichten Aufzeichnungen Norbert Weisers vor.

2 Vgl. den vollständigen Text bei Norbert Weiser: Legen. Projekt mit sieben Kindern einer Grundschule in Neukölln. In: Zwischenräume. Jahrbuch für kunst- und kulturpädagogische Innovation. Gert Selle und Jens Thiele (Hg.), Oldenburg 1996

3 Zur Elementarpraktischen Übung vgl. Gert Selle: Gebrauch der Sinne. Eine kunstpädagogische Praxis. Reinbek 1988

4 Zum Ästhetischen Projekt vgl. Gert Selle: Das ästhetische Projekt. Plädoyer für eine kunstnahe Praxis in Weiterbildung und Schule. Unna 1991

5 Niklas Luhmann: Die Kunst der Gesellschaft. Frankfurt am Main 1996 [2], S. 14 f.

6 Christoph Wulf: Auge. In: ders. (Hg): Vom Menschen. Handbuch Historische Anthropologie. Weinheim/Basel 1997, S. 447

7 Vgl. Hartmut Böhme: Das Licht als Medium der Kunst. In: Paragrana 5, Heft 1, 1996. S. 108 ff.

8 Rosanne Schmidt: dein herz ist eine pumpe. loch.
In: Yvonne Hackmann, Alexandra Meinen, Beate Pieper, Sabine Schröter, Hilde Winkler (Hg.): das loch /des// nützes. Ästhetisches Projekt im Tagebaurestloch. Beiträge zu einer Exkursion ins Geiseltal von Studierenden der Carl von Ossietzky Universität Oldenburg und der Burg Giebichenstein - Hochschule für Kunst und Design Halle in Zusammenarbeit mit dem Institut für ökologische Ästhetik in Halle. Oldenburg 1996

9 Dietmar Kamper: Rilkes Testament. Über die Assoziation von Arbeit und Liebe. In: Paragrana 5, Heft 2, 1996, S. 105

10 Vgl. Edmund Kösel: Die Modellierung von Lernwelten. Ein Handbuch zur Subjektiven Didaktik. Elztal-Dallau 1995 [2]

2

RÜCKBLICK AUF EIN PROJEKT

Der Ort

Die Konfrontation

Symbolischer Austausch

Die Erfindung der Kunst

Der Ort

Als ich das Riesenloch bei Merseburg 1994 zum ersten Mal sah, wußte ich: Hier will ich mit Studierenden arbeiten. Eine Begründung für den spontanen Entschluß würde ich später finden. Der zweite Gedanke: Das wird anstrengend.

Im Laufe eines Jahres, in dem alle langwierigen, umständlichen Vorbereitungen zu treffen waren (Kontakte mit den zuständigen Instanzen, Vorgespräche mit Peter Luckner vom Institut für ökologische Ästhetik in Halle, dem ich die Ortskenntnis verdankte, Verhandlungen mit der Sanierungsgesellschaft, dem Kommunalen Zweckverband, dem Förderverein Geiseltalsee, dem Landratsamt usw.) gedieh der Plan für ein ästhetisches Projekt in der Fremdheit und Härte dieser Industrielandschaft. Zur Vorbereitung lief in Oldenburg eine elementarpraktische Übung zum Thema „Zerstören“. Mein Kollege Hartmut Wiesner schloß sich der Projektidee an, nachdem er vor Ort sein eigenes Überzeugtheitserlebnis hatte. So kamen wir zu dritt: Peter Luckner brachte drei Studierende aus Halle mit, wir reisten zu 28 aus Oldenburg nach Krumpa. Das war im Sommer 1995.

Dort betraten wir einen Ort der Übergänge. Das Tagebaurestloch, die technischen Anlagen und die Lebensbedingungen der einst und zum Teil noch dort Arbeitenden veränderten sich nicht nur mit dem Tempo der ökonomischen und strukturpolitisch bedingten Stillegungs- und Rückbauprozesse der gesamten Industrieregion um Merseburg, sondern unterlagen einer beschleunigten Liquidation durch den schon in Praxis gesetzten Plan, die große Landschaftswunde mit ihrem Narbenrand ruinöser Fabriken und grauer Dörfer in eine heile Freizeitwelt umzugestalten: Wie im Wandel von der Arbeitsgesellschaft zu einer Kultur- und Freizeitgesellschaft naheliegend, sollte das Loch zum See werden, umsäumt von touristischen Unterhaltungs- und Dienstleistungsangeboten.
Im Grubengelände waren Erdbewegungsarbeiten wahrzunehmen; die technischen Anlagen befanden sich im Abriß. Die Menschen in den Dörfern lebten scheinbar wie früher. Teils standen sie noch in Arbeit (mit dem Beseitigen ihrer alten Arbeitsplätze beschäftigt), teils waren sie in Rente oder arbeitslos - ein Zustand, den es mit allen seinen Unsicherheiten hier vorher nicht gegeben hatte.
Vor uns waren schon andere da: Politiker, Sanierer, Abwickler, Regional- und Landschaftsplaner, darunter eine Gruppe von Design-Studenten aus Halle, die Entwürfe für das neue Expo-Bade-Freizeit-Paradies hinterließen. Wir wollten es kaum glauben. Wir - die Beobachter mit dem fremden Blick auf den Spuren einer verborgen oder offen widerständigen Geschichtlichkeit, die sich an vielen Stellen dieses Ortes in jede Wahrnehmung einmischte. Von Umnutzungsinteresse und Zukunftshoffnung frei, konnten wir eine Archäologie des vorstellenden Erinnerns auf eigene Weise betreiben. Für die Erkundungsarbeit gab es drei vereinbarte Erfahrungsorte: die durch wilde Renaturierung und gezielte Kultivierungsarbeit schon veränderte Abbau-Landschaft

im Inneren der Grube; das im Zustand der Demontage befindliche Arsenal der Großbagger und die Brikettfabrik; eine Arbeitersiedlung mit den in ihr versammelten Biographien. Die Orte am Ort wurden unterschiedlich angenommen; die meisten arbeiteten draußen im Gelände; eine kleinere Gruppe zog die Brikettfabrik vor; zwei Frauen trauten sich in die Siedlung.

Was war, was ist das für ein Lernort? Weshalb fährt man mit Studentinnen und Studenten der Kunstpädagogik dorthin? Zumal wir auch als Fremde oder Störenfriede hätten gelten können. Da kommen diese Wessis ...

Ausgangsidee war die Verlagerung des Studiums an einen gesellschaftlichen Ort in der Gegenwart, außerhalb der Universität, aber eben an einen Ort, der problematisch und belastet ist und keine touristische Erwartungshaltung aufkommen läßt. Es ist ein Ort der gesellschaftlichen Produktivität, ihres Niedergangs und der Folgen - ökonomisch, ökologisch, sozial und ästhetisch. Ein Ort konzentrierter gesellschaftlicher Wirklichkeit und ihrer Geschichte, wie sie am verwundetsten erscheint. Sichtbar wie im Schnitt durch das Bodenprofil bis hinunter zu den erdgeschichtlichen Sedimenten liegen die Schichten bloß. Nirgendwo ist mir eine Produktionsgeschichte, derart an ihr Ende der Hoffnungslosigkeit gelangt, vorgeführt worden wie hier. Das Geiseltal wirkt wie ein exemplarischer Ort, eigens dafür geschaffen, das Nachdenken über den Zwang zur Ausbeutung von Natur und die unliebsamen Hinterlassenschaften des Ausgebeuteten anzuregen. Über der materialisierten Produktionsgeschichte sind die Reste einer verschwindenden Arbeits- und Lebenskultur geschichtet: der paläontologische Untergrund, die Industriegeschichte, das Scheitern der DDR, das glatte Neue übereinander und durcheinander. Natur und Gesellschaft, wohin man tritt, wobei im Augenblick unserer Anwesenheit das Naturhafte, Chaotische zu dominieren schien. Dazwischen die Spur von Menschen. Als wäre da eine zweite Natur in einer kaputten Kultur entstanden, die wiederum des Zugriffs der Umgestaltung harrt. Nicht wenige meinten, man könne das Geiseltal zu einer kunstwerkähnlichen Zeit- und Ortsgestalt erklären, die nicht verweilt, sondern in ständiger Bewegung ist wie das in der Grube hin- und hertransportierte Erdreich. Der Ort enthält oder ist eine Choreographie der Verwandlungen. Dieser Eindruck faszinierte mehr als der Verfall und die Zerstörung.

Alles Wahrnehmbare begegnete als prozessuale symbolische Form. Daher auch die Neigung, möglichst nichts anzutasten. Daß die am Ort lebenden Menschen gern eine rasche Umgestaltung mit ökonomisch vielversprechenden Lebensaussichten befürworteten, lag auf der Hand.

Als die Völklinger Hütte im Saarland schließen mußte, verlangten die Leute dort den sofortigen Abriß der großartigen Hochofenanlage mitten in der Stadt. Vordergründig sollte Platz für Neuinvestitionen geschaffen werden, aber es ging auch darum, das Schandmal des Scheiterns aus den Augen zu schaffen. Heute ist die Hütte zum Weltkulturerbe erhoben.

Das würde im Geiseltal nicht mehr gelingen, selbst wenn es jemand wollte. Also mußten wir uns, da die

Zeit des noch dazu künstlich beschleunigten Verfalls nicht stillhielt, mit der Wahrnehmung der Stadien des Übergangs begnügen. Wir standen nicht nur im Abraum oder Gerümpel, sondern inmitten eines faszinierenden Prozesses der Verwandlungen und wußten, daß kein Augenblickszustand bleiben würde. Was Naturzeit, was gesellschaftliche Zeit ist, machte dieser Prozeß schonungslos bewußt. Die Aussetzung an diesen Ort hatte also auch eine existentielle Dimension des Bedrängtseins.

Die Konfrontation

Wie immer bei solchen abenteuerlichen Projekten stand am Anfang die Angst des Kunstpädagogen; mein Kollege Hartmut Wiesner hat sie wahrscheinlich geteilt, sich aber nichts anmerken lassen. Es ist die Grundangst, ob alles gehen wird und das Unternehmen am Ende gerechtfertigt erscheint. Deshalb macht man einen Plan, wohlwissend, daß doch der Zwischenfall, das Unplanbare, die Selbstüberraschung die eigentliche Hoffnung ist, nämlich daß die individuellen ästhetischen Arbeitsgeschichten ihren eigenen Sog entwickeln, der an die Grenzerfahrung der Belastbarkeit führt.

Wann das Motiv der Selbstanstrengung greifen wird, weiß man vorher nie. Der Plan wirkt wie eine Versicherung gegen das drohende Unglück des Mißlingens, das teilweise miteingeplant werden muß, damit es überhaupt richtig losgeht. Meine Angst merkt man dem Planpapier an, das ich für mich und alle Beteiligten angefertigt hatte; es sei hier nicht unterschlagen:

Es gibt einige für unsere konzentrierte Wahrnehmung besonders geeignete Areale:

- den Bagger-Abwrackplatz in der Grube (zugleich zentraler Ausgangspunkt oder Basislager für gemeinsame und persönliche Erkundungsvorhaben)
- den Schrottplatz hinter der alten Brikettfabrik (als Werkstatt und Materiallager und Installationsort)
- die Arbeitersiedlung vor der Brikettfabrik (als Ort der sozialen Kontakte und biografischen Studien)

Damit sind keineswegs alle entdeckbaren Orte genannt, aber drei Sorten benannt: der Standort der technischen Saurier inmitten der Abbau-Landschaft, der Ort aller Reste und gesammelten Materialien aus den Produktionsanlagen und der Ort einer Begegnung mit Menschen, deren Leben mit dem Tagebau verbunden war oder immer noch ist.

An einem dieser drei Plätze wird der eigene Arbeitsort zu finden sein. Seine Ausdehnung kann einen winzigen Ausschnitt des Ganzen umfassen: ein Bodenstück, ein technisches Gerät oder Gebäude, eine einzige Biographie. Pars pro toto, Konzentration auf einen Ausschnitt, könnte die Arbeitsdevise für eine Woche sein. Der Ort ist exemplarisches Erfahrungsfeld. Ort ist immer dort, wo man steht und gräbt d. h. wahrnimmt. Ort ist konkret dort, wo wir uns als Naturbeobachter, ästhetische Kulturarbeiter, Spurensicherer und Lebensweltforscher betätigen.
Ort ist der Inhalt unserer möglichen Erfahrung. Die Kunst kommt von selber dazu, wenn wir das Wahrgenommene so zur Wahrnehmung für uns selbst und für andere bringen, daß eine Form der symbolischen Vermittlung entsteht.
Es werden sich Methoden des Sammelns, Sichtens, Ordnens, Zeigens, Deutens, Fragens, Formulierens ergeben, die sich mitteilen, etwas vermitteln. Die zur Verfügung stehenden Mittel sind absichtlich bescheiden, das Material liegt vor Ort.
Dabei ist zu bedenken, daß es nicht nur um den Ort geht, sondern auch um dessen Zeit. Orte (auch Biografien) verändern sich. In einigen Jahren wird im Geiseltal nichts mehr so wie heute sein. Täglich, stündlich, minütlich ändert sich die Landschaft. Wir treffen den Gesamtort in einem Zustand zwischen „Zerstörung“ und „Heilung“ an. So ist, was wir am Ort tun, einmalig und in seine Zeit eingeschrieben. Zeit kann zum Thema werden, mit dem Ort verbunden. Jeder soll sich auf eigene Weise auf den Ort einlassen, an ihm eine Woche leben, mit ihm leben, an ihm arbeiten.
„Ganz nah“ ist die Devise. So wird jeder zum Experten des Ortes: zum Kenner einer Bodenbeschaffenheit, eines technischen Relikts, eines Naturprozesses, eines Materials oder zum Vertrauten einer Lebensgeschichte von Menschen. Das heißt, daß jedes persönliche Projekt irgendwie seinen Platz in einem größeren Projekt finden wird - in unserem gemeinsamen Erkundungsprojekt. Dazu gehört die Landschaftswunde, dazu gehören die technischen Relikte, dazu gehört die bauliche und soziologische Struktur der Ansiedlungen um die Grube, dazu gehören die Menschenschicksale, die Arbeitsgeschichte, der Alltag.
Wer an einer Stelle gräbt, wird etwas Spezifisches finden und zur Darstellung bringen. Niemand muß sich um das Ganze kümmern; es wäre eine Überforderung durch Komplexität. Jeder darf sich in ein Detailphänomen „verlieben“ oder sich davon in Schrecken oder Nervosität versetzen lassen. Die einzelnen Ausgrabungs-, Wahrnehmungs- und Erfahrungsorte werden sich zu einer gemeinsamen Karte der Entdeckungen zusammenfügen - zunächst wie ein Flickenteppich, später vielleicht in einer herausgearbeiteten Struktur miteinander verbunden.

Unser Vorgehen danach: Verlangsamte Wahrnehmung in den begrenzten Feldern, sei es in der Wildnis des Abbau-Geländes, im Trümmerstaub der halb abgerissenen Brikettfabrik, in vorsichtigen Kontakten zu den dort Arbeitenden oder in der Siedlung Wohnenden. Die Mittel: Bescheiden, schonungsvoll - wie sollte man auch anders mit einem derart zerstörten, gestörten Ort umgehen? Gehen durch das Kaputte, den Körper, die eigenen Hände benutzen. Kamera und Camcorder für Zeitlupengänge greifbar. Ein Rucksack für das Notwendige, auch für das Gesammelte und Ausgelegte.
Funde wurden vorsichtig behandelt, als ginge es um eine rituelle Rückgabe an ihren Ort für die kurze Zeit, die noch bleibt. In Tagebüchern entwickelten sich persönliche Beziehungsgeschichten, wurden subjektive Befindlichkeiten protokolliert.

Unser Begleiter aus Halle wunderte sich am Ende der Woche über den Luxus scheinbar ineffektiver, zweckloser Wahrnehmungsfiguren anstelle planvoll-gestalterischer Zugriffe auf das Umfeld, die ihm als Designer vorschwebten. Doch das wäre nur eine andere Art von Ausbeutung gewesen. Die wollte niemand, weil es offensichtlich allen eingeleuchtet hat, daß es auf Begegnung, nicht auf Beherrschung und Umgestaltung ankommen würde. Keiner konnte das Vorfindliche im üblichen Sinne als „Motiv" für irgendeine künstlerische Arbeit mißverstehen. Das kennt man: Hingehen und rasch etwas daraus machen, wie bei den Bildhauer-Workshops auf Fabrikhöfen und Schrottplätzen zur beliebigen Materialentnahme und Drapierung. Ästhetische Erfahrung realisiert sich anders. Sie findet im vorkünstlerischen Raum des Wahrnehmens, Empfindens und Denkens im Dialog mit den Phänomenen statt - selbst wenn diese ratlos machen. Mitten im Chaos der Befindlichkeiten, im Sog der Wahrnehmungsereignisse, in der Konfrontation, entwickelten sich erste, allmählich sich ordnende Antwortversuche: Jemand fand im Bagger vergammelnde Arbeitskleidung neben Massen von geschundenen, verdreckten Arbeitshandschuhen, die auf einer Baggerspur ausgelegt wurden. Jemand ging die verwinkelten Innengänge des technischen Sauriers Schritt für Schritt, um eine Topografie der täglichen Arbeitsgänge zu gewinnen, die andere Menschen vor ihm in diesem Ungetüm jahrelang Tag für Tag gegangen waren. Ein Fund, das Schichtbuch, gab Auskunft über Namen und Stunden.
In der Hauptkabine das gebrauchte Kaffee-Geschirr, vergilbte Pin-Ups. Jemand entdeckte die vollständige Arbeitskleidung einer Frau.
Die Bagger standen zusammengeschoben auf einem Platz, zur Verschrottung bereitgestellt. In einem Jahr würden sie verschwunden sein, für immer. Mit ihnen alles, was die Geschichte lebendiger Arbeit und einer technologischen Epoche an diesem Ort bezeugen könnte.
Im Gelände sicherte jemand tagelang Spuren von Tieren und Menschen, um zu zeigen, wie sie in Wind und Wetter vergehen. Daß reine Ausbeutungsgewalt diese Erde hinterließ, erzeugte in der Annäherung eine seltsame Scheu, durch eigene Anwesenheit das Gestörte, Aufgewühlte, nur an der Oberfläche Beruhigte erneut zu stören. Manche gruben mit bloßen Händen. Jemand rannte nackt eine Abraumhalde

hinauf und wieder hinunter. Ein anderer sammelte verrostete Vorwiderstände für Baggermotoren. Andere fotografierten den durch unvorstellbaren Vandalismus verwüsteten kleinen Bahnhof von Krumpa oder überlisteten den Werkschutz der Brikettfabrik, mißachteten die Baufälligkeit der Abrißruine, um bis in die Nacht Räume durch kleine Eingriffe zum Sprechen zu bringen. Eine Frau steckte nachts Lupinensamen in den unfruchtbaren Boden der Haldenlandschaft. Alles in allem ein Dialog, der auf andere Weise auch mit Menschen im Gespräch geführt wurde.
War es purer Blödsinn, daß zwei Frauen ihre Kleider im mullig-weichen Grund vergruben, um sie dann staubig wieder anzuziehen? In einem anderen Fall schien die Haut als das größte Flächenorgan des Körpers ihre Wiederentdeckung zu erleben, als sich eine Frau in verletzlichster Nacktheit zwischen Schrott und Glasscherben bewegte. Im Kopfschütteln sollte niemand vergessen, auf welche Weise man sich gewöhnlich in die Distanz zum Harten und Schmutzigen rettet, das dem Auge bloß pittoresk erscheint, ihm die Wirklichkeit einer Erfahrung also verweigert. Offenbar waren manche Konfrontationen so zwingend, daß die Antwort in einer Aussetzung ohne Wenn und Aber bestehen mußte. Irgendwann sahen sich alle aus der Reserve betrachtender Unverbindlichkeit gelockt, in eine verrückte Situation oder die Wahrnehmung verrückende Tätigkeit verwickelt.

Symbolischer Austausch

Jedes Projekt ist eine kommunikative Konstruktion. Pädagogen wissen das: Eine Gruppe organisiert ihre Erfahrungsarbeit um einen Gegenstand gemeinsamen Interesses, wobei die Einzelnen miteinander und dem Kollektiv im Austausch über Verfahren, Arbeitsprobleme und Ergebnisse stehen. Der Entwurf eines Projekts meint daher immer auch einen interaktiven Lernprozeß, in dem Kompromisse zwischen den Interessen und Motiven und der Erfahrungsproduktion Einzelner und der Gruppe im Hinblick auf das gemeinsame und objektivierbare Erkenntnisinteresse und Erfahrungsziel geschlossen werden müssen. Anders beim ästhetischen Projekt, da liegt das Gewicht zunächst und in gewisser Weise andauernd auf der persönlichen Beteiligungsautonomie und -intensität. Die Gruppe muß das aushalten; sie entwickelt sich in diesem Fall zum tragenden sozialen Hintergrund für gewagte individuelle Vorstöße ins Unbekannte des ästhetischen Lernfeldes. Dann traut sich jemand etwas zu, was sie oder er allein vermutlich nicht beginnen würde. Im ästhetischen Projekt betreibt jeder sein eigenes Privat-Projekt im Rahmen eines zunächst undeutlichen Ganzen. Aber es kommt hier gerade nicht darauf an, die Differenzphänomene pädagogisch zu begrenzen, wie dies in irgendeiner

anderen Projektarbeit unumgänglich wäre. Die individuellen Beteiligungsprofile sollen sich voll entfalten und sich als gleichwertig neben allen anderen behaupten können. Auch das Geiseltalprojekt entstand aus unterschiedlich subjektiv erlebten Prozeßfiguren der einzeln (selten zu zweit) vorangetriebenen ästhetischen Arbeit am Ort und besteht weiter aus den entsprechend unterschiedlichen Ergebnis-Dokumenten und ästhetisch kommunizierbaren Erfahrungskonstrukten, die - und das ist das Überraschende - sich zu einem Mosaik symbolischer Strukturen zusammenfügen, das die einzelne Erfahrung in ein gemeinsam für wahr erkanntes Muster einfügt und so objektiviert in den Raum zurückspiegelt, in dem alle Erfahrungen gewonnen wurden.
Im ästhetischen Projekt verlagert sich das didaktische Schwergewicht vom Gruppenprozeß auf das individuelle Vorgehen und Produkt, aber diese Verlagerung wird in dem Augenblick ausgeglichen, in dem es gilt, das Netzwerk aller persönlichen Erfahrungen zu einem lockeren Ganzen im Sinne einer Darlegung struktureller, durch den Gegenstand verbürgter Gemeinsamkeiten zu verknüpfen. Eine Ausstellung, eine Präsentation oder ein Buch sind gemeinsam erarbeitete Formen des Austauschs über eine Arbeit, die von einzelnen Subjekten der ästhetischen Erfahrung geleistet worden ist.

Das ästhetische Projekt verbindet also die Vorzüge kollektiver Bemühung mit der Unersetzlichkeit individueller, im weitesten Sinne künstlerischer Anstrengung.

An ihrem Anfang findet der erste, grundlegende Austausch mit dem Gegenstand des Interesses statt: I c h stehe dieser Landschaft, diesem Chaos, diesem Uralten usw. gegenüber, um m e i n e Fragen zu stellen und m e i n e Antworten zu finden. Es ist die existenzpädagogisch inszenierte Situation stummen Alleingelassenseins, aus der sich das Wahrnehmungsereignis und der Erfahrungsprozeß, biographisch gebunden, entwickeln können - in einer Konfrontation mit dem Gegebenen. Was dann zunächst geschieht, ist ein innerer Vorgang, doch bleibt nicht alles unsichtbar: Menschen sind wahrzunehmen, die über Eisenbahnschwellen hin- und hergehen, andere, die sich eingraben oder etwas ausgraben usw. Jede Bewegung im Gelände, jede unbewußte oder auch geplante Choreographie der Erkundung, jede sich organisierende Figur der Erfahrungspraxis hat sich unwillkürlich über die ganze Arbeitswoche hinweg wie eine individuelle Performance mitgeteilt: den Aktricen und Akteuren selbst in Phasen der Reflexion, den anderen in der Nachbarschaft in Momenten der Mitwahrnehmung. Es gab immer einen averbalen Austausch über das, was gerade lief. Und es gab natürlich den verbalen Austausch zur Genüge; wir lebten ja miteinander auf engem Raum zusammen. Das wiederum hinderte nicht, sich ins Tagebuch zurückzuziehen, um über ein poetisches Sprechen mit sich selbst zu kommunizieren. Symbolischer Austausch zwischen den Wahrnehmenden und dem Wahrgenommenen fand in solchen Texten, aber vor allem in einer Fülle individueller Akte der Begegnung, des Handelns im Erfahrungsfeld statt - stumm, unauffällig oder auch für alle anderen sichtbar, als Gang, Geste, Blick, Griff usw.

Symbolischer Austausch fand auch in jenen Situationen statt, in denen es Befremden und Verwunderung zu überwinden galt. Wir wurden beobachtet: Was machen die da? Je länger unser Tun sichtbar war und wir uns dem Ort anverwandelten, in dreckigen Klamotten müde zurück ins Quartier fuhren, um so deutlicher fielen die Vertrauensbeweise aus. Es waren ebenfalls symbolische Handlungen: Im Gelände bekamen wir ungefragt jede Hilfe von den dort Arbeitenden. In der Fabrik brachten die Arbeiter der Abrißkolonne den Frauen Atemmasken und Getränke. Offenbar waren wir verrückte „Archäologen“, die auf ihre Weise an der Kohle arbeiten wollten. Das wurde ohne lange Erklärung akzeptiert. Auch Arbeit ist ein kommunikativ-symbolisches System.

Die bis dahin unbewußten, unvermittelten Austausch-Strategien traten in ein neues Stadium, sobald Fragen der Präsentation zu diskutieren waren. Jede/jeder Einzelne mußte darüber nachdenken, was aus der Fülle der eigenen Erfahrungsgeschichte den anderen, schließlich einer weiteren Öffentlichkeit mitzuteilen sei. Nun begann einerseits die künstlerische Aufarbeitung des persönlichen Erfahrungsbestandes im Sinne bewußter ästhetischer Auswahl und Verdichtung, andererseits der Entwurf für ein gemeinsames Auftreten als Gruppe mit einem differenzierten kollektiven Erfahrungshintergrund. Es kam darauf an, die angemessene Form für eine persönliche Mitteilung, für eine ästhetische Objektivierung in Analogie zum Begriff zu finden, auf den man eine erfahrene Sache bringen kann - aber eben nicht im Sinne einer bloßen Veranschaulichung oder Illustration. Und es kam darauf an, dies in Korrespondenz mit den Erfahrungen, Begriffen und Bildern der anderen zu tun.

Endlich ging es um die Raffung des Sagbaren und des Unsagbaren unter ein Gestaltprinzip, das auch Unbeteiligte ästhetisch überzeugen sollte. Auch darin mußte die Gruppe den Einzelnen jede Freiheit belassen. Doch in der Zusammenfassung aller Versuche unter ein gemeinsames Konzept der Präsentation ging es um Konsens. Insofern stellt eine Ausstellung, eine Performance, auch ein gemeinsames Buch eine doppelt symbolisch-präsentative Veröffentlichung dar: Die Einzelnen zeigen sich in ihrer Unverwechselbarkeit oder Verwandtschaft, und die Gruppe vermittelt ihren gesammelten Erfahrungs-Bestand über ein großes Tableau, das sie als Antwort auf den Gegenstand des gemeinsamen Interesses entwirft.[1] Aber wie bei den Einzelarbeiten kommt es in diesem Ganzen nicht nur darauf an, was gesagt und wie es gezeigt wird, sondern auch auf die Aussparungen oder Zwischenräume, in denen sich Betrachter oder Leser mit ihren Wahrnehmungs-, Erinnerungs- und Erkenntnisfähigkeiten selber produktiv bewegen können. Kunst zeigt oder sagt nicht alles, sonst wäre sie keine Kunst, sondern bloß geschwätzig. Der Außenstehende muß etwas hinzutun. Alle Einzelnen und die Gruppe muten ihm etwas zu, sie kommunizieren mit ihm ästhetisch in Form eines symbolischen Austauschs, den sogar noch der bestätigt, der nur mit einem Achselzucken zu verstehen gibt, daß er nichts verstanden hat.

Die Erfindung der Kunst

Zeigen ist im ästhetischen Projekt lange kein Ziel, außer man möchte sich selber etwas zeigen. In der Anstrengung des Wahrnehmens kommt es nicht auf Mitteilung an andere, sondern auf die Intensität und Reichweite eigenen Gewahrwerdens an. Die hierzu entwickelten Verfahren sind eher wortkarg. Verstummen, Schweigen finden ihr Äquivalent in Bildenthaltung; wer konzentriert wahrnimmt, macht weder Worte noch Bilder für andere.

In dieser Phase wird etwas auf der Grenze zum schwer Bezeichenbaren im Vorfeld aller Kommunikation durch Sprache und Bilder gesucht. Es gilt, den verfrühten Begriff, das scheinbar fertige Bild zu meiden. Sich einen Begriff oder ein Bild von etwas machen, setzt nicht nur die Beteiligung aller Sinne, die Anstrengung der Einbildungskraft und das Einsetzen des Denkens voraus, sondern auch die Vermeidung eingeschliffener Wahrnehmungsweisen und Denkmuster. Die verlangsamte, umständliche Annäherung an einen Gegenstand des Interesses ist ein bewährtes Mittel, gewohnte Wahrnehmungs- und Artikulationshaltungen zu unterlaufen.

Man kann Abraum in Haufen von fern betrachten, ohne Gefahr, darin zu versinken. Man kann an den Rand einer Düne ausgelaugten Materials treten, um Staub durch die Finger rieseln zu lassen. Man kann sich aber auch, wie geschehen, darin nackt verschütten lassen. Es wird jeweils zu bestimmten Intensivierungs- und Erweiterungsformen der Erfahrung am Material und in der Erfahrung mit sich selbst kommen. Danach beginnt sich vielleicht etwas im Tagebuch zu formulieren. Aber selbst dieses tastende Umschreiben einer Erfahrung kann noch einer Methode der Erschwernis unterworfen sein. In der Regel kommt es im Verlauf solcher ausgedehnten Versuche und Prozesse in der Folge individueller Situierung zu einem bemerkenswerten Nebenresultat. Es soll mit dem Begriff der zufallenden oder auftauchenden Form bezeichnet werden: Eine Handlungsfolge nimmt allmählich oder schon im ersten Ansatz eine Verlaufsgestalt an, die sich zur Form ausgestaltet. Früher oder später geraten alle in ästhetischer Arbeit Befindlichen auf die Spur einer Kunst als Praxis symbolisch-präsentativer Selbstvermittlung von Erfahrungsgehalten. Manche merken zwar, daß sie einen Fund oder eine Erfindung gemacht haben. Aber sie wähnen sich oft noch nicht bei der Kunst angekommen - sei es, daß sie diese Nähe nicht interessiert, sei es, daß ein traditioneller Kunstbegriff sie daran hindert, die auftauchende Form als kunstschlüssig zu erkennen.

Es passiert um so eher, daß jemand auf diese Weise zur Kunst findet, je weniger ein Zwang besteht, sich als Künstlerin oder Künstler zu bewähren. Es passiert einfach so: Form wird wahrnehmbar. Irgendwann, aber ziemlich gewiß. Die kunstpädagogische Konsequenz dieser Tatsache ist einschneidend. In der Regel wird ja bekannte oder vorgestellte Kunst nicht nur zur Ausgangsbasis von Bildungs- und Ausbildungsprogrammen, sondern auch zur persönlichen Wunschvorstellung von dem, was man können soll oder möchte: Kunst wird als direktes Produktionsziel vorgestellt und realisiert.

Doch der Begriff solchen Könnens verfällt in ästhetischen Projekten, sobald mitgebrachte Vorbilderfahrung oder Bildvorerfahrung sich als untauglich erweist, irgendetwas zu erreichen, und eigene Vorgehensweisen entwickelt werden müssen, die der Wahrnehmung und nicht irgendeinem Kunstziel dienen. Situierung und Bewährung des ästhetischen Subjekts finden im außer- oder vor-künstlerischen Raum der ästhetischen Erfahrung statt und nähern sich unmerklich einer Formerfindung im Prozeß und am Produkt. Irgendwann sind auch Urheberin oder Urheber davon überzeugt, eine bestimmte Art von Kunst erfunden zu haben, die oft zur eigenen Überraschung plötzlich wiedererkennbar einer Erscheinungsweise von Gegenwartskunst ähnlich ist. Manchen kommt der mitgebrachte Kunstbegriff abhanden, andere erfahren ihn um entscheidende Dimensionen erweitert, wiederum andere sehen sich in ihrer Neigung zu bestimmten Äußerungen ermutigt, nachdem sie einen eigenen Weg gegangen sind.

Wer je einer solchen Erfindung der Kunst beigewohnt hat, weiß, daß es falsch ist, Menschen, die zur Kunst geführt werden sollen, gewohnheitsmäßig vor eine in der Regel weder vom Lehrsubjekt noch vom Lernsubjekt hinterfragte traditionelle Kunstaufgabe zu stellen, um mehr oder weniger laienhaft ausgeführte Nachahmungskunstprodukte zu erzeugen, die dann auch noch benotet werden. Im Restloch ist niemand auf die Idee gekommen, sich mit dem Aquarellblock in die kaputte Landschaft zu setzen, obwohl dieses künstlerische Gewohnheitsverhalten anbetracht der farbigen Phänomene denkbar gewesen wäre. Die dort Wahrnehmenden hatten anderes zu tun und befanden sich schon auf dem Wege einer selbständigen Erweiterung ihres Kunstbegriffs, ohne daß sie diese Aufgabe gestellt bekommen hätten.

Zunächst muß eine noch nicht medial fixierte und nicht gattungspezifisch-kunstorientierte d.h. eine von Kunst weitgehend unbeeinflußte ästhetische Erfahrungsgeschichte beginnen dürfen. Wer als Laie gleich Kunst machen will, ist schon verloren wie die Kunsturlaubergruppen, die, den Block auf den Knien, entschlossen ihren Bleistift senkrecht vor das Motiv halten, um mit zugekniffenem Auge die Proportionen zu messen. Bei aller Liebe zur Kunst sind sie schlecht beraten, weil sie auf dem sicheren Wege sind, nicht nur keine Kunst, sondern überhaupt keine Erfahrung zu machen, die weitreichend befriedigen könnte. Ihre Arbeit müßte anders beginnen. Zu allererst behauptet die Erfahrung ihr Recht. Je weniger sie eingeschränkt oder abgeschnitten wird, um so besser. Denn das ästhetische Erfahrungshandeln ist schon ein Experimentieren mit der Form. Es muß dann nur als solches erkannt, festgehalten und durchgearbeitet werden, um den Status des Künstlerischen beanspruchen und sich gegen das traditionelle Kunstprodukt als authentische Entäußerung behaupten zu können - wenn es überhaupt um diese Konkurrenz geht.

Dem Zu-Fall oder dem Aufscheinen der Form wird am sichersten zugearbeitet, wenn das ästhetische Erfahrungsexperiment sich offen definieren und frei entwickeln darf, so daß das persönliche Handgemeinwerden mit dem Gegenstand rituellen oder spielerischen Charakter annehmen kann, wobei der Prozeß eine zu frühe Produktorientierung gar nicht aufkommen läßt, die so oft hemmend mit der unvermittelt künstlerischen Absicht verbunden ist. Möglichst lange etwas n i c h t Kunstcharakter annehmen lassen, wäre hier der angemessene pädagogische Rat. Eine Form wird sich ergeben, wann immer sie sich entdeckt, während man ästhetisch handelt - sei es spontan, sei es geplant. Man kann sich auf dieses Aufscheinen oder Zufallen verlassen. Natürlich gibt es spezielle Kunsterfahrung als Voraussetzung einer Kunstpraxis, aber sie kann suspendiert oder auf Dauer mit Absicht verfehlt werden. Das Ungewisse eines Erfahrungsprozesses, sein zunächst unbekanntes Ziel wie der verdeckte Weg dorthin oder die noch im Werden befindliche Prozeßform sind Voraussetzungen dafür, daß etwas zu-fällt: ein Verfahren, eine Möglichkeit der Durcharbeitung, eine sich wie von selbst ergebende Form. Das kann eine Verdichtung im Sinne bildlicher oder skulptural-räumlicher Gestaltungstradition oder eine Prozeßfigur oder eine Folge von Gesten oder ein Ritual oder ein mediales Arrangement des Wahrgenommenen nach sich ziehen - die Erscheinungsweisen der Form sind fast unbegrenzt. Aber etwas muß „passen“ als Ausdruck einer spezifischen Erfahrung. Dann folgt Zustimmung zur auftauchenden, plötzlich erkannten, „richtigen“ Form.

Bis auf einen Oldenburger, der nur einen Tag zu Gast war, und eine Studentin aus Halle, die schon länger ein Fotografie-Projekt zur Industrielandschaft betrieb, hatte niemand aus der Gruppe die Geiseltalwirklichkeit in der unabänderlichen Absicht betreten, dort vorgeplante Kunst oder überhaupt Kunst zu realisieren, obwohl diffuse oder genauere Kunstkenntnisse und eigene Kunsterfahrung mitgebracht wurden. Das Projekt begann als eine Wahrnehmungseröffnungsübung vor aller Kunst oder Absicht, Kunst machen zu sollen, in der Konfrontation mit dem Vorfindlichen. Die Nähe zur Kunst ergab sich aus der ästhetischen Arbeit von selbst - durch plötzlichen Fund, methodisches Vorgehen oder Zuruf durch andere provoziert, wie eine Belohnung für Unsicherheit und Ausharren. An der einmal zugefallenen Form konnte anschließend gearbeitet werden, bis sie prägnant war.

Natürlich sind die Formen der Auslegung, der Installation, der Fotoserie, der Videoarbeit, der Performance usw., die das Projekt in der Nacharbeit gezeitigt hat, sofort als der zeitgenössischen Kunst verwandte, mit ihrem Repertoire identifizierbare Elemente ästhetischer Kommunikationsfähigkeit und gestalterischer Beweglichkeit zu erkennen. Ein Betrachter, der nicht um ihre Entstehungsgeschichten weiß, könnte frappante Übereinstimmungen feststellen.

Doch abgesehen davon, daß es nicht verwerflich wäre, derart durch die Hintertür eigener Erfahrungsarbeit zu eben jener Kunst zu gelangen, die sonst so hermetisch erscheint und schwer verständlich ist, handelt es sich hier wirklich um die E r f i n d u n g d e r K u n s t in einem originalen Akt der Umsetzung von Erfahrung in Form. Da spielt es keine Rolle, die erste Erfinderin oder der erste Erfinder zu sein. Schließlich ist jede individuelle Findung ein originales Produkt.

So darf, ja muß Kunst immer wieder neu erfunden werden, weil sich das ästhetische Subjekt in diesem

Akt auf besondere Weise selbst gegenübertritt, ohne die irritierende Verpflichtung, wie eine Künstlerin oder ein Künstler unbedingt ersterfindend tätig sein zu müssen.
Die Erfindung der Kunst, dieser mehr oder weniger zu-fällige Akt, ist immer zugleich ein markantes Ereignis im Konstitutionsprozeß des Subjekts, das sich darin zeigt.

Insoweit sind die Erfinderinnen und Erfinder nicht von Künstlerinnen und Künstlern zu unterscheiden. Aber sie genießen den Vorteil, sich nicht an ihnen und an gängigen Kunstprodukten messen zu müssen. Sie erfinden gleichsam außer Konkurrenz, indem sie etwas für sich selbst leisten, und gewinnen damit ihr persönliches Differenzprofil.

1 Es gab drei Präsentationen des Geiseltal-Projekts: Eine Ausstellung mit Performance in der Galerie der Universität, eine Ausstellung in der Arthothek der Stadt Oldenburg und eine völlig neu konzipierte Vorstellung in der Maschinenhalle der Brikettfabrik Braunsbedra ein Jahr später.
Das Projekt ist ausführlich dokumentiert in: Yvonne Hackmann, Alexandra Meinen, Beate Pieper, Sabine Schröter, Hilde Winkler (Hg.): das loch / des//nützes. Ästhetisches Projekt im Tagebaurestloch. Beiträge zu einer Exkursion ins Geiseltal von Studierenden der Carl von Ossietzky Universität Oldenburg und der Burg Giebichenstein - Hochschule für Kunst und Design Halle in Zusammenarbeit mit dem Institut für ökologische Ästhetik in Halle. Oldenburg 1996

3

KONSTITUTIONSMOMENTE ÄSTHETISCHER REAKTIONSFÄHIGKEIT

Der Einfall

Das Experiment

Botschaften aus der Bewußtseinswerkstatt

Der Einfall

Maria Wilken-Keeve hatte das sperrige Ding, ein langes, rostiges Sägeblatt, gefunden und es den ganzen Tag, quer auf den Rucksack geschnallt, über die Haldenlandschaft getragen. Niemand wußte, was sie damit wollte, auch sie selbst nicht.

Plötzlich schwingt sie sich über die Baggerkante der Grube hinunter auf den steilen Abhang zum Schlammwassersee und läßt sich von nachrutschender Erde bis an den dünnen Schilfsaum tragen. Dort nimmt sie das Sägeblatt vom Rucksack und pflanzt es ohne Zögern in den weichen Uferboden zwischen das Schilf, wo das elastische Objekt sich wie eine tückische Schlange mit den Halmen im Wind zu wiegen beginnt, halb Natur, halb immer noch Instrument ihrer Ausbeutung und Zerstörung.

Die anderen rennen nach. Einer sagt: Genau!

Die unerwartete Geste hatte binnen Sekunden aus dem Ufer mit dem Schilf eine Landschafts-Installation von beklemmender Wirkung gemacht. Schlagartig wurde den Zeugen der Zeichensetzung das Verhältnis von Werkzeug und Natur, bezogen auf den Ort, ästhetisch bewußt. Eine rostige Säge im Schilf - wie aus Zufall war ein „Werk“ entstanden, das die nähere Umgebung und das ganze Tagebaurestloch hinterhältig interpretierte.

Trotz seiner Urplötzlichkeit hielt niemand den Akt des Einpflanzens für willkürlich. Aus der gemeinsamen Erfahrungsgeschichte mit dem Ort war die Handlung spontan „begreiflich“. Aber wie kam die Handelnde selbst zu diesem Kickdown der formgebenden Geste? Sie war bis zu diesem Augenblick ihren stillen Erfahrungen im Gehen nachgegangen, hatte das Ding „zufällig“ aufgelesen. Am Rande der Grube angekommen, muß etwas in ihr gezündet haben, worüber sie sich selbst keine Rechenschaft geben konnte, weil sie schon losgerannt war:

„Intuitive Vorgänge sind an innere, von der bewußten Kontrolle weitgehend entlastete Prozesse gebunden. Die am intuitiven Geschehen beteiligten Aktivitäten schließen physiologische und hormonelle Funktionen, körperliche Prozesse und Bewegungen ebenso ein wie Prozesse der Wahrnehmung, des Erlebens, Denkens, Erinnerns. Ändert sich für uns unerwartet die Ausgangslage, antworten wir darauf in der Regel zunächst ganz wie von selbst und automatisch intuitiv. Und das meint rasch, unkontrolliert, ‘holistisch’, alogisch und mit Gefühl.“[1]

Es ist kaum vorstellbar, daß Maria Wilken-Keeve nicht auf diesen Schritt irgendwie vorbereitet war; sie wußte nur im Moment nichts davon. Vorausgehende Wahrnehmung des Ortes, Bewegungen des bildhaften Denkens, emotional gefärbte Sinnvermutungsanstöße als vorläufige Aufsummierung einer Erfahrungsgeschichte können zu diesem ebenso blitzartigen wie sicheren Handeln geführt haben. In der Ausführung gibt es kein Zögern, kein Bedenken, keine Angst. Das Bewußtsein hinkt der Tat hinterher und muß sie, von ihr überholt und belehrt, auch nicht rechtfertigen. Das vor allem pädagogisch so gern abgefragte Motiv der Begründbarkeit greift hier erst hinterher: „Um rational zu handeln, müssen die Handelnden die Gründe ihres Handelns nicht aktuell kennen, mehr noch: manchmal werden sie ohne Gründe handeln und doch rational (...). So ist der erstmals geglückte Versuch nicht selten eine Aktion, bei der im Nachhinein erst die Gründe definitiv erreichbar sind, die besagen, warum es richtig war, es so zu probieren.“[2]

Rationalität kann, wie hier beruhigend festgestellt wird, nachgetragen werden, damit sie gerettet ist. Aber vielleicht gibt es eine ästhetische Intelligenz des subjektiven Handelns, die sich darum gar nicht kümmert? Man kennt die plötzlich aufscheinenden Momente der Klarheit aus künstlerischen Prozessen, in denen ein scheinbar willkürlicher Eingriff zu dem hinterher einzig richtig erscheinenden Ergebnis geführt hat. Dieses sichere Gefühl ist aber keine Begründung. Vielleicht hintergeht ein ästhetisch intelligentes Handeln nicht nur das argumentativ-diskursive, sondern auch das ästhetische Denken sowohl im Augenblick als auch auf Dauer in nicht bewußten Schichten der Erfahrung. Es kann etwas lange unklar sein, um plötzlich als Handlung, Bild oder Begriff klar zu erscheinen. Oder etwas, das lange klar war, wird durch einen Eingriff gestört, wobei sich aus der Auflösung seiner Festigkeit andere Definitionen von Klarheit ergeben. All dies ist womöglich nur dem Subjekt klar, das da handelt, ohne daß es eine Begründung formulieren kann. Vielleicht ist ästhetische Intelligenz als eine Hinterrücksbestimmtheit des Handelns, als eine Formulierungsfähigkeit vor dem Einsetzen des Bewußtseins, als Versammlungsfähigkeit unbewußter Erfahrungen vor jedem verbalen Argument oder Begriff, auch vor jedem Begründungswunsch zu bezeichnen? Sie erscheint hier auf einen einzigen Augenblick intuitiver Erleuchtung versammelt.

Maria Wilken-Keeve hat sich zu ihrem Absprung von der Kante überhaupt nicht, zum Produkt nur sehr sparsam geäußert. Aber ihre Wortkargheit steht als Beweismittel zur Verfügung. Geste und Produkt bedürfen in ihrer ästhetischen Evidenz weder des Kommentars noch der Begründung.

Die zugefallene Form ist Begründung und Kommentar.

Natürlich irritieren das Auftreten intuitiver Momente, die ihnen fehlende Begründung, ja ein Desinteresse an Begründbarkeit überhaupt das pädagogische Denken und Handeln, wird doch eine genuine Schwäche pädagogischer Systematik und Überwachung erkennbar. Es läßt sich keine handhabbare Lerntheorie, keine zuverlässige Unterrichtsmethode darauf gründen. Kein Ergebnis ist im Sinne leistungsorientierter Ziel-Mittel-Relationen bewertbar. Soll man Glückspilze honorieren? Den Zufall zum Kriterium pädagogischer Planung machen? Sich aufs Warten und Zusehen verlegen? Im Aufblitzen dieser Gewißheit des Handelns, in dieser einzigen Geste des Beispielfalles erleben wir ein Konstitutionsmoment des ästhetischen Subjekts: Da scheint jemand plötzlich bei Sinnen und Verstand und ganz bei sich zu sein, bei einer intuitiven ästhetischen Reaktionsfähigkeit, die ihn selbst überrascht.

Künstlerinnen und Künstler kennen Zustände, in denen intuitiv gesteuerte Handlungsketten über längere Zeit den Produktionsfluß bestimmen. Wer je gemalt hat, weiß, wie sich die Abfolge eingreifender Gesten geradezu traumhaft sicher zu einem strukturellen Gewebe von Malerei verdichten kann, das vorher unbekannt war. In solchen Perioden des Handelns wird eher ein Seinszustand gelebt als ein Rationalitätsmodus beansprucht, wenngleich im nächsten Augenblick ein kontrollierendes Bewußtsein in betrachtender Distanz auftaucht, dem man die Qualität ästhetischer Rationalität nicht absprechen kann. In verdichteten Momenten der Produktivität scheint eine Totalpräsenz des handelnden Subjekts auf, bei der alle Rationalität wenigstens für kurze Zeit in ein leibliches Reagieren überwechselt, so wie die Hände im Fluß des Plastizierens mit einem weichen Material wie von selber wissen, was zu tun ist. Man könnte auch von einem ästhetisch intelligent gesteuerten Handeln vor jedem Eingreifen einer Bewußtseinskontrolle sprechen.

Wenn „die Gedanken sich selbst gemacht haben, statt auf ihren Urheber zu warten“, wie Robert Musil schreibt [3], oder wie in unserem Beispielfall, ein „Bild“ sich selber vorzuschlagen scheint und die Urheberin dem Vorschlag hinterherrennen muß, sind Intuition oder Inspiration im Spiel. Es geschieht etwas, das nur von Erweiterungen des gebräuchlichen Rationalitätsbegriffs ins Ästhetische erfaßt werden könnte. Ich ziehe es vor, von einem genetischen Moment ästhetischer Intelligenz zu sprechen, weil wir dem Sichtbarwerden einer Fähigkeit beiwohnen, die aus der komprimierten Gegenwärtigkeit des handelnden Subjekts entsteht und nicht wie irgendeine ästhetische Rationalitätsform des Verhaltens pädagogisch herbeigeführt werden kann. Sie kann nur erfahren werden, wenn der Fall eintritt, und der ist unplanbar. Er kann nicht einmal vom agierenden Subjekt selbst geplant werden.

Manchmal werden Lehrsubjekt und Lernsubjekt sich unter der Decke einer gemeinsamen Erfahrungsgeschichte und in gleichzeitig auftretender Geistesgegenwärtigkeit spontan einig, als hätten sie auf diese Gelegenheit gewartet. Als Ria Bergmann in einer dem Geiseltalprojekt vorausgehenden Übung das lange von ihr malträtierte Packpapier in kleine Stücke riß, warf sie es nicht in den Papierkorb, sondern fragte mich in ihrer vorsichtigen Art, ob sie Sülze daraus kochen und diese verzehren solle, die Idee sei ihr so gekommen.

Kurz auflachend sagte ich sofort: Aber ja, tun Sie das, unbedingt! Warum ich das so gesagt haben könnte, fiel mir erst Tage später zögernd ein, als ich eher mürrisch nach vortragbaren Argumenten suchte, um Ria Bergmann in einer nun geplanten gruppenöffentlichen Performance abzusichern.

Die ursprüngliche Überzeugtheit, spontan den richtigen Rat zu geben, konnte von keinem Argument hintergangen oder überboten werden. Ich erinnere nur so etwas wie eine aufblitzende Übereinkunft zwischen der Studentin und mir, so daß uns in dem komplizenhaften Beschluß nichts irritieren konnte außer einer versteckten Angstlust vor unvorhersehbaren Reaktionen des Publikums.

Untergründig vorbereitet war meine Spontanratschlagentscheidung aus der Prozeßbeobachtung der arbeitenden Person, die mir im Augenblick ihrer Frage an einem Punkt der Bearbeitungsgeschichte des Materials angekommen schien, an dem sie sich durch einen symbolischen Akt der Vernichtung davon befreien mußte. Was lag näher als Zerkochen und Verzehr?

Ria Bergmann kochte die Sülze und verleibte sich den von ihren Experimenten ausgelaugten Stoff wie in einem letzten Transformationsritual der organischen Auflösung ein.

Das konnte dann nach Maßgabe einer argumentativen Rationalität diskutiert werden - als ironischer Verweis auf weibliche Arbeit, als Andeutung einer archaischen Aneignungsweise, als Vorführung der Verschiebbarkeit von Ekelgrenzen oder als alles zugleich.

Niemand bezweifelte, daß die orale Vertilgung der Reste einer Arbeits- und Beziehungsgeschichte sinnvoll gewesen ist. Tatsächlich aber war der Einfall richtig, ehe irgendeine Begründung zum Zuge kam, die der Faktizität des symbolischen Handelns nur eine dürre „Theorie“ als Nachruf auf ein intuitiv und komplex produziertes Sinngeschehen widmen konnte. Im Einzelfall dieses Geschehens hat sich Ria Bergmann augenblicklich als jenes ästhetische Subjekt offenbart, als das ich sie kenne: eine still für sich arbeitende, auf der Konsequenz ihrer Handlungsgeschichten beharrende, mit verschmitzten Vorschlägen sich selbst und andere überraschende Frau.

Das Experiment

Claus Arlinghaus, ein ruhiger, stets sachlich argumentierender Student des Lehramts für berufsbildende Schulen, war mir schon während der „Zerstörübung“ ein halbes Jahr vor dem Geiseltalprojekt durch seine überlegte Vorgehensweise aufgefallen. Er hantierte mit groben Holzklötzen (zersägten Eisenbahnschwellen), die er mit dem teils bewußt produzierten, teils genußvoll wiederholten Ernst kindlichen Spielens zu skulpturalen Formationen im Raum entwickelte, um den Aufbau sogleich polternd wieder einstürzen zu lassen, ihn in einer neuen Variation performanceartig wieder aufzurichten und erneut zu zerstören. Auf diese Weise entstand eine in die Zeit gebaute Endlos-Skulptur, die sich bei bleibendem Grundthema prozeßhaft veränderte. Immer wieder krachte der Bau in sich zusammen, ging sein Erbauer/Zerstörer wieder ans Werk. Hier interessiert nicht der Inhalt, sondern das Verfahren. Claus Arlinghaus hat das ihm persönlich angemessen erscheinende, methodisch strukturierte Vorgehen auch bei seiner Arbeit im Tagebaurestloch als Prinzip beibehalten:

Das Material, mit dem ich mich während meines Aufenthaltes im Geiseltal befaßt habe und das in meinen Auslegungen Verwendung fand, waren ehemalige Vorwiderstände für Baggermotoren, die ich auf meinen Wanderungen entdeckte. Die gefundenden Gegenstände sind Fragmente, die ehemals eine technische Funktion besaßen, aber aus ihrem funktionalen Bedeutungszusammenhang herausgenommen und, von mir neu zusammengesetzt, in neue Ordnungen überführt worden sind.

Dieses Material fand ich am Rande des Baggerabwrackplatzes, halb verschüttet, einen Hang hinabgekippt. Die Begegnung mit den Eisenformen verursachte durch deren Form und Materialität in mir einen Impuls, mich mit dem abgekippten, halb verschwundenen Material weiter auseinanderzusetzen. Die Eigenformen der Einzelsegmente selbst sind Zeichen und deshalb so interessant, weil jedes dieser Fragmente an ein Urzeichen, die Wellenlinie, erinnert. Mir fielen diese Elemente mit ihrem Zeichencharakter in ihrem zerstörten, zerfallenen Zustand auf: sie reizten durch ihre besondere Materialität, mich weiter mit ihnen zu beschäftigen, d. h. die Oberflächenstruktur, der verwitterte Zustand, die Form und das Material selbst inspirierten mich zur weiteren Bearbeitung. Die Form der Einzelsegmente ist leicht bewegt, schlängelnd, obwohl dies der eigentlichen Materialität widerspricht. Das Material, aus dem die Elemente bestehen, ist Eisen. Die Bearbeitung des Roheisens erfolgte bereits in industriellen Prozessen durch Walzen, Schmieden oder Gießen.

Ich begann, die Elemente, Stück für Stück aus der Asche auszugraben, ohne zunächst zu wissen, was man mit der ausgegrabenen Menge anfangen könnte. Der Auslegung der Fragmente ging das Vorbereiten und Säubern durch Abklopfen des groben Schmutzes von den Einzelteilen voraus. (...)

Während der archäologisch durchgeführten Ausgrabung entwickelten sich erste Ideen für eine Kombination der Formen und deren Umsetzung ins zeichenhaft Große. Zu der Idee der Auslegung einfachster geometrischer Formen an einem geeigneten Platz führte ich während des Ausgrabens erste Versuche durch, in denen ich ein gewisses Formenrepertoire auf experimentell-spielerische Weise ausprobierte. Für die Auslegung wurden die Elemente im ursprünglichen Zustand belassen, d. h. die Materialität des Materials genutzt und dessen Ausdrucksmöglichkeiten in verschiedenen Anordnungen erprobt. (...) Neue Anordnungen ergaben dabei neue Sichtweisen. Die Oberflächenstruktur der Fragmente weist auf einen Verrostungsvorgang, d. h. auf einen Zerstörungsprozeß hin. Die Natur zerstört das ihren Einflüssen ausgesetzte Material. Die Ursprungsform löst sich auf. Der Prozeß der Zerstörung geht dabei mit fortschreitendem Zeitablauf unwiderruflich voran. Dieser wichtige Aspekt der zeitlichen Begrenztheit ist dem Prozeß immanent. (...) Ich spielte mit dem vorgefundenen Material, bewegt vom Verhältnis Industrie - Natur - Mensch, das gerade in dieser Landschaft seine eigene Bedeutung besitzt und gerade hier sichtbar wird. Das Zusammenstellen zu lockerem Nebeneinander oder losen Verbindungen ist uralt, ein archaisches Umgehen mit dem Material ohne Werkzeug. (...) Im Experiment eröffnete sich mir, daß die verschiedenen Möglichkeiten der Kombination dieser einfachen Köper viel geringer sind, als es den Anschein haben könnte. Als Grundmöglichkeiten gibt es nur eine Berührung der Kanten, eine Berührung (Kontakt) der Flächen, Berührung von Kanten und Flächen sowie die teilweise oder vollständige Durchdringung der gleichen Grundkörper.

Durch meine Experimente habe ich alle Möglichkeiten ausprobiert und bin dann zum Entschluß gelangt, die Linie als Bewegung in verschiedenen Formen auslaufen zu lassen. Die Wellenlinien der Einzelsegmente geben diesen Zeichen eine filigrane, aber energiegeladene Gestalt, die die Einzelform in einer durchgängigen Bewegung fortführen. Dabei habe ich Kombinationen bevorzugt, die im ganzen das Typische der Landschaft enthielten und auch in einer Auslegung zur Formverdoppelung führten; diese Zeichen drängten sich als Reaktion auf die Natur vor. Die Landschaft wird zum ornamentalen Zeichen, das aber die ganze Lebendigkeit der Natur beinhaltet.[4]

Ein diskursiver Text, in rationalem Gestus vorgetragen und ebenso rational nachvollziehbar: Claus Arlinghaus hat ein umfangreiches experimentelles Erkundungs-, Wahrnehmungs- und Gestaltungsprogramm vor Ort entwickelt und realisiert, wovon er berichtet. Damit liegt ein klassisches Beispiel für die systematische, „planvolle“ Vorgehensweise in einem ästhetischen Arbeitsprojekt vor. Jeden Tag entstand im Gelände eine andere vorläufige Materialkonfiguration im Sinne großer Landschaftszeichen, bis am Ende zwei Vorschläge übrigblieben - die Auslegung der Eisenteile in konzentrisch angeordneten Kreisen (an Richard Long erinnernd) und die Serpentine als das lange, gewundene Band, das mit der Trassenführung und dem Schichtungsprofil des Restlochs korrespondierte.

Vom Ausflug in die Unberechenbarkeit der Intuition gestreßte Leserinnen und Leser dürfen aufatmen: Hier ist die komplementäre Erfahrungsweise im ästhetischen Denken und Handeln belegt, das abwägende, ausscheidende Vorgehen im systematischen Experiment und das entsprechend sachlich reflektierende Berichten. Es handelt sich um ein Beispiel für angewandte ästhetische Rationalität im besten Sinne, indem sich nicht nur die Korrektheit des Begriffs bestätigt, sondern auch das Vernunftkonzept realisiert erscheint, das Martin Seel auf das Zusammenspiel theoretischer, ästhetischer und praktischer Rationalitätstypen gegründet sieht und aus dem Gunter Otto sein Konzept der ästhetischen Rationalität abgeleitet hat.[5]

Seel spricht auch von der „Fähigkeit zum mehrseitig überlegenden Bedenken und Besinnen der eigenen Handlungen in ihrer Beziehung auf die Verhältnisse, in deren Einfluß und Zusammenhang sie stehen“.[6] Diese Fähigkeit weist der Text nach.

Das Beispiel demonstriert auch das Hin- und Herspiel von Handeln und Denken, Planen und Ausführen, Festlegen und Auflösen, Entscheiden und Korrigieren, das die Struktur eines ästhetischen Arbeitsprozesses bestimmen kann.

Dieses praktische Experiment war das in seiner Monumentalität und täglichen Formbestimmtheit sichtbarste und öffentlichste Ereignis für alle am Projekt Beteiligten, für die Grubenarbeiter und für die Sportpiloten über dem Loch in der Landschaft.

Damit wurde nicht nur die Sichtbarkeit eines work in progress geboten, sondern auch ein in seinen Umsetzungsfiguren stimmiges Konzept von Kunst entwickelt.
Ich kann meine Sympathie für das vorgeführte Modell des systematischen Erfahrungs-Experiments und seiner begleitenden Reflexion auf sprachlicher Ebene nicht verhehlen. Ein Schritt wird nach dem anderen getan, es scheint sich eine klare, transparente Korrespondenz von wahrnehmendem Handeln und reflexiven Schlußfolgerungen aufzubauen. Wir sind Zeugen der Entwicklung eines persönlichen Erfahrungskonzepts, das sich unter der Hand zu einem künstlerischen transformiert und objektiviert. Es breitet sich der Eindruck einer schlüssigen ästhetischen Konsequenz aus, bestätigt durch das sichtbare Endprodukt und die Interpretationen seiner Entstehungsgeschichte durch den Produzenten.
Kann man einem Studenten der Kunstpädagogik mehr abverlangen? Vielleicht hat er das sogar selbst getan und spricht nur nicht davon.
Es gibt einen Text, ein halbes Jahr vor der Examensarbeit geschrieben, aus der das erste Zitat stammt. Dieser ältere Text führt näher an den ursprünglichen Erfahrungs- und Bewußtwerdungsprozeß heran, an das subjektive Beteiligtsein:

Für die Auslegung der Segmente suche ich auf meinen Landschaftsbegehungen Orte, die noch in dem Zustand der Zerstörung sind, um diese Orte mit meinen Auslegungen und der sich in Heilungsprozessen befindlichen Natur zu konfrontieren. An diesen Orten der Zerstörung will ich sein, suchen, finden, aufheben, machen. Ich fühle mich in den Ort ein, bin mit seiner Stimmung, seiner Ausstrahlung verbunden, spüre seine Geschichte auf durch bewußte Wahrnehmungen und mein veränderndes Tun.
Als idealen Ort für mein Vorhaben finde ich einen - im Rahmen von Sicherungsmaßnahmen aufgespülten - Hang mit einem fast ebenen Plateau. Er gehört wie so vieles Andere zu den unzähligen Verletzungen der Landschaft. Das Plateau ist flach, hell, nüchtern, erhöht gegenüber der umgebenden Landschaft. Der Boden besitzt eine wüstenhaft aufgebrochene Struktur. An diesem Ort wird am deutlichsten, was dieser Landschaft angetan wurde, und der Ort steht in direktem Kontrast zu der ihn umgebenden, sich regenerierenden Natur. Der Boden soll in der werkhaft-bildnerischen Gestaltung seinen Materialcharakter behalten. Er soll als das in Erscheinung treten, was er ist: toter, zerstörter, aufgeplatzter, wüstenhafter, keine Feuchtigkeit mehr aufnehmender Boden. Dieser „Materialcharakter“ wird mit in den bildnerischen Vorgang einbezogen. Um den Gesamteindruck des sehr verletzbaren Ortes zu erhalten, erarbeite ich auf baren Füßen die Auslegungen. Während meiner Arbeit verwandelt sich unbeabsichtigt meine Tätigkeit in ein Ritual, das intuitiv von Zeichen getragen wird. In dieser Art ritueller Handlung ergibt sich für mich eine Unmittelbarkeit zwischen meinem Körper, dem Ort, der Landschaft

und dem Material. Die Verwendung der Fläche und der Umgang mit der Landschaft geht für mich auf ein archaisches Stadium des Denkens und der menschlichen Sensibilität zurück, in der sie den Wert eines authentischen Ritus hat.
Die Natur und der Ort geben dabei die Gestaltung der Zeichen vor. Sie haben eigene Rhythmen und Zeichen, die gelesen werden müssen. Von meiner erhöhten Fläche aus kann man die stufige Bewegtheit in den Terrassierungen des Randes zum tiefsten Punkt der Grube, seine Vorsprünge, Spuren und Zeichen der Zerstörung als Einschnitte in die Natur lesen.
Wie kann ich gestaltend auf die Landschaft antworten? Wie trete ich in Beziehung zu dem zerstörten, am Beginn eines Heilungsprozesses stehenden Ort?
Die Frage nach dem Eingriff in die Natur durch Zeichensetzung und die Umformung derselben durch Zeichen ist für mich zentral. Zeichen der Hoffnung, aber auch Zeichen des Schmerzes sollen gesetzt werden durch Kontraste auf dem unnatürlich leichentuchblassen Boden. Dabei soll im Kontrast nicht eine Störung oder eine Entgegensetzung zu dem Ort oder Landschaft gefunden werden, sondern eine überzeugende, den Ort verdeutlichende Antwort.
Ich entdecke, was dem Ort zugehörig ist: archaische Urzeichen wie Kreis und Wellenlinie, die sich nach Abstraktionsprozessen in der Landschaft wiederfinden lassen. Die Zeichen werden so direkte Zeichen für die Landschaft, für die Grube. Die auf dem Plateau entstandenen Arbeiten sind Zeichen der Suche nach Verstehen und Begreifen der Landschaftswunde.[7]

Ich trete jetzt in meine Rolle als erinnernder Beobachter des Geschehens ein. Aus dieser Position muß ich ergänzen, was auch dieser zweite, noch von der Arbeit des Bewußtseins vor Ort handwarme Text verschweigt. Für mich gab es keinen Zweifel, daß Claus Arlinghaus in ein Experiment der persönlichen Situierung eingetreten war, deren psychische und mentale Auswirkungen noch bis in den Sprachgestus des hier zitierten Textdokuments zu spüren sind. Ich fand jeden Tag aufs Neue bewundernswert, mit welcher Kraft und Ausdauer sich dieser Student allein, mit wenig Kontakt zur Gruppe, als „Ausgräber" einer Selbstanstrengung unterzog, deren Sinn er zunächst allenfalls ahnen konnte. Er hat sich während dieser Arbeit einen eigenen Horizont des Nachdenkens über das Vorgefundene und sich selbst in der Situation des Ausgesetztseins an die große Landschaftswunde und das in ihr Vergrabene eröffnet. Seine Texte können als nachgängig entstandene Sinnzuweisungen an diese Übung der Selbstanstrengung gelesen werden. Vor Ort war die Arbeit von Schmutz, Chaos, körperlicher Verausgabung und durch ein Ausgesetztsein an überhaupt noch nicht Geklärtes, aber sinnlich Nah-Bedrängendes und das Denken Beunruhigendes, Aufstörendes bestimmt. Wer tonnenweise Alteisen ausgräbt und es mit einem kaputten Schubkarren über karstiges Gelände transportiert und jedes einzelne Stück mehrfach um- und umwenden muß, um Rost und Dreck abzuklopfen und es probeweise auszulegen, wer in einem riesigen Raum unter freiem Himmel arbeitet, in einem Raum der nicht nur beängstigend wirkt, weil man darin mit sich allein ist, sondern weil er auch kaum ästhetisch zu kommentieren ist in seiner Übermächtigkeit und Geschichtlichkeit, wer derart ausgesetzt ist, der „denkt" anders, nicht zuletzt, weil er sich im Selbstexperiment einer existentiellen Bewährungsprobe befindet.

Diese Bewährungsprobe (in den Texten bis auf Andeutungen unsichtbarer geworden) geht weit über die lösbare Aufgabe hinaus, ein systematisches Vorgehen und eine transparente Theorie der Gestaltfindungsprozesse zu entwickeln. Sie führt, sagen wir vorläufig ungedeckt, in den Raum ästhetisch intelligenten Handelns, wenn man ästhetische Intelligenz als Bestandteil und Produkt einer Selbstbehauptungserfahrung des Subjekts bezeichnen möchte.

In der Wahrnehmungs- und Produktionsgeschichte vor Ort wird der Erfahrungstäter nicht nur zum Künstler, sondern auch zum Produzenten eines Bewußtseinsprofils, das sich nicht nur in der Realisation ästhetisch rationaler Verhaltensformen entwickelt, sondern sich auch in Fragen nach dem Sinn des Hierseins und in Momenten des Auslebens von Sinnvermutungen ausdehnt und aufbaut. Weshalb unterzieht sich jemand einer solchen Anstrengung im Dreck eines Restlochs? Doch nicht, um ein Verfahren zu üben oder ein ästhetisches Verhalten oder um aus Schrott Kunst zu machen. Das könnte man anderswo billiger haben.

Vom existentiellen Bedrängt- und Betroffensein sprechen die Texte nicht, aber der Beobachter kann Indizien berichten: Der junge Mann hantierte tagsüber hochkonzentriert mit seinem Material im Gelände, am frühen Abend lag er erschöpft auf seinem Bett im Lehrlingsheim, unserem Quartier, um nachzudenken. Er war gern mit sich allein und signalisierte das unmißverständlich. Jeden Tag wurde ich zu einer Stellungnahme vor Ort zitiert. Ich wußte, daß er bis an die körperliche, psychische und geistige Belastungsgrenze in seine ästhetische Arbeit vertieft war und hielt mich aus Respekt vor der Selbsterprobungskonsequenz seines Handelns und Denkens zurück. Es ging ersichtlich um eine belastende Konfrontation über das zu besprechende ästhetische Verfahren hinaus. Nichts darin war von vornherein klar, und die Auskunft, beim Ausgraben nicht gewußt zu haben, wozu die Eisenteile noch zu gebrauchen sein würden, erinnert an die Haltung Maria Wilken-Keeves beim Mitnehmen des rostigen Sägeblattes.

Das Experiment zwischen Erschöpfungszuständen und erneutem morgendlichen Beginnen erscheint nur in den Texten als Verlaufsfigur übersichtlich, gleichsam in seiner Außenansicht nachgängig schlüssig gemacht. In Wahrheit muß es sich phasenweise um eine gnadenlose Selbstaussetzung gehandelt haben. In einer den Charaktertypus dieses Studenten bezeichnenden Weise werden Zustände der Ratlosigkeit, der Überforderung, der Unsicherheit, ja vielleicht der existentiellen Verstörtheit unter der Decke des ordnend-berichtenden Schreibens gehalten. Die Texte sind auf ihre Weise diskret.

Aber die für die Handlungsfigur im Gelände aufgewandte Kraft läßt auf eine Situierung schließen, in der der Handelnde sich vor sich selbst und den Augen anderer als reaktions- und handlungsfähig erweisen mußte, wollte er nicht vor dem Bedrängenden kapitulieren. Der Gewalt des Realen muß er seine eigene Präsenz entgegensetzen; deshalb zwingt er dem chaotischen Ort seinen Ordnungs- und Gestaltungswillen auf, um symbolische Zeichen zu setzen, die seine Anwesenheit bekunden und die das beinhalten, was in der Behauptungsgeste zur Form, also zu Sprache vor dem Sprechen werden kann.

Erstaunlich, wie er sich derart in die Landschaft durch sein Dortsein und Sich-Behaupten-Wollen zeichenhaft einschreiben konnte. Claus Arlinghaus hatte keine Angst vor der großen Geste oder vor dem Vorwurf, künstlerisch etwas zu wiederholen, was als Konzept bereits Kunstgeschichte geschrieben hat. Im Gegensatz zu anderen, die sich äußerst vorsichtig in der Landschaft bewegten, um ihr nicht die geringste Gewalt anzutun, bemächtigt er sich ihrer Bezeichnungs- und Gestaltungsmöglichkeiten durch einen Kraftakt, freilich sensibel geöffnet für das Mögliche und Naheliegende. Man darf sich durch die im Textmaterial dokumentierte Logik des Vorgehens und die ästhetische Perfektion des realisierten Produkts nicht täuschen lassen: Im Grunde ging es um einen authentischen Bewältigungsakt, um das Bestehen einer Selbstaussetzungsgeschichte. Deren Untergrund von Nicht-Gesagtem, vielleicht Unsagbarem muß mitbedacht werden, gerade weil davon nichts zu lesen ist.

Vielleicht ist der eher verschlossene, rationale Gestus des Schreibens und Sprechens in diesem Fall nur eine schützende Haut über dem dramatischen Prozeß eines Handelns in Unsicherheit und Verstörung gewesen. Dies nicht aus Schwäche (sonst hätte es die starke Handlungsfigur nicht gegeben), sondern aus einer auch ästhetisch intelligent zu nennenden Art heraus, mit sich selbst und den situativen Gegebenheiten mit einer Sicherheit des entwickelnden Handelns umzugehen, die das Profil eines spezifisch gefärbten Bewußtseins in actu ahnen läßt. In einem Brief vom Mai 1998 schreibt Claus Arlinghaus: „Es war diese Theorie der beschwörenden Rückgabe geraubter Energie, die den Zustand der Verstörtheit für mich in eine sinnvolle Tätigkeit überführte."

Indem er das Material der Baggermotoren-Vorwiderstände ausbreitet, gelingt ihm eine symbolische Geste der Rückerstattung, ein Akt der Heilung dieser Ausbeutungswunde, zugleich ein Sinngebungsversuch seiner eigenen Anwesenheit am Ort.

Modelle ästhetischer Arbeit - und dieses systematische Experiment mit der Abbau-Landschaft und sich selbst ist Beispiel eines solchen Eigenbaumodells - sind Entwürfe ins Unbekannte, vielleicht Unbenennbare persönlicher Konfrontationen oder subjektiver Situierungen, mögen die veröffentlichten Berichte das modellhafte Vorgehen noch so wohlgeordnet erscheinen lassen, wie die Texte von Claus Arlinghaus, mögen die Dokumente gleichsam argumentativ geglättet sein und jede Ratlosigkeit verschweigen.

Auch hinter den systematisierten Experimentalverläufen ästhetischer Arbeit sind Bewährungsproben des Subjekts, das sich situiert, um sich selbst als ein existentiell reagierendes wahrzunehmen, zu ahnen.

Botschaften aus der Bewußtseinswerkstatt

Allen Tarnungs- und Verdrängungsmöglichkeiten im Sprachkleid der Reflexion zum Trotz gibt das Schreiben Einblicke in die Bewußtseinswerkstatt, eine Tätigkeit, die immer zum Selbstportrait der Schreibenden gerät, so wie es die sichtbaren Handlungsfiguren im Raum der praktisch-ästhetischen Erfahrungsarbeit auf ihre Weise tun.
Elina Kritzokat schreibt:

Im Geiseltal war mir vieles fremd: ehemalige Grenze, spärliche Straßen, graue stehengebliebene Dörfer, der andere Dialekt, auch der Geruch „Ausland"; die Landschaft: dasselbe Grün zwar, aber doch kein Wiedererkennungseffekt; die Unterbringung, die Geräusche im Haus, mit so vielen Menschen lange zusammen zu sein: auch das ungewohnt.
Was vertraut blieb, waren einige Gesichter, vielleicht der Brie vom Aldi, und Hüllen: Bettzeug, Kleidung, die Autokarrosserien, (meine Ringe und Frisur) - nein, auch die Kleidung war neu: der rote Arbeitsanzug.
Ein Thema für mich im Geiseltal ganz stark: das Neue, Inspirierende, auch Fremde, Bedrohende, das Orientierung und Tatkraft verlangt. Arbeit, Unterkunft, Tagesablauf, „der große Inhalt : die Arbeit", all dies erforderte ein (teilweises) Einfühlen, möglichst schnell - eine für mich schwierige Aufgabe, da ich, um gut arbeiten zu können, Kontinuitäten und sichere Backgrounds brauche, da sonst meine Kanäle und Antennen mit der Fremd-Aufnahme und Orientierungsarbeit verstopft sind. So war das Arbeiten immer auch Bemühung und eine stabile Konzentration um Ausblendung der vielen neuen Dinge.

Um in all diesem Fremden einmal für mich Kontinuität und Ruhe zu finden, bin ich an einem Nachmittag in den Krumpa-Fitnesskomplex gegangen, um zu schwimmen. Hier konnte ich mich trotz der anderen Räumlichkeiten in etwas sehr Natürliches und für mich beruhigend Rituelles hineinfallen lassen: das Ablegen der Kleidung, rein in den Badeanzug, das Tappen der nackten Füßte auf den Fliesen, das Eintauchen in die blaue Oase. Ruhig konnte ich meine Bahnen ziehen (das Possessivpronomen zeigt: ich fand ein mir eigenes Terrain hier wieder!), und ohne daß mir all dies hier bewußt wird, werde ich in den mir gewohnten Bewegungen ruhig, und somit offen für Krumpas Bad: Es riecht sehr chlorig, ein Mann und eine Frau unterhalten sich scherzend am Beckenrand, erst später kommt ein Vierter ins Becken dazu.

Die Sonne scheint durch das Fensterglas, ich versuche möglichst viel im Licht, wo das Wasser am meisten Reflexe zeigt, zu schwimmen. Die Halle wird mit mir unbekannter Popmusik beschallt; wieder: mir fremd, und diese Beschallung mag ich auch nicht sonderlich.
Die Halle scheint alt, das Becken funkelt nicht mehr; die Startblöcke am Kopf des Beckens sind sicher von vielen Schwimmern benutzt worden. Alte Sprossenwände sind an den Wänden angebracht. Das helle Holz einiger Bänke sieht noch sehr unabgenutzt aus. Ob hier immer so wenig los ist? Ein paar Räume weiter wird an Geräten Kraft antrainiert. Ich zögere mein Schwimmen immer weiter hinaus; beende es erst nach einer guten halben Stunde. Dies Im-Wasser-Sein ist mir vertraut, und die automatischen Körperbewegungen sind auch ein Gegengewicht zu dem spannenden, aber ungewohnten Akt-Sein für Yvonne, die mich fotografiert hat.
Ich dusche, beobachte dabei ein paar 40-jährige Frauen (sind dies Krumpa-Repräsentantinnen?), ziehe mich langsam wieder an und schlendere zurück zur Gruppenbehausung.
Durch das Schwimmen bin ich Krumpa selbst wohl nicht nähergekommen (das kann ich in so kurzer Zeit wohl auch nicht so gut), aber ich habe etwas Altgewohntes dort ausüben können und dabei mich und auch neue Eindrücke sammeln können.[8]

Was ihr alles sonst noch durch die Sinne und den Kopf gegangen ist, verrät die Autorin nicht. Andere geben Einblicke durch exaltiertere Formen des Sprechens, wie Yvonne Hackmann:

begegnung
schreite ab
-mal heute
neben rast+rattert
grauerlkw
hin+her
2arbeiter
äugenher
eine hin
verstohlen
irgendwann kommt rasantzumstehen braunstaubwirbelt kurzesgespräch

stelltsichein fragenfreundlich wassomache stottere mirpeinlich prüfstand angstvor kommtauf
aufatmen themenwechsel überfrüher wieausgesehen wofürda? arbeitererzählen baggern
schwellen lehnenlässig schwerbestiefelt türrahmen zigarettendrehendrauchend hartensonnenschlagschatten hauchwild-west
plötzlicherumbruch fragiletäuschung inallewindezerstreut gesichtverdunkelt wiederarbeiterimblaumann vergangenheit ungewissezukunft dehnt sich aus wie eineschwade. begreifeerst heißtseineeigenewelt rhythmus leben demontieren und weg werfen frühergegenheuteeingetauscht ohne ander stolzwar dochnichtgut
ersatz bedeutungsloses
binschmarotzer schlechtesgewissen glaubezuverstehen
(. . .)

ich stehedaneben ausgeschlossen
nichtmitreden gehemmt gebremst
filterimkopf zuvorsichtig verzagt [9]

Da sind wir in der Werkstatt eines Bewußtseins, auch wenn es sich wiederum um einen nachgängigen, Eindrücke und Gedanken erinnernd-versammelnden, formenden Text handelt:
Yvonne Hackmann macht sich ihre Ausgegrenztheitserfahrung schonungslos bewußt, führt sie sich reflexiv vor Augen, in einer expressiven Weise des Sprechens. Sie befindet sich in der Bewährungsprobe. Überstanden ist sie nicht. In den Texten von Elina Kritzokat und Yvonne Hackmann sind wir Zeugen bewußt vollzogener Abgrenzungs- und Behauptungsgesten, jeweils unterschiedlicher Reaktionen auf unterschiedlichen Bewährungsdruck. Beide Texte zeigen, wie soziale Wahrnehmung uns als Subjekte berührt und konstituiert, auch wie wir uns durch Wahrnehmung situiert oder ausgesetzt empfinden.

Nennen wir ästhetische Arbeit ein mit Handeln verbundenes, aufmerkendes Wahrnehmen mit allen Folgen der Verarbeitung des Wahrgenommenen auf bewußten und unbewußten Ebenen der Reflexion, wovon sich ein Teil hier in Produkten des Schreibens manifestiert. Ästhetische Arbeit erweist sich als Werkstatt für die Produktion von Bewußtsein, von dem Luhmann sagt: „Ohne Wahrnehmung müßte es seine Autopoiesis beenden.“[10]
Solange der Wahrnehmungsstrom nicht abreißt, ist diese Werkstatt offen, im Prinzip lebenslang. Es ist die Werkstatt des „Selbst als konzeptuelles Konstrukt“, in der alle ästhetischen, sozialen usw. Erfahrungen zum Material werden: „Selbstkonzepte organisieren Erfahrungen, die an Wahrnehmungen des eigenen Körpers, der eigenen Befindlichkeiten, Gedanken, Gefühle usw. gebunden sind.“[11] Diese

Hexenküche einströmender Wahrnehmung und verarbeitenden Reagierens, in der am Bewußtsein des Augenblicks, an einer Biographie der Erfahrung und an Selbstkonzepten gearbeitet wird, reicht in die Erinnerung, in das Nichtmehrerinnerbare und Unbewußte zurück. Didaktische Modellierungsbegriffe wie jener der ästhetischen Rationalität helfen über die pädagogische Verlegenheit hinweg, sich mit der Tiefe des Verborgenen beschäftigen zu müssen. Sie sind so beliebt, weil sie scheinbar Ordnung in ein chaotisch brodelndes Geschehen bringen. Der Bewußtseinshaushalt des Subjekts ist aber selten ordentlich; er ist ständig im Fluß, wahrnehmbar wird nur ein Stück seiner irisierenden Oberfläche. Ehrlicherweise müßte man zugeben, daß hier die Zuständigkeit des Kunstpädagogen endet. Aber man müßte sich geradezu zwingen, keine Impulse geben zu wollen. Damit wird der Rubikon überschritten: Unversehens wechselt man von der kunstpädagogischen auf die existenzpädagogische Seite. Ob man dort überflüssig ist oder nicht, es beginnt in jedem Falle eine Teilhabe an der Produktionsgeschichte individuellen Seinsbewußtseins in dem Augenblick, indem ein Subjekt sich im eigenen Erfahrungsprozeß selbst erfährt und man davon etwas ahnt oder miterfährt.

1 Ernst-D. Lantermann: Bildwechsel und Einbildung. Eine Psychologie der Kunst. Berlin 1992, S. 45

2 Martin Seel: Die Kunst der Entzweiung. Zum Begriff der ästhetischen Rationalität. Frankfurt am Main 1985, S. 12 f.

3 Robert Musil: Der Mann ohne Eigenschaften. Roman/ I. Erstes und zweites Buch. Reinbek 1997, S. 112

4 Claus Arlinghaus: Erfahrungen aus einem ästhetischen Projekt und Analyse der implizierten Didaktik. Hausarbeit im Rahmen der Ersten Staatsprüfung für das Lehramt an Berufsbildenden Schulen im Lande Niedersachsen. Oldenburg 1996, S. 7 ff.

5 Vgl. z. B. Gunter Otto: Theorie für pädagogische Praxis. Antwort auf Gert Selle. In: Kunstdidaktischer Diskurs. Texte zur Ästhetischen Erziehung von 1984 - 1995. Sammelband Kunst + Unterricht. Velber 1995, S. 87

6 Seel, a.a.O., S. 14

7 Claus Arlinghaus: Widerstände. In: Yvonne Hackmann, Alexandra Meinen, Beate Pieper, Sabine Schröter, Hilde Winkler (Hg): das loch/des//nützes. Ästhetisches Projekt im Tagebaurestloch. Beiträge zu einer Exkursion ins Geiseltal von Studierenden der Carl von Ossietzky Universität Oldenburg und der Burg Giebichenstein - Hochschule für Kunst und Design Halle in Zusammenarbeit mit dem Institut für ökologische Ästhetik in Halle. Oldenburg 1996

8 Elina Kritzokat: Erinnerungen. In: Yvonne Hackmann u.a. (Hg.): das loch/des//nützes., a.a.O.

9 Yvonne Hackmann: Begegnung. In: Yvonne Hackmann u.a. (Hg.): das loch/des//nützes., a.a.O.

10 Niklas Luhmann: Die Kunst der Gesellschaft. Frankfurt am Main 1992[2], S. 15

11 Siegfried J. Schmidt: Der Radikale Konstruktivismus. Ein neues Paradigma. In: ders. (Hg.): Der Diskurs des Radikalen Konstruktivismus. Frankfurt am Main 1996[6], S. 21

4

MATERIAL, RAUM, GESCHICHTE, GEGENWART

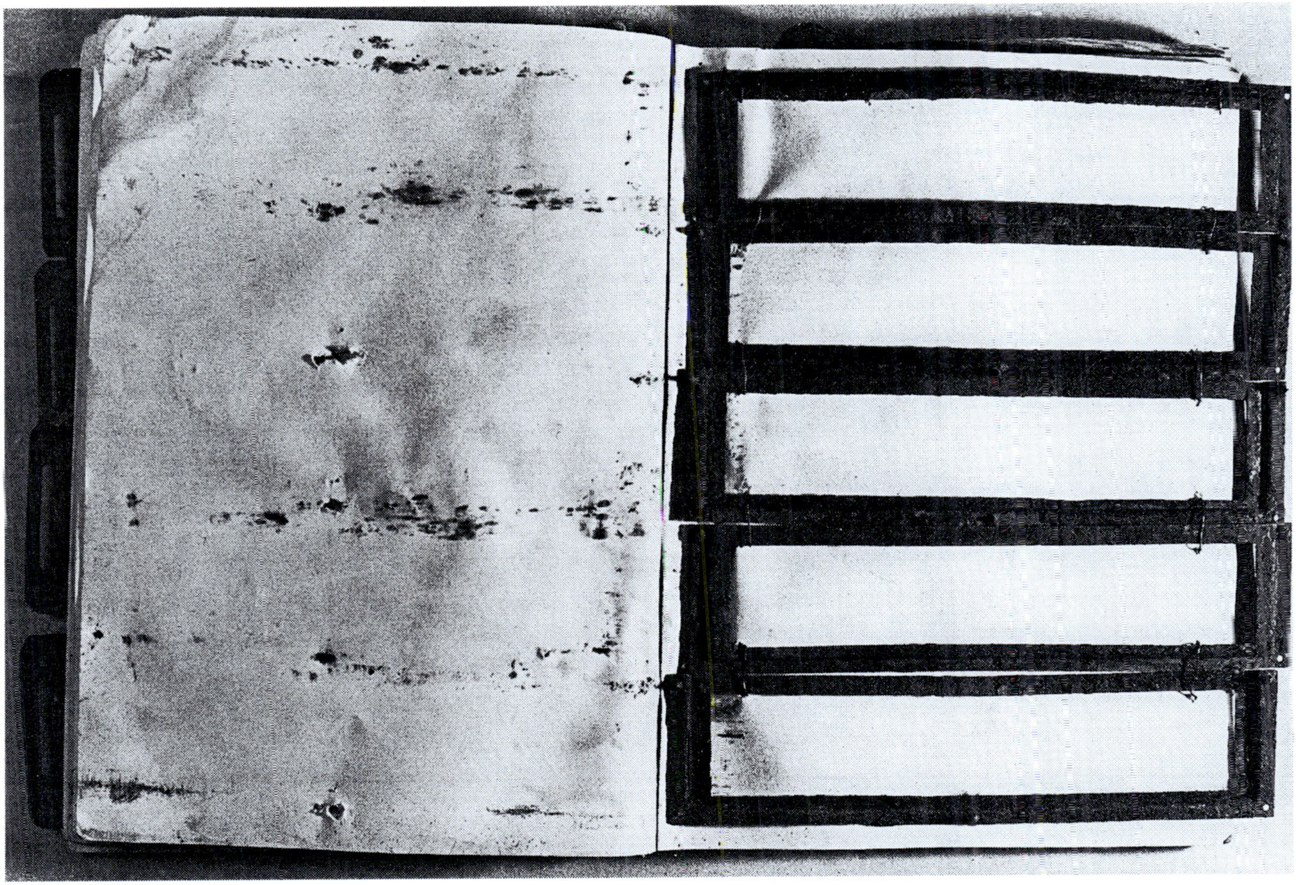

Schmutzige Hände

Vor Ort: Erde, Kohlestaub, Grundwasser, rostiges Eisen. Riesige, offene Wunde, die sechzehn Dörfer verschlungen hat. Was Menschen aus Natur gemacht haben, hier liegt es exemplarisch vor den Sinnen. Körperlicher Kontakt zur materia prima, zu ihrer Ausbeutungsgeschichte. Raum des ökonomischen und sozialen Umbruchs. Erfahrungsort des Fremden. Aussetzungsraum der Wahrnehmung.

Wie Britta Mayer darauf kam, weiß ich bis heute nicht. Auf der Talsohle begann sie, mitgebrachte weiße Briefumschläge mit dem dunkelbraunen Kohleschlamm einzufärben, um sie statt Ansichtskarten zu verschicken. Aber sie hörte nicht auf, tiefbraune Umschläge herzustellen, einen nach dem anderen, jeder sorgsam wie ein Unikat eingefärbt, in einer endlosen Serie. Immer wieder der Griff in den Schlamm und das Einreiben des Papiers bis zum Wundwerden der Fingerkuppen. Nach dem Trocknen wurden die Umschläge irgendwo gestapelt. Offenbar hatte Britta Mayer sich während der Arbeit von dem ursprünglichen Plan zu einer zunächst für sie selbst unbegründbaren Handlung fortbewegt. Etwas muß in der Handhabung des Materials mit ihr vorgegangen sein. Es setzt sich niemand für einen ganzen Tag an den Rand eines Schlammgewässers, um in eintöniger Arbeit unbrauchbare Produkte herzustellen.

Warum hat sie die ursprüngliche Idee des touristischen Rituals nicht verwirklicht? Dazu hätte ein Dutzend Umschläge gereicht. Statt dessen läßt sie ihr vielleicht zu früh beschlossenes Mail-Art-Projekt fallen, ohne Kommentar. Nehmen wir an, sie hat sich im Umgang mit dem Material diesem ganz zugewendet und sich für das Abwarten des Weiteren entschlossen. Nehmen wir an, der Dialog ihrer Hände mit dem Kohleschlamm hat ihr irgendwann mehr bedeutet als die postalische Verwendung des Materials zum ironischen Verweis auf ihren Aufenthaltsort.

Man kann in der Tat mit einem Material ins Gespräch kommen, ohne dieses ins Gerede bringen zu müssen. Nehmen wir an, der Dialog ist ihr gelungen; er hat ihre Aufmerksamkeit und Kraft gefordert, ihr zu denken gegeben. Keine Annahme, sondern Tatsache ist, daß sie später in der Brikettfabrik, wohin dieses Material einst verbracht wurde, hunderte alter Waggonzettel fand, denen ehemalige Zielorte der Kohlezüge aufgestempelt waren, Hinweise auf die Dislozierung des ihr inzwischen vertrauten Materials in die Weite des ökonomischen Raumes der ehemaligen DDR. Die Waggonzettel wurden später während einer Performance in Oldenburg einer nach dem anderen von ihr vorgelesen und auf dem Boden ausgelegt. Die Umschläge hingegen fanden ihren stillen Platz in einer statischen Installation. Die eine Sache schien auf den ersten Blick mit der anderen nichts (mehr) zu tun zu haben.

Aber gemeinsam blieb nicht nur das Motiv der Zerstreuung von Materie, gemeinsam blieb auch der Erfahrungsansatz des verarbeitenden Denkens, das seine Zwischenzeiten brauchte - ein paar Tage, um von dem einen Fund zum anderen zu gelangen, ein Jahr, um herauszufinden, was auf welche Weise mitzuteilen sei von den Erfahrungen des Aufenthaltes an den beiden aufeinanderbezogenen Orten Grubenseeufer und Brikettfabrikruine.

Ich kenne Britta Mayers Tagebuchnotizen nicht. Gehen wir trotzdem von der Annahme aus, daß keine intelligente Frau ohne Anlaß eines Sinnes- und Erfahrungswandels einen einsichtigen ästhetischen Plan um eines nichteinsichtigen ästhetischen Handelns willen verwerfen würde, sondern daß sich hier aus dem Erfahrungsprozeß eine andere Logizität des Handelns und Reflektierens ergeben hat, die aus zunächst nicht erwarteten Ergebnissen eines handnahen Materialstudiums gewachsen ist, und daß diese Erkundungsgeste eine zeitliche Dehnung benötigte, um bestimmte Bewußtseinszustände zu produzieren.

Dies alles vorausgesetzt, hätte der Dialog zwischen der Handelnden und dem Material sich verselbständigt, der Kohleschlamm und die Handlungsfigur sich zu einem eigenen Reflexionsthema entwickelt. Aber wieso kann Kohleschlamm als Material faszinieren?

Gewiß nicht nur, weil da jemand wie ein Kind matschen darf oder das nachholt, weil es immer verboten war. Sondern weil jemand auf diese Weise ins Sinnieren kommt und sich gleichzeitig bei einer scheinbar sinnlosen, aber symbolisch aufgeladenen Tätigkeit selbst zusehen kann. Dislozierung von Material und Akkordarbeit sind Strukturkonstanten jener industriellen Produktionsepoche gewesen, die im Tagebaurestloch ihr zeichenhaft wahrnehmbares Ende gefunden hat. Das Naturmaterial und der arbeitende Körper ergänzen sich hier auf eine die industrielle Ausbeutungsgeschichte konsequent heranzitierende Weise. Die Situierung wird mehrfach vollzogen und erlebt: als Aussetzung des Körpers an die stupide Arbeit mit dem Material, als Aussetzung des Denkens an die Geschichtshaltigkeit des exemplarischen Ortes, also auch als Aussetzung des seiner selbst bewußtwerdenden Subjekts Britta Mayer an die unsichtbare Historizität des industriekulturellen Raumes, in dem ihr Leben verankert ist.

Das alles, indem jemand sich die Hände schmutzig macht, um diese Geste tausendfach zu wiederholen, das heißt durch Wiederholung in eine Zeitfigur erkennenden Handelns zu transformieren. Für mich war dieses endlose Einfärben eine Performance, zugleich Zeugnis, wie jemand im tastenden Handeln der Spur seines Erkennens folgt und sich dabei von keinem Sinnzweifel, keiner Müdigkeit abhalten läßt: In einem endlos erscheinenden rituellen Handeln wird immer wieder Naturmaterie mit einem industriellen Produkt, dem weißen Papier, in Verbindung gebracht.

Kein Material gelangt uns zu Bewußtsein ohne seine Geschichte, keine Handlung am Material wird ohne eine Ahnung dieser Geschichte und der Geschichte unseres Körpers vollzogen. Man stellt sich geistige Arbeit, das Vorstellen und Denken, gern immateriell, sauber, körperfern, ortlos wie eine Art Computeraktivität ohne den Einschlag sinnlicher Erfahrung vor, die sich im Hier und Jetzt vollzieht. Das mag für das theoretische Denken (aber auch nur mit Einschränkungen) gelten. Ästhetische Arbeit hingegen ist ein Prozeß, der zwischen Wahrnehmen, Handeln, Empfinden, Denken oszilliert. Sie ist ohne Materialität, ohne Körper nicht zu leisten. Im Gegenteil: Während Britta Mayers Hände vor Dreck starrten, ihr Körper schwitzte oder fror, der Fundort des Materials chaotisch-amorph blieb und das Produkt ihrer Bemühung irgendwann den ihm ursprünglich unterlegten Sinn verlor, ehe ein neuer benannt werden konnte - in diesem Durcheinander könnte sich ein Bewußtsein ihres Am-Ort-Seins, ein Bewußtsein ihres Handelns am Material und ein Bewußtsein der Geschichtlichkeit des Raumes, in dem sie mit dem Material sinnierend umging, gerade in den Momenten der bedrängenden Körpernähe des materiellen Umfeldes gebildet haben, stimuliert von der Sinnlichkeit des Faßbaren und einer kontemplativ anmutenden, scheinbar sinnlosen Arbeitstätigkeit.

Von Kontemplation mag hier im Sinne eines „selbstverlorenen" oder „ahnenden und sinnenden Denkens"[1] die Rede sein, das sich manchmal gerade bei stupide wirkender Arbeit (auch in künstlerischen Prozessen) einstellt. Die Distanz zum stofflichen Gegenüber erscheint verringert, als ob ein Einvernehmen des eigenen Körpers mit der Materie durch ein Handeln hergestellt würde, das zwischen Trance und konzentrierter Aufmerksamkeit für das Geschehen schwankt, was als Zustand des Bei-sich- und Bei-der-Sache-Seins erlebt werden kann. Dann ist keine Tätigkeit zu gering, und die Frage nach Sinn und Zweck des Handelns stellt sich nicht, weil das wahrnehmend-handelnde, sinnierende Subjekt, dabei ist, sich einer Erfahrung zu versichern, sich als daran arbeitend (wie mit einem schrägen Blick auf sich selbst) zu erleben und sich Vorstellungs- und Gedankenräume zu öffnen.

Da es immer ein gesellschaftlich-historisch verfaßtes Subjekt ist, das wahrnimmt, und die Materie, mit der hantiert wird, immer eine historisch definierte ist, kommt es auch zu einer Selbstkonfrontation mit dem Geschichtlichen der Wahrnehmung und des Wahrgenommenen.

Die Situierung am Schlammufer ist in diesem Fall die Aussetzung an ein konkretes Material und einen konkreten Ort des Hier und Jetzt und damit Situierung im geschichtlichen und kulturellen Raum der Existenzbedingungen des wahrnehmenden Subjekts.

Niemals fällt unsere Wahrnehmung aus diesem weiten oder engen Raum heraus auf etwas anderes, es sei denn auf Metaphysisches, und selbst dieses wäre noch ein Konstrukt in der Folge der historisch-kulturellen Evolution unseres Wahrnehmungs- und Vorstellungsvermögens.

Es ist also immer alles gleichzeitig im Bewußtsein aktiv: Der Augenblick des Wahrnehmens, die Geschichte, die „Wirklichkeit" des Materiellen, der Gedanke, das Gefühl, das Ich in Abgrenzung zu den anderen usw. In der ästhetischen Arbeit erschließen sich Materie, Raum, Zeit (Anwesenheit) und die Biographie des Subjekts in der komplexen Vernetzung eines womöglich bildhaft arbeitenden, noch vorsprachlichen Bewußtseins. Das alles, während eine Frau nichts weiter tut, als Papierumschläge in einer wüsten Umgebung zu beschmutzen. Wo und wie sollte dieses Gewärtigsein, dieses Wahrhaben, dieses Nach-Denken sonst stattfinden?

Der Schuppen

Anlaß zu solcher Aufmerksamkeit kann das Unauffällige sein. Zum Beispiel auch Kohlestaub, der beim Fegen aufgewirbelt wird, alles einhüllt, um sich wieder zu setzen, während federleichte Flugsamenbällchen im Windzug ihre sanften Furchen über den Boden ziehen - wie bestellt für den dunklen Schuppen, den Alexandra Meinen hinter der Brikettfabrik ganz für sich allein als ihre Werkstatt in Besitz genommen hatte.
Aus Indizien (Gesprächsfetzen, Verhaltensweisen, Gesten) schließe ich, daß dieser dunkle, schmutzige, zugige Ort sofort und ohne Wenn und Aber zu ihrem Raum geworden ist. Eine baufällige Holzhalle mit Löchern und Rissen in den Bretterwänden, an einer Giebelseite provisorisch mit Pappe und rostigen Blechen vernagelt, auf der anderen Seite luftig-offen, so daß Licht eindringen konnte, durch ein filigranes Lagergestell gefiltert.
Unzählige Lichtpunkte im Dunkel der durchlöcherten Hülle des Raumes bildeten eine Art Sternenfirmament. Sobald man in die Dämmerung trat, herrschte eine eigentümlich abgeschiedene Stille, obwohl Abbruchlärm von draußen eindrang und alle paar Minuten ein LKW um die Ecke rumpelte. Drinnen die staubbedeckte Frau, die mit behutsamer Hand räumte. Manchmal lag sie draußen bäuchlings auf der Rampe und schrieb Tagebuch: eine schwere Kladde, in die auch Drahtenden und Eisenteile Eingang fanden. Einige Seiten tragen noch heute die Abdrücke der schmutzigen Hand oder konservieren nichts als Staub. Es dauerte eine Weile, bis der Raum mit dem Ensemble geordneter Funde nach dem Eintreten in das Scheunendunkel unter der Holzträgerkonstruktion eine derart intensive Ausstrahlung gewann, daß man hätte von einem fingierten Sakralraum sprechen müssen, wären da nicht die profanen Relikte industrieller Arbeit skulptural wirksam gewesen.
Gleichwohl hatte das Arrangement etwas Spirituelles, das sich Besuchern des Raumes mitteilte. Ein idealer Ort, sich zu situieren - für die Urheberin und für andere.
Ich bezweifle allerdings, daß die Zurschaustellung des Schuppens der Besetzerin recht war. Sie dachte nicht unbedingt, ihn mit anderen zu teilen, wie sie später schrieb. Lange hatte sie sich ungebetene Besucher vom Leibe gehalten und sich fast unentdeckt dort aufhalten können. Den lästigen Werkschutz hatte sie ausgetrickst. Sie war in i h r e m Raum angekommen und hatte begonnen, sich selbst darin situativ zu bestimmen.
In diesem Fall war der Raum nicht nur Werkstattort für gegenständliche Erfahrung (zum Beispiel an Fundstücken), sondern Ort einer kontemplativen Anwesenheit, ein Produktionsort von Bewußtsein. Als solcher war er zu besichtigen, auch als Raumkunstwerk auf Zeit. Aber dazu konnte er nur werden, weil es sich vorab um den Projektionsort eines unsichtbaren inneren Raumes gehandelt haben muß, von dessen Eigenart wir nichts wissen. Es war ein äußerer und innerer Raum intensiver körperlich-sinnlicher, emotionaler, imaginativer und intellektueller Totalanwesenheit im experimentellen Wahrnehmen und Handeln, ein besonderer Raum

der Aufmerksamkeit für das Gefundene und das, was er reflexiv bei der darin ästhetisch arbeitenden Person ausgelöst hat, ein subjektiver Raum also, der dennoch die in ihm verkörperte, gesellschaftlich gelebte, noch ruinös anwesende Geschichte der industriellen Arbeit am Ort kommunizierte, der also auch ein exemplarischer Raum des Geschichtlichen blieb.
Dieser Schuppen muß für Alexandra Meinen ein Ort der teilhabend-rekonstruierenden Aneignung von Geschichte, aber auch ein Raum ihrer biographisch verankerten Erfahrung gewesen sein, sonst hätte er durch ihr ordnendes Eingreifen nicht diese auch für andere wahrnehmbare, ambivalente Form ästhetisch zwingender Wirksamkeit entwickeln können. Es wäre dann der banale, dreckige Schuppen kurz vor dem Abriß geblieben, ohne Ausstrahlung als Raum. Denn als Raum hat seine Finderin, Besitzerin und Gestalterin ihn durch ihr Eingreifen und Ordnen definiert und sichtbar gemacht.
Die subjektiven Dimensionen eines so derart angeeigneten und zeichenhaft deutlich gemachten Ortes sind schwer zu ermitteln. Wir wissen nicht, wie weit sich dieses reale Raumereignis, das am Ende nur zögernd zugänglich gemacht wurde, in den inneren Erlebnis- und Denkraum seiner Urheberin erstreckte. Ich weiß nur, wie traurig sie ihr Raumwerk verlassen hat. Vielleicht war es gerade das immer gegenwärtige Bewußtsein der alsbaldigen Zerstörung des Schuppens, das sie zu dieser „Besetzung" angetrieben hat. Die besondere Situierung an einem solchen Ort muß so verlockend und verheißungsvoll gewesen sein, daß sie den drohenden Verlust ihres Werkes in Kauf nahm. Wann hat schon jemand Gelegenheit, sich selbst einen realen Raum, in dem man gleichzeitig körperlich anwesend sein darf, in den inneren Raum des Imaginierens hineinzubauen oder diesen aus dem materiellen zu entwickeln? Ich war als Beobachter nicht nur vom entstehenden „doppelten" Raum beeindruckt, sondern auch von der Konsequenz der unbeirrt darauf Hinarbeitenden: Alleinsein mit diesem Raum über eine gewisse Zeit, dieses Alleinsein mit dem Raum verteidigen, alles unter Zeitdruck der Angst vor dem drohenden Abriß. Vielleicht hat die Raumarbeiterin sich gesagt: Ich muß es jetzt tun. Mein Raum und mein Darinnensein ist ein vorübergehendes Geschenk, eine nicht wiederkehrende Chance. Ich muß diesen Raum sich mir zeigen lassen und mich an ihm, in ihm bewähren. Und ich muß diesem Raum Gelegenheit geben, als der besondere in Erscheinung zu treten, als den ich ihn sehe.

Standpunkte der Wahrnehmung

Raum ist nicht, Raum wird erst, indem ich ihn begrenze. Die Art der Begrenzung bestimmt seinen Charakter. Raum wird aber nicht nur durch seine Begrenzung charakterisiert, sondern mehr noch durch das, was sich in ihm begibt. Zu den Begebenheiten des Raumes zählt jedes Ding, das ihn erfüllt. Raum wird, indem er organisiert wird. Der Ort wird Raum durch die Elemente, die als zueinander in Beziehung gesetzte Schwerpunkte der Bewegung ihn organisieren. Je mehr sich in einem Raum begibt, desto bedeutungsloser werden seine äußeren Grenzen. Sie können deshalb ab einem bestimmten Punkt fallen, ohne aber daß ein organisierter Raum „verschwimmt".
Der Raum direkt ist nicht wahrnehmbar. Er ist existent als Beziehung und Spannung zwischen den Dingen. Raum ist nie Raum an sich, sondern immer Ort eines lebendigen Geschehens. Die Grube ist Aktionsraum. Naturraum. Raum ist begrenzt auf den Ort, auf das Negativ in der Erde. Dieser mit den Sinnen erfaßbare Gesamtraum ist ein kontrastreicher, dynamischer, lebendiger Raum.
Im Raum „Grube" suchte ich eine Art Bühne, auf der sich ein Geschehen abspielt; eine Fläche, die durch die gestalteten Zeichen erfüllt würde. Die umgebende Natur so zu behandeln, als würde sie in einem besonderen Moment selbst zur Kunst oder zumindest Teil des Werkes in der Besinnung auf den umgebenden Raum, die Natur und ihre Sprache. Die Fläche, die die Zeichen beanspruchen, wurde zur Bühne, zum Raum des Geschehens, das nur zeitlich erfaßt werden konnte. Der Ort erlangte eine derartige Dichte und Erfülltheit, daß ein Unberufener nicht wagte, die Fläche überhaupt zu betreten und dadurch einen Teil des Werkes zu zerstören.
Der Bühnenraum öffnete sich der Umgebung und ließ diese mit in den Gesamteindruck einfließen. Die Zeichen standen in direkter Beziehung zum Umraum Landschaft, die in ihrer Zerstörtheit und in ihren Heilungsprozessen wiederum Teil des Werkes wurde. Der Raum „Grube", das Zeichen, die Bühnenfläche und die Landschaft wurden dabei als Spannungsfeld gesehen. Der Raum wurde nicht mehr nur mit dem Auge aufgenommen, er wurde körperlich-sinnlich erfüllt - ja im wahrsten Sinne des Wortes mit dem ganzen Körper erlebt.[2]

Diese Einsichten von Claus Arlinghaus sind einer realen Raumerfahrung abgewonnen, die zum Fundament eines imaginierenden Nach-Denkens geworden ist. Räume sind dazu da, entdeckt und betreten oder betreten und entdeckt zu werden von einem Subjekt, das, sich im Raum bewegend, diesen in seinen physisch-ästhetischen und in seinen vorgestellten, gedachten, auch psychischen Ausdehnungen konstruiert, einem Subjekt also, das mit der Erfahrung des Konkreten und des Imaginierten sich selbst entwirft. Jedesmal wird das sich bewegende, konstruierende, reflektierende Subjekt nicht nur des Raumes seiner Anwesenheit, sondern auch seiner selbst als im Raum anwesend gewahr. In Materialien und Dingen findet das Subjekt sein objektives Gegenüber, im Raum vollzieht sich eine orientierende Wahrnehmung als Bewegung seiner selbst. Das gilt nicht nur für den dreidimensionalen Raum, sondern auch für den der sozialen Wahrnehmung. Sabine Schröter schreibt im Tagebuch:

LEHRLING
Ihren Namen habe ich schon längst wieder vergessen: klein, blond, kurze Haare, schwerer Knochenbau. Das Mädchen lebt sonst allein auf der von uns in dieser Woche bewohnten Etage, ist der einzige weibliche Lehrling in der ganzen Unterkunft. Alltag: jeden Tag die verschimmelten Duschwände, jeden Tag: hallend langer Flur.
Sie hat eins der schmalen Doppelzimmer für sich: mit den überall gleichen plastikfurnierten Schränken und dem Kühlschrank in der Ecke, der von Zeit zu Zeit anspringt. Die Wand ist mit Posterschichten überklebt.
In Hausschuhen steht sie im Türrahmen der schräg gegenüberliegenden Küche, wenn wir unsere 35-Personen Mahlzeiten zubereiten. Kurze Gespräche, Fragen nach unserem Hiersein. Sie kocht für sich allein, möchte von uns nichts abbekommen, wartet, bis wir raus sind. Fertiggerichte. Sie nimmt sie mit aufs Zimmer.

ABEND
Der schmutziggelbe Trabbi und der Golf stehen wieder auf dem Hof, vollbesetzt, Scheiben heruntergelassen. Musik brüllt: Techno-Version von Biene Maja. Mitgrölen - im Ton immer knapp daneben. Bierflaschen.
Herumreichen. Beiseite treten. Klirren.
Später steht sie, das Lehrlingsmädchen, eng in die Umarmung eines besoffenen Jungen gekuschelt, tritt ihre Zigarette auf dem Boden aus.

PUDDING
Der Souterrain unserer Unterkunft sei Waisenhaus. Auf dem Parkplatz spielen nachmittags immer einige Kinder.
Wendewaisen. Trostloser Bau für eine Kindheit.
Wenn wir abends aus dem Gelände zurückkommen, können wir in der Gemeinschaftsküche die gereihten Tabletts mit dem Abendessen sehen.
Rosaroter synthetischer Pudding in derselben Farbe wie die Kondome, die auf dem Weg ins Heim, in den Beeten liegen. Nachtisch. Hinter jeder Portion eine Kindergeschichte.[3]

Eine Erfahrung machen und dabei seiner eigenen Position bewußt werden, auch im standhaltenden Verarbeiten des Bedrängenden, ist ein lebensgeschichtlich bedeutsamer Augenblick des Glücks. Sabine Schröters Erfahrungsglück bestand gewiß nicht darin, daß sie sich in einer glücklicheren Lage wähnte als die Mitbewohner des Lehrlingsheims, sondern in der gelingenden Form ihrer Wahrnehmungstätigkeit als Subjekt im sozialen Raum, das sich selbst, bei aller Anteilnahme im beobachteten Geschehen, im Hier und Jetzt der Situation als ein wahrnehmendes gegenübertrat und sich in einem Akt der Klärung einer distanzierten literarischen Form des Reflektierens zu bedienen wußte.

Sich beobachten, wie man selbst Subjekt wird (hier im Wahrnehmen und Schreiben), ist eine Präsenzerfahrung des Ich, nicht nur eine Erfahrung mit Sachen, Räumen, Personen „(...) nicht nur erfahren die Subjekte etwas über ihre eigene Person oder über die Verhältnisse, in denen sie leben bzw. auf die sie einwirken können - oder mehreres davon zugleich; sie machen Erfahrung damit, was es in der Welt der Gegenwart heißt, Erfahrung zu machen und zu haben. Sie erfahren sich als Subjekt ihrer Erfahrung.“ [4]

Die Präsenzerfahrung des Ich gegenüber der Welt (die immer ein mehr oder weniger begrenzter Raum ist) oder gegenüber „den anderen“ im sozialen Raum der Verhältnisse transzendiert kunstpädagogische Zielsetzungen souverän. Denn es geht dabei nicht um Kunst.

Es geht immer wieder um die Fragen: Was habe *ich* mit dem Wahrnehmbaren zu tun? Wie bewähre *ich* mich wahrnehmend, handelnd, urteilend? Wie definiere *ich* mich darin selbst?

In der Maschinenhalle

Genau ein Jahr ist es her, daß wir unsere Gänge im Geiseltal aufgenommen haben. Nun sind wir wieder da, wie versprochen. Wir wollen uns selbst und anderen am Ort zeigen, was inzwischen entstanden ist. Aber wir wissen auch, daß diese Ausstellung nicht eine Wiederholung der Projektpräsentation in der Universitätsgalerie sein kann. Wir kommen nicht nur in einen anderen Raum, sondern müssen uns neu bewähren - in einer anderen kulturellen Wirklichkeit, in einem anderen Moment unserer Biographien. Nach einem Tag ist die Maschinenhalle mit Haupt- und Seitenschiff entrümpelt. Wie monströse Skulpturen ragen die im Boden verankerten Maschinenkörper in den Raum. Die Architektur zeigt ihr der Funktionswürde von Industriebauten um die Jahrhundertwende verpflichtetes Zusammenspiel von Skelett und Haut. Die Halle ist ein exemplarischer Ort, der sich selbst auszustellen beginnt - bislang gebraucht nur noch zur Aufbewahrung des technischen Restmülls einer abgeschlossenen Produktionsepoche. Nichts wird bleiben, nichts folgen. Für den Braunkohletagebau müssen hier keine

Werkzeuge mehr repariert werden. Die Halle steht auf Abriß. Sechzig von 600 Arbeitern haben ihren zeitweiligen Arbeitsplatz behalten, genauer, sie bauen ihn selber ab.
Wir bauen unsere Ausstellung auf, unsicher, immer noch auf Spurensuche und Entdeckungsgängen. Arbeiter helfen mit dem großen Laufkran, unbewegliche Eisenteile aufzustellen oder beiseitezuschaffen. Die regulären Schweißarbeiten gehen weiter, es herrscht eine merkwürdige Mischung von handfester ökonomischer Produktion und ästhetisch probender Bedenklichkeit. Immer zwischen uns, beobachtend, beratend, fassen die Arbeiter Vertrauen zu dem ziellos wirkenden Haufen junger Kunstpädagoginnen und Kunstpädagogen mit ihren beiden Betreuern. Sie nehmen ernst, was wir tun, auch wo wir meinen, daß sie die Arrangements und Installationen eigentlich doch gar nicht verstehen können.

Immer deutlicher wird das Ziel, die Maschinenhalle so zu inszenieren, daß sie in ihrer spurenreichen Kargheit zum Ort der Geschichte aller in ihr Arbeitenden und ihrer Vorgänger werden kann. Das ständig anwesende Publikum erscheint wichtiger als die zur Eröffnung erwarteten Kunstfachleute. Presse und Fernsehen kommen, wie immer, zur falschen Zeit.
Aber die Arbeiter sind nie zur Unzeit da, weil sie einfach immer da sind. In dem Maße, in dem die Halle als Raum ihre symbolisch-ästhetische Struktur gewinnt, stellen sie sich selbst mit aus. Nachdem die Krise am dritten Tag, wie üblich bei so eng terminierten Projekten, die keinen langen Anlauf gewähren, überstanden ist, scheint alles wie von selbst Form zu gewinnen: Unter den staubig-blinden, eisengerahmten Sichtblendgläsern an Drehbänken und Schleifmaschinen werden Kopien alter Fotos (Arbeiterportraits und Gruppenbilder aus unserem Archivmaterial) angebracht. Die auf Einzelbildschaltung eingestellte Super 8-Filmprojektion mit dem Gang durch die Baggerkonstruktion im Restloch (in Oldenburg auf einer weißen Ziegelmauer gezeigt) flackert jetzt im dunklen Inneren eines rostigen Eisenkastens, der in eine wie von Zufallshand geordnete Schrott-Assemblage an der Rückwand der Halle integriert ist. Plötzlich erscheint die ganze Installation auf diesen einen Punkt flimmernden technischen Lebens im Kasten fokussiert, als ein verdichteter Erinnerungsort.
Die Halle erleidet keinen rücksichtslosen Eingriff; es wird freigelegt, zusammengerückt, geordnet, interpretiert, bis der Raum, in dem das mitgebrachte Ausstellungsgut fast verschwindet, sich gliedert und zeigt. Lange wird gerätselt, ob es ein sichtbar großes, bedeutungsvolles Zeichen geben müsse, das dem Raum und unserem Tun ein Thema überordnen könne.

Der Anlaß ergibt sich, freilich wird aus dem „Großen Zeichen“ eine bedeutungsverdichtende Miniatur: Es gibt einen wie von Lehrlingshand sauber mit Kreide an die schwarze Mitteilungstafel der Stirnseite der Halle unter der Uhr geschriebenen Text, dem wir respektvoll-scheu, aber auch ratlos bislang nicht nähergetreten sind, obwohl wir von Anfang an wußten, welche Bewandnis es mit diesem Text hatte. Ein junger Arbeiter hatte diesen

Abschiedsbrief kurz nach der Entlassung an die Tafel geschrieben und sich dann das Leben genommen.
Erst am letzten Tag ergibt sich darüber, wie angestaut, ein emotionsgeladenes Gespräch mit einer Gruppe von Arbeitern. Einer erzählt die Geschichte des Freitods aus Verzweiflung mit ihrem persönlichen Hintergrund und daß es eigentlich der lustigste Bursche gewesen sei. Das Gespräch wird politisch, ein anderer möchte nicht weiterreden, hat Angst, womöglich selbst in die nächste Entlassungswelle zu geraten. Wir drängen ihn, bis er aus dem Meisterbüro ein Amateurfoto holt, auf dem der junge Mann während einer Tanzveranstaltung klein im Hintergrund zu sehen ist.
Spontan wird das Foto von Sabine Schröter unter der Tafel mit dem Abschiedsbrief so angebracht, daß die Person durch einen halbdurchsichtigen Transparentpapierrahmen hervorgehoben erscheint. Darunter wird ganz sachlich die Geschichte der Entlassungen in Zahlen geschrieben.
„Wir haben das gefunden" beruhigen wir den Informanten. „Wir machen das jetzt, wie wir andere Dinge gefunden haben, um sie auszustellen."
So entsteht unter der Hand ein Zeichen unserer Anwesenheit und Mitwisserschaft am Ort, in seiner Bedeutungsdichte den sozialen Umwälzungen und persönlichen Geschichten gewidmet. Plötzlich sind wir aus den ästhetischen Wolken ins tatsächliche, tägliche Elend gefallen und müssen uns für einen Moment darin mitbewähren.
Ganz nebenbei wird die Kulturdifferenz deutlich: Während im postmodernen Westen auch unter Kunstpädagogen von austauschbaren Identitäten und spielerischen Subjektentwürfen geredet wird, als gebe es keine historisch-gesellschaftlichen Einzelschicksale mehr, die sich als Leidensgeschichten unausweichlich vollziehen, bringen sich andernorts Leute um, weil ihnen der Halt der Arbeit und das Kollektiv genommen wird. Ein deutsch-deutscher Zusammenprall in aller Stille.
Überhaupt ist zu fragen, was die jungen Kunstpädagoginnen und Kunstpädagogen aus dem Westen in der Maschinenhalle der Brikettfabrik Braunsbedra zu suchen haben, weshalb es richtig war, sie im ästhetischen Projekt wieder an den Ort ihrer zunächst unauffälligen Erfahrungsarbeit zurückzuschicken. Sie hatten doch in Oldenburg ihre schöne Ausstellung zum Projekt und durften dazu ein Buch publizieren. Der Erfahrungsprozeß hätte hier sein Ende haben können. Warum die risikoreiche Rückkehr mit dem Zwang, die eigene ästhetische Erfahrung an ein Publikum zu vermitteln, das ganz andere Sorgen hat?
Zumal das Unternehmen auch durch einen Nebenauftrag funktionalisiert wird: Die Ausstellung soll mit dafür sorgen, daß eine Initiative zum Erhalt der Halle als Kultureinrichtung Erfolg hat. Unser Ossi-Freund scheint zeitweise nur an diesem Beitrag interessiert. Mit dem Erwartungsdruck müssen wir umgehen lernen: Wird die Ausstellung ein Flop, ist dem Abriß der Halle um so weniger zu begegnen. Aber dieser Pragmatismus ist auch ein Hinweis auf die Begrenztheit ästhetischen Denkens in symbolisch-präsentativen Formungen für den Ort. Der politische, ökonomische, soziale Problemraum öffnet sich hinter dem ästhetischen, ja verschluckt ihn zeitweise. Die Schatten sind nicht

zu vertreiben, obwohl kaum Zeit um Nachdenken bleibt. In vier Tagen muß die Ausstellung stehen und überzeugen. Der Produktionsdruck ist enorm, für alle ungewohnt. Euphorie am Nachmittag, als letzte Hand angelegt wird: Die Videos laufen, die Halle flüstert, tutet, klappert, der Raum lebt, die Choreographie der Performance auf dem Hallenboden wird transparent. Bei der Eröffnung gibt es Beifall, Kinder zerren ihre Eltern in die letzten Winkel, weil sie Verstecktes eher finden als Erwachsene.

Wieder werden wir beschenkt. Diesmal nicht mit alten Maschinenplanzeichnungen oder dick belegten Mettwurstbroten, sondern mit Aufmerksamkeit und Gesprächen. Jemand schleppt zwei schwere Tüten mit Braunkohle-Aktenmaterial heran. Es gibt sachliche Korrekturen wie jene zur ausgestellten Arbeitskleidung der Klappenschlägerin, die, wie wir jetzt erst erfahren, tatsächlich Baggerfahrerin gewesen ist. Überall Entdeckungs- und Wiedererkennungsbezeugungen wie bei den vor der großen Drehbank ausgelegten, gefundenen Namensschildchen derer, die einmal in der Brikettfabrik gearbeitet haben.

Die Halle summt im Betrieb ihrer Betrachtung. Offenbar hat die Bearbeitung des eigenen Ortes durch Fremde mit dem fremden Blick keine unüberwindlichen Barrieren errichtet. Unsere Angst, die Strenge der Inszenierung könne verschrecken, erweist sich als unbegründet. Die minimalistischen Gesten des Zeigens, Offenlegens und Ausbreitens werden von einem orts- und sachverständigen Publikum, das nie in eine Ausstellung spröder Kunst gehen würde, wie selbstverständlich akzeptiert.

Indem ein ästhetisches Projekt in die Wirklichkeit zurückkehrt, von der es seinen Anfang genommen hat, entsteht eine Verpflichtung, die eigene Erfahrung nicht nur an die Gruppe oder beliebig Andere, sondern auch an die in dieser Wirklichkeit Lebenden rückzuvermitteln: Was haben wir hier gesehen und gespürt? Was ist aus dem Erfahrungsmaterial entstanden, das wir mitgenommen haben? Nun bringen wir etwas wieder, aber in welcher Verarbeitung, in welcher wie verstehbaren Form?

Ist es ein ästhetischer Monolog, den wir mit den eigenen künstlerischen Ambitionen führen? Oder ist es ein Dialog zwischen symbolischer Präsenz und Repräsentanz der Form, die zur Darlegung eigener Erfahrungsprodukte gefunden wurde?

Spricht man nur Kunst-Mitwisser an oder erweitert man die Rezeptionsfähigkeit ästhetischer Mitteilungen in den sozialen und kulturellen Raum hinein, in den man als Fremder Einblick nehmen durfte?

Daß wir überhaupt nach einem Jahr wiederkamen, wurde mit Genugtuung registriert. Der Vorsitzende des Geiseltalsee-Fördervereins wollte gleich fünf Katalogbücher haben, nachdem er das ihm mitgebrachte von vorn bis hinten gelesen hatte. Er sei von der in den Texten eingestandenen Unsicherheit und vom genauen Hinsehen beeindruckt, von der Haltung, die wir gegenüber der angetroffenen Situation eingenommen hätten. Das konnte erst einmal als Lob verstanden werden. Aber vielleicht hat es sich hier noch um eine Vermittlungsleistung gehandelt, die wir quasi naiv aufgrund unserer emotionalen Reaktionen durch Sprache, durch Beschreiben von Eindrücken erbringen konnten.

Wir sind in der Tat nicht davongerannt. Alle hatten sich vor einem Jahr der Situation gestellt, viele den Schock der Konfrontation mit dem Kaputten eindringlich beschrieben. Über solche Texte mochte der Dialog mit dem Leser gelingen. Aber in der Anschauung karger Bilder, Objekte, Installationen?

Daß sie nicht auf Ablehnung, sondern Zuspruch stießen, legt heute nahe zu fragen, ob es vielleicht gelungen ist, eine Form von Kunst aus der eigenen Erfahrungsgeschichte zu destillieren, die zwischen dem Anspruch auf ästhetische Reflexion und dem Anspruch des Publikums auf Nähe zur unmittelbaren Realität vermittelt und Übergänge zwischen den beiden meist unversöhnten Ebenen offengehalten hat. Wenn ja, würde dieser Effekt abenteuerliche Hypothesen nahelegen. Zeigt der Projektverlauf nicht deutlich, wie ursprünglich Erfahrungssuchende zur Kunst finden, wiederum auf soziale und kulturelle Wirklichkeiten zu achten lernen, indem sie Möglichkeiten schaffen, kunstungeübte Menschen aus ihrer realen Situation heraus in einen Spiegel ästhetischer Äußerungen schauen zu lassen, um sich darin wiederzuentdecken?

In der Maschinenhalle ist der Dialog zwischen dem Angebot ästhetischer Verarbeitungen und der Erwartung eines Wiedererkennens vermutlich gelungen. Ästhetische Arbeit und gesellschaftlicher Ernstfall als Verbündete? Man muß vorsichtig in der Deutung scheinbar mühelos gelingender Konstruktionen sein, in denen sich eine neue gesellschaftsorientierte Kunstpädagogik allzu rasch bestätigt sehen könnte. Der idealistische Beigeschmack der Vermutung irritiert. In der Regel wird ein solcher Austausch zwischen künstlerisch professionalisierter Subjektivität und der harten, kunstfernen Lebenserfahrung selten gelingen. Doch lassen sich Folgerungen aus dem Projektverlauf ziehen, die kaum widerlegbar sind:

In Schule oder Hochschule sind nur Erfahrungsqualitäten produzierbar, die von diesen Lernräumen begrenzt werden, außer man sprengt sie auf. Kunstpädagogische Praxis könnte sich einerseits eine gewisse Autonomie gegenüber der Kunst sichern, indem sie authentische Erfahrungsgeschichten im gesellschaftlichen Raum inszeniert oder befördert. Sie könnte sich andererseits nicht nur die Nähe zu den Phänomenen, sondern auch zum geschichtlichen Leben erhalten, um sich damit - in den Sprachen der Künste redend - in den gesellschaftlichen Prozeß einzumischen, Dimensionen der Wirklichkeit aufnehmend und kommentierend. Beides würde heißen, sich von der Enge der Bildungsinstitutionen zu befreien: offene Schule, offene Universität. Zugleich würde für alle Beteiligten der Grenzgang zwischen dem Ästhetischen und dem Realen möglich, wobei für einen Augenblick die Vermittlung des Unvermittelbaren gelingen könnte: Wer war „Künstler“, wer „Nicht-Künstler“, als einer der Arbeiter das Foto des Toten aus dem Album brachte und Sabine Schröter das Bild in die Wand integrierte? Oder als die rostige Taschenlampe inmitten einer altarähnlichen Installation mit Werkzeugen erschien, von anonymer Hand behutsam und verständig in das Ensemble eingefügt?

Wo immer sich ästhetische Arbeit in einer nichtkünstlerischen Öffentlichkeit vollzieht, ist Vermittlung angesagt. Zugehen auf Menschen mit ihrem eigenen Wahrnehmungsvermögen ist gefordert. Doch Vermittlung fängt nicht erst dort an, wo Kunstwerke einem unkundigen Auge gegenübergestellt werden, in einer Situation von Entfremdung und erzwungener Künstlichkeit. Sie ist früher fundamental zu leisten - vielleicht mit dem Erfolg, daß dann die Kunst als das Schwierige und Fremde nicht mehr vermittelt werden muß, weil sie auf der Basis einer gemeinsamen Erfahrung bereits vermittelt ist, so daß ihre stumme Sprache verstanden wird.

1 Vgl. Robert Musil: Der Mann ohne Eigenschaften. Roman/II. Aus dem Nachlaß. Reinbek 1996, S. 1325

2 Claus Arlinghaus: Erfahrungen aus einem ästhetischen Projekt und Analyse der impliziten Didaktik. Hausarbeit im Rahmen der Ersten Staatsprüfung für das Lehramt an berufsbildenden Schulen im Lande Niedersachsen. Oldenburg 1996, S. 19

3 Sabine Schröter: Tangenten. In: Yvonne Hackmann u.a. (Hg.): das loch/ des// nützes., a.a.O., S. 157

4 Martin Seel: Die Kunst der Entzweiung. Zum Begriff der ästhetischen Rationalität. Frankfurt am Mai 1985, S. 174

5

BAUSTELLE FÜR DIDAKTISCHE BEGRIFFE

Ästhetische Arbeit

Ästhetische Intelligenz

Ästhetisches Subjekt

Ästhetische Arbeit

In der vorliegenden Sammlung von Praxis- und Denkmaterialien werden drei zentrale Begriffe verwendet: Ästhetische Arbeit, ästhetische Intelligenz, ästhetisches Subjekt. Deren (vorläufige) Unschärfe hat Methode.

„Begriffe auflösen und die Inhalte wegschütten" lautete eine Devise des jungen Franz Erhard Walther von 1965.[1] Das ist eine Forderung, ohne festes Gerüst zu denken, es erst zu bauen. Sie beschreibt nicht nur, was ein Künstler zu tun hat, wenn er zu einer neuen ästhetisch praktizierten Werktheorie kommen möchte. Die Notiz bezeichnet ebenso, was ein Didaktiker tun könnte, der sein Denken und Handeln als kunstanalog begreift und nach angemessenen Beschreibungen ästhetischer Erfahrungsarbeit in Vermittlungsprozessen sucht.
Er kommt zwar nicht ohne das bezeichnende, abgrenzende und kommunikative Instrument der Begriffe aus, aber sie müssen weich, flüssig, gleichsam auf Körpertemperatur der Erfahrung und des aktuellen Denkens gehalten werden, das heißt ihre Grenzen müssen veränderbar, jederzeit neu bestimmbar bleiben.
Den Unterschied zwischen einem Erziehungswissenschaftler und einem Künstler-Didaktiker kann man möglicherweise daran erkennen, daß der eine bemüht ist, den Bestand seiner Begriffe abzusichern und unangreifbar „hart" zu machen, der andere gerade das Gegenteil tut, indem er flüchtigen, liquiden Konstrukten den Vorzug gibt, was sein Instrumentarium angreifbar, aber geschmeidig macht. Für das didaktische Probedenken könnte der erfahrungsnahe, offene Begriff ein plastisches Instrument sein, mit dem bisher nicht Erfaßtes, vielleicht Übersehenes oder allzu eindeutig Formuliertes eingeholt werden kann - um den Preis einer vorläufigen Undeutlichkeit, die das noch Unbezeichenbare respektiert.
„Harte", scheinbar eindeutige Begriffskonstrukte stehen unter dem Druck, ihren Gültigkeitsausweis verteidigen oder erneuern zu müssen. „Weiche" Begriffskonstrukte müssen ihre Griffigkeit und intersubjektive Validität erst gewinnen, um sich als diskursfähig zu erweisen.
Dazu ist hier der Fluß der Beschreibungen und Abhandlungen zu unterbrechen.
Die drei genannten Experimental- oder Baustellen-Begriffe, die bisher aufgetaucht sind, sollen sich zu einem Funktions- und Sinnkontext ergänzen und dabei Kontur gewinnen.
Es sind jeweils angedachte, auf Probe der Praxis entworfene Begriffe, die zu einer gemeinsamen größeren Begriffsbaustelle zusammenwachsen, weil sie untereinander „anschlußfähig" sind.

Beim Begriff ästhetische Arbeit fasse ich mich kurz. Er wurde bereits im ersten Kapitel und an anderer Stelle definiert und durch zahlreiche Beispiele belegt. Es handelt sich um eine bereits zehn Jahre alte Baustelle.[2] Ästhetische Arbeit ist selbstverantwortete Erkundungs-, Wahrnehmungs- und Formtätigkeit des Subjekts am Gegenstand seines Interesses, die eine Erfahrung ausdifferenziert und bestimmt und zugleich das Subjekt in seiner Selbstwahrnehmung und für die Wahrnehmung anderer ausdifferenziert und bestimmt. Ästhetische Arbeit erweitert und erschöpft das individuelle Vermögen auf der sinnlichen, emotionalen und intellektuellen Ebene der Welt- und Selbstreflexion des handelnden Subjekts. Diese Selbstanstrengung oder -erschöpfung ist in der Konfrontation mit Ausschnitten der Lebenswirklichkeit und/oder mit Kunst als einer ästhetisch-reflexiven Reaktion auf gegenwärtige Wirklichkeit möglich. Ästhetische Arbeit bewegt sich sowohl in wie außerhalb der Wahrnehmungsgrenzen der Systeme Alltagswirklichkeit und Gegenwartskunst. Sie findet im Wechsel oder in den Zwischenräumen der ästhetischen Erfahrung statt, die sich das Subjekt um seiner selbst willen schafft. Ästhetische Arbeit bedeutet aktive Selbstpositionierung des Subjekts sowohl in vor- oder außerkünstlerischen Räumen der ästhetischen Erfahrung als auch in den Zeichen- und Bedeutungsräumen von Kunst, wobei es zu gleitenden Übergängen kommen kann (vgl. die „Erfindung der Kunst“). Ästhetische Arbeit wird aber auch in der kontemplativen Auseinandersetzung mit einem Kunstwerk geleistet, welches das Subjekt mit sich selbst konfrontiert. Ästhetische Arbeit ist im Gegensatz zum neutralen Begriff des ästhetischen Verhaltens, der auf dieser Baustelle keine Verwendung findet, eine Bezeichnung für die Selbstanstrengungspraxis des Subjekts im Sinne der Ausschöpfung seiner körperlichen, emotionalen und mentalen Ressourcen, um ein ästhetisch verdichtetes Bewußtsein seines Daseins im Hier und Jetzt, das heißt, sich selbst zu produzieren.

Ästhetische Intelligenz

Wenn nun etwas ausführlicher von ästhetischer Intelligenz die Rede ist, so nicht nur unter dem Vorbehalt der Offenheit und Vorläufigkeit, sondern auch im Blick auf die anderen Baustellen, auf denen mitvorbereitet und mitverhandelt wird, was mit diesem einen Begriff gemeint sein könnte. Manchen mag er dubios und überflüssig erscheinen, andere mögen neugierig sein, ob er Neues, bisher Ungesagtes sichtbar macht. Ich möchte den Streit um ästhetische Rationalität oder ästhetische Intelligenz nicht fortsetzen, der kurz in der didaktischen Literatur aufgeflackert ist.[3] Doch dürfen Begriffsinstrumente, die vorgeben, nicht deckungsgleich zu sein, nicht dem Vergleich entzogen werden.

Dazu ist vorab zu sagen, daß es sich bei Gunter Ottos und meiner Art des Denkens um verschiedene Auffassungen vom Begriffskonstrukt als Produkt und Instrument handelt. Ein tastender, eher fragender, unfertiger, offener Begriff von ästhetischer Intelligenz steht einem ausgearbeiteten, in den didaktischen Diskurs eingeführten und diesen beherrschenden Begriff von ästhetischer Rationalität gegenüber, der als theoretisches Elaborat jeden Mangelverdacht von sich weist.[4]

Der Unterschied in der Methode ist nachvollziehbar: Der eine pflastert seine Argumentationsstraße mit dichtgefügtem philosophischen Quellenmaterial in einer Traditionslinie des Denkens, der andere bastelt an seinem luftigen Eigenbau ohne gesichertes theoretisches Fundament, aber mit Blick auf praktische Erfahrung. Eben weil es sich um unterschiedliche Definitionen des Anspruchs an unterschiedlich definierte Begriffsinstrumente handelt, macht ein Streit ums Rechthaben wenig Sinn.

Ich kann mir aber vorstellen, daß jemand nachvollziehen möchte, wozu ein wissenschaftsförmig ausgearbeitetes, dadurch hieb- und stichfest gemachtes, und ein experimentell-offenes, künstlerisch-leichtfüßiges Begriffsinstrument führen kann.

Es mag die vorherrschende Erwartung von Theorie-Empfängern in kunstpädagogischen Handlungsräumen sein, möglichst eindeutige Begriffsauskünfte zu möglichst eindeutigen Bestimmungen und Begründungen zielgerichteten Handelns geliefert zu bekommen.

Es kann aber auch Maxime sein, das Diffundieren von Begriffskonstrukten von umfassender Gültigkeit, das Offenhalten von Unbestimmbarkeitszonen und das Werkstattmäßige praxisbezogenen didaktischen Denkens zu betonen. Es ist eben nicht alles klar, was auf den Baustellen der Praxis geschieht. Etwas muß sich auch über längere Zeit empirisch und theoretisch entwickeln, ja zeitweilig unklar bleiben dürfen. In Analogie zu künstlerischen Verfahren als Forschungsstrategie muß die Tendenz zur Schließung erkenntnishaltiger Begriffe zu abstrakter Stimmigkeit umgangen werden. Es täte kunstpädagogischer Theorie und Praxis gut, wenn es mehr offene Baustellen gäbe und dieser keineswegs theorielose Zustand möglichst lange als produktive Situation begriffen würde. Sagen wir vorläufig ungedeckt: Es spricht einiges dafür, sich als Kunstpädagoge nicht nur ästhetisch rational, sondern auch ästhetisch intelligent zu verhalten.

Gunter Otto fordert: „Ästhetische Rationalität muß in Objekten und Prozessen der Produktion realisiert und aus Prozessen der Rezeption und Reflexion abgelesen werden.“[5]

Das Apodiktische dieser Forderung korreliert mit einem Begriff des Verhaltens, das zur ästhetischen Rationalität führen soll: „Ästhetisches Verhalten realisiert sich in den Prozeduren des Wahrnehmens, Herstellens und Sammelns sowie des subjektiven also kontroversen Sprechens über Bilder wie im intersubjektiven Verstehen von Bildern.“[6] Solange dabei eine „Verhaltensweise von Subjekten im Blick auf Problemlösungsprozesse“[7] im Vordergrund steht, wird eine unnötige Einschränkung kunstpädagogischen Denkens und Handelns empfohlen, als ob es im Selbstbewußtwerdungsprozeß des Subjekts auf nichts anderes als auf Problemlösungsfähigkeiten ankomme.

Vielmehr geht es in der Situierung des Subjekts doch gerade um dessen Selbstaussetzung an Problemsituationen, um Sensitivität und Reflexivität seines Problembewußtseins in einem existentiell bedeutsamen Sinne und nicht um die rasche Lösung von Problemen. Das ästhetische Subjekt ist erst eines, wenn es sich selbst zum Problem geworden ist. Dieses Sich-selbst-zum-Problem-Werden ist eine Erfahrung jenseits der Reichweite pädagogischer Interventionen. Die Umstände ästhetischer Eigenarbeit, die Selbstanstrengungsleistungen sind im gelungenen Fall mit einem Hineingleiten in Problembewußtseinszonen, in ein lebensgeschichtlich relevantes Wahrnehmen, Verarbeiten, Handeln verbunden, wobei auch das Scheitern einzukalkulieren ist. Einer Pädagogik des Scheiterns entspricht komplementär eine Pädagogik des Glückens. Subjektorientiertheit kunstpädagogischen Denkens und Handelns heißt immer, daß beide existentiellen Kategorien im Spiel sind. Sie lassen sich nur mit Gewalt aus dem pädagogischen Prozeß heraushalten, also müssen sie berücksichtigt, in das Konzept der Situierung eingebaut werden.

Ästhetische Rationalität ist als Leitprinzip von Unterricht eine empfehlenswerte Versicherung auf dessen Gelingen und Begründbarkeit. Man darf aber fragen, ob es nicht auch eine (Kunst-) Pädagogik geben müßte, die mit dem Scheitern und dem Glück des Subjekts und dessen latenter Fähigkeit rechnet, damit umgehen zu können. Wohl eine scheiternde Pädagogik, eine unglückliche, eine überflüssige dazu, werden viele sagen.
Aber es scheitert so viel gutgemeinte Pädagogik, daß es auf eine, die es auf das Risiko anlegt, schon nicht mehr ankommt. Eine vom Grundsatz ästhetischer Rationalität allein angeleitete Lehre scheitert an dem, was ihr möglicherweise aufgrund freiwilliger Beschränkung nicht erreichbar ist. Sie scheitert an dem über das Maß ästhetischer Rationalitätskriterien hinausdrängenden Subjekt, an seinem Suchen und Wollen, an seinen Träumen, an den Zuständen seiner Befindlichkeit, an seinem Bedürfnis nach dem Aufgehobensein des Handelns in dessen „Sinn“.
Sie verfehlt die ästhetisch stimulierten Bewußtseinsverdichtungen zu einer Daseinsgewißheit, auch die vom Einzelnen gesuchten Grenzüberschreitungen zu einer Transzendenz des Seins. Wenn es Kunstpädagogik zusteht, im Raum der Selbstbefragungen des Subjekts irgendein Wort mitzureden, muß sie das Risiko des Übertritts auf die existenzpädagogische Ebene eingehen. Damit wird sie zwangsläufig zu einer Pädagogik des Glückens oder des Scheiterns, und zwar auch in einem überindividuellen Sinne gesellschaftlicher Existenz. Daß das Interesse daran wächst, erkennt man an den neueren Auseinandersetzungen mit dem erweiterten Kunstbegriff von Beuys. Er infiltriert das kunstpädagogische Denken der Gegenwart und führt unweigerlich ein existenzpädagogisches Moment ein.[8]

Natürlich verhalten sich Künstlerinnen und Künstler auch ästhetisch rational. Aber die meisten würden es ablehnen, ihr Tun und Trachten mit den Begriffen ästhetisches Verhalten und ästhetische Rationalität zu charakterisieren. Kann man Beuys, Gerhard Richter oder Bruce Nauman ästhetisch rationale Künstler nennen? Wäre Kunst allein Produkt ästhetischer Rationalität oder ästhetischen Verhaltens, könnte sie auch gleich Kunstpädagogik oder kommunikativ gutgemeint sein. Man spürt ein Ungenügen an den pädagogischen Begriffen, sobald man mit ihnen in Kunstnähe gerät. Sie wirken plötzlich formal und leer.

Auf der Begriffsbaustelle für ästhetische Intelligenz liegt das substantielle Material in der Annahme, daß das Subjekt sowohl sein Bild der „wirklichen“ Welt konstruiert als auch Bilder seiner selbst in diesem Akt mitentwirft. Dieser Vorstellung folgt eine allgemeine „Subjektive Didaktik“ auf der Grundlage kognitionswissenschaftlicher Erkenntnisse und des Radikalen Konstruktivismus als erkenntnistheoretischem Paradigma.[9]

Ästhetische Intelligenz könnte jene Potenz genannt werden, die das Subjekt entwickelt, um konstruktiv vorstellend und handelnd den Druck produktiv zu machen, der von der (Selbst-) Erkenntnis ausgeht, die Wirklichkeit dieses einen uns geschenkten Lebens als eine individuelle immer neu erfinden und sich in dieser Aktivität gegenüber dem Anderen der Welt behaupten zu müssen. Es ist die Fähigkeit, die ich selbst aufbauen kann, um mit vollem Bewußtsein in dieser Welt Ich zu sein, sei es im Scheitern, sei es im Glück.

Spätestens an dieser Stelle unterscheiden sich die Begriffe ästhetische Rationalität und ästhetische Intelligenz. Der existentialästhetische Bezug fehlt in Gunter Ottos Konzept, was ihm nicht vorzuwerfen ist, weil sein Augenmerk der pädagogisch-sachlichen Handhabbarkeit gilt, weshalb er auch ungeniert von „Prozeduren" spricht, wo ich von selbstverantworteten ästhetischen Arbeitsweisen reden würde, weil mich der autopoietische Aufbauprozeß des Subjekts in seinen sprunghaften Wahrnehmungsaktivitäten und wechselnden Selbstentwürfen interessiert und nicht irgendein Lerneffekt oder eine Verhaltensänderung. Wer Kritik am didaktischen Konstrukt der ästhetischen Rationalität übt, muß deshalb nicht an einem „reduktionistischen Verständnis" des Ästhetischen oder des Rationalen leiden, wie Otto unterstellt. Es wird ja gerade der Vorschlag gemacht, dieses Konzept um die existentialästhetische Komponente zu e r w e i t e r n.

Die Selbstsituierung des Lernsubjekts wird dabei bis zu einer Grenze, an der die autodidaktische Aktivität einsetzt und nicht gestört werden darf, für pädagogisch inszenierbar oder begleitbar erklärt. Es geht also um eine, wenn auch prekäre, Ausdehnung kunstpädagogischer Einwirkungsmöglichkeiten auf das Lernsubjekt und nicht um dessen Bevormundung. Damit geht es natürlich auch um eine Ausweitung von Situierungs- und Handlungsmöglichkeiten des Lernsubjekts über den Rahmen von Unterricht und Schule hinaus. Es geht um die Innenansichten dessen, was mit „Öffnung der Schule" in einem neoreformpädagogischen Sinne gemeint ist, oft aber als eine rein funktionale Öffnung des Lernfeldes mißverstanden wird. Der Subjektbezug dieser Öffnung muß hervorgehoben werden.

Die Einmaligkeit der Existenz fordert ein Wahrnehmen und Handeln in der leiblichen Präsenz des Subjekts und die Unmittelbarkeit der Erfahrung des Augenblicks, nicht ein „theoretisches" Lernen für den späteren Fall des Lebens: „Denkend kann man überall sein, wahrnehmen kann man nur dort, wo sich der eigene Körper befindet, und der eigene Körper muß mitwahrgenommen werden."[10] Wahrnehmung ist mit der momentanen Präsenz des Subjekts im Hier und Jetzt verbunden. Aus ihr entwickelt sich Daseinsbewußtheit, ein Bewußtsein der eigenen Existenz. Diesem Bewußtseinszustand des sich selbst in der Wahrnehmung konstituierenden und reflektierenden Subjekts arbeitet eine Kraft oder Fähigkeit zu, die ich nicht anders als mit dem Begriff der ästhetischen Intelligenz bezeichnen kann. Ich setze diese Kraft oder Fähigkeit schlicht voraus, weil sie mir in teilnehmender Beobachtung und aufgrund interpretabler Materialbestände (persönliche Texte und Prozeßdokumente an ästhetischen Projekten Beteiligter) nachvollziehbar wird.

Im Baustellenbegriff ästhetische Intelligenz geht es um eine im ästhetischen Arbeitsprozeß sich entwickelnde, das Handeln wiederum vorantreibende Beweglichkeit des Subjekts auf der Suche nach augenblicklich positionsbedingten oder auch dauerhaften Selbstkonzepten und Sinnentwürfen. Sie werden vom Begründbarkeitskriterium der ästhetischen Rationalität nicht erfaßt. Selbstkonzepte sind keine begründbaren Konstrukte. Sinn bedarf keines Grundes, ohne damit unsinnig zu werden. Irgendwo endet die Schulmeisterei der „rationalen" Philosophen und Pädagogen: Meine Existenz muß ich nicht begründen. Ich muß sie leben. Und zwar so intensiv wie möglich. Leben ist kein rationaler Zustand oder Prozeß. Seine Undurchsichtigkeit und Ungezügeltheit hat eine bleibende Irritation der Pädagogen zur Folge, die zum Beispiel jedem Triebhaften, Eruptiven, Exaltierten einer Erfahrungsbefindlichkeit oder Sinnsuche mißtrauen und deshalb Berührungsängste entwickeln. Was undurchschaubar bleibt und nicht zu kontrollieren ist, muß abgewehrt werden: „Ästhetisches läßt sich nicht allein auf rauschhafte Zustände reduzieren." [11]
Man kann auch verdrängen, daß qualitative Erweiterungen kunstpädagogischen Denkens und Handelns in den transrationalen Raum hinein durch eine Situierung des Subjekts gewährleistet sind, in der Zustände des Außersichseins, die nur eine andere Form des Beisichseins sind, das pädagogische System der Zügelung und Kontrolle notwendigerweise sprengen müssen.

Die Angst der Rationalisten vor dem Wechsel in andere Seins- und Bewußtseinszustände ist verständlich, aber überflüssig: Bestimmte Formen ästhetischer Rationalität müssen von der ästhetischen Intelligenz ausgehebelt werden, damit sie sich nicht zum Zwangskorsett der Wahrnehmung und des Denkens verfestigen. So muß die Sprachfixiertheit (Horst Rumpf spricht in einem Brief von „Verbalisierungsleidenschaft") im Raum ästhetischer Vermittlungsarbeit gebrochen werden. Andererseits erfüllt ästhetische Rationalität Kontrollfunktionen gegenüber einer allzu starken Grundgewißheit, die ihr eine widerständige ästhetische Intelligenz entgegensetzen kann.
Über das Verhältnis der beiden konkurrierenden Kräfte oder Vermögen muß weiter nachgedacht werden. Vielleicht entwickelt sich das ästhetische Subjekt im Hin- und Herspiel oder in ihrer Synthese? Solange dies alles offen ist, gehe ich davon aus, daß es eine handlungsmotivierende Entscheidungsinstanz jenseits des Rationalen auch im Feld kunstpädagogischer Praxen gibt, die der rationalen Begründung vorausgeht und von ihr nicht eingeholt werden kann. Darauf beharre ich mit einem gewissen Starrsinn der Erfahrung als Künstler und als Kunstpädagoge. Und ich zitiere dazu noch einmal Horst Rumpf aus seinem Brief über eben diesen Punkt, wo er in Anlehnung an das „Konzil der Buchhalter" von Alfred Lorenzer von der „sinnlich-symbolischen Basisansicht der Persönlichkeit" spricht, die gegen die „Übermacht der sprach-

symbolischen Erfahrungsverarbeitungskapazitäten" frühzeitig stark gemacht werden müsse.

Ästhetische Intelligenz ist der Begriff, den ich zur Bezeichnung der Kompetenz des Subjekts benutze, sich aus dem Raum der Verpflichtungen zur Rationalität (welcher Art auch immer) zu entfernen und im Wahrnehmen, Handeln und wilden Denken seine eigenen Wege zu gehen, auch solche, die in Grenzerfahrungen enden. Nennen wir ästhetische Intelligenz das Vermögen, den Zustand existentieller Situiertheit im Wahrnehmen, das ja immer auf ein Gegenüber und auf den Wahrnehmenden selbst gerichtet ist, in einen produktiven Akt zu überführen, in dem ein intensives Bewußtsein von Ich-Gegenwart entsteht. Sie ist eine aus projektiv-experimentellem und kontemplativ-reflektierendem Wahrnehmungshandeln aufgebaute Kompetenz, die Veränderungen der Erfahrung und des Bewußtseins wach mitzuerleben und einer Neugier auf sich selbst nachzugeben. In den Ausreizungen dieses Vermögens gewinnt das ästhetisch arbeitende Subjekt vor sich selbst und anderen Kontur, indem es wahrnehmend-reflektierend seine unverwechselbar eigene Haltung zum Leben in dieser Welt gewinnt und ein Begehren entwickelt, sich neuen Erprobungen auszusetzen. Ästhetische Intelligenz führt transrationale Komponenten in den Erfahrungsprozeß ein, die auf eine Ausdehnung der persönlichen Erfahrungsgrenzen im Sinne eines Wunsches nach Erweiterung des Existenzbewußtseins gerichtet sind. Ästhetische Intelligenz vermittelt zwischen Wahrnehmung, Imagination (als einer erweiterten oder „virtuellen" Wahrnehmung) oder dem Traum und einfallenden Sinnprojektionen der Erfahrung. Sie ist somit integraler Bestandteil der Arbeit an der inneren Biographie. Sie ist eine durch ästhetische Eigenarbeit produzierbare, dem Subjekt zu Bewußtsein kommende Fähigkeit zur Orientierung des Lebens. Für die Schule erscheint sie nutzlos, den meisten Pädagogen suspekt. Aber eben das macht sie für das Subjekt, das selbständig lernen und leben will, unverzichtbar.

Es handelt sich bei ästhetischer Rationalität und ästhetischer Intelligenz somit um zwei verschiedene Ansätze des pädagogischen Anspruchs. Wir können auch sagen, um zwei verschiedene Auslegungen der Dimensionen des Bewußtseins und der Reichweite ästhetischer Reaktions- und Handlungsfähigkeiten. Da sich die Unterscheidung didaktikgeschichtlich auf zwei persönliche Profile des Denkens zugespitzt zu haben scheint, versuche ich distanznehmend, ein neutrales Differenzprofil der beiden Standpunkte zu skizzieren: Der eine Ansatz will ein Konzept ästhetischer Erziehung im Kontext pädagogisch begründbarer ästhetischer Rationalität installieren, der andere will eine Vorstellung kunstnaher Denkens und Handelns begründen, die den Blick in das Transrationale des Ästhetischen hinein öffnet.

Der eine bezieht sich auf das Beschreib- und Begründbare, der andere übt diese Zurückhaltung nicht. Der eine geht auf Nummer sicher, der andere riskiert Scheitern oder Glück. Der eine steht für eine Pädagogik des im Rahmen der Verhältnisse Machbaren, der andere für das (fast) nicht Machbare gegen die Verhältnisse. Dem einen geht es um ästhetisches Verhalten, dem anderen um die Konstitution des Subjekts. Der eine redet von einer Didaktik, der andere von Autopoiesis. Dem einen geht es um die Durchsetzung eines Modus von Rationalität, dem anderen um einen Modus des Seins.

Damit ist klar, daß die Unterschiede zwischen ästhetischer Rationalität und ästhetischer Intelligenz nicht in Nuancen bestehen, sondern im Grundsatz. Es geht um einen paradigmatischen Dissens. Dieser wiederum ist nicht personengebunden, sondern deutet Standpunktdifferenzen innerhalb des gegenwärtigen Denkens im ästhetischen Bildungsbereich an.

Bleibt das Machbarkeitskriterium in der Frage, was geht und was nicht geht. Darauf spitzt sich im kunstpädagogischen Diskurs ja immer alles zu.

Ästhetische Rationalität ist ohne Frage herstellbar. Beim skizzierten Erweiterungskonzept der ästhetischen Intelligenz ist die Machbarkeit zweifelhaft, aber nicht ausgeschlossen. Immerhin sind Bedingungen der Situierung, Inszenierungskonzepte, Orte und Gelegenheiten für die Präsenzerfahrung und Selbstkonstitution des ästhetischen Subjekts in den Beispielen dieses Bandes und in anderen Publikationen vielfach belegt.

Und es gibt, über das Modell des ästhetischen Projekts hinaus, einen empirischen Erfahrungsbestand des Machbaren aufgrund von Prozeßbeobachtungen, der kommunizierbar ist. So besteht ein Geheimnis im Anlocken der Selbstverfertigungsmomente ästhetischer Intelligenz in einer nachweisbaren Durchlässigkeit: Alle Arten der Selbstanstrengung im ästhetischen Arbeitsprozeß - die Anspannung des Wahrnehmens, die Konzentration des Denkens, die Intensität der Vorstellungskraft, die Zielgerichtetheit eingreifend-formenden Handelns - können durch gleichzeitig geübte kluge Lässigkeiten für das Unberechenbare, für den Einfall der Sinnvermutung, für den produktiven Augenblick einer existentiell bedeutsamen Selbstdefinition des Subjekts porös gemacht werden, indem der Wahrnehmung das Abschweifen, dem Denken Zerstreutheit, der Phantasie Zügellosigkeit, dem Handeln Muße und Zieloffenheit beigemengt sein dürfen.

In diesen Zwischenräumen, Pausen, Lücken mag ästhetische Intelligenz sich ereignen oder sich regenerieren. Das heißt, ihrem Erscheinen ist kunstpädagogisch zuzuarbeiten. Man muß nur wissen, wie.

Nun ist unter der Hand meiner Explikationsversuche auf der Begriffsbaustelle so etwas wie das undeutliche Bild eines Kunstpädagogentyps entstanden, dessen Perspektive eine andere als jene ist, die sich so häufig in der Praxis verliert. Das ist fast absichtslos geschehen. Aber unter dem Aspekt existentiell bedeutsamer Figuren der ästhetischen Arbeit des Subjekts an sich selbst wird, ob man das will oder nicht, die Armseligkeit funktionsorientierter Lernarrangements und die Povertät der rationalen „Prozeduren“, die heute die kunstpädagogische Durchschnittspraxis beherrschen, scharf ausgeleuchtet.

Edmund Kösel benutzt den Begriff des „allgegenwärtigen Discounting“, um den Verfall der Lernkulturen in den Institutionen zu bezeichnen. Er weiß nicht, daß er die Kunstpädagogen damit ins Herz trifft. Ein Baustellen-Modell zum Mitprodu-

zieren ästhetischer Intelligenz könnte diesem Discounting wirksam begegnen. Freilich braucht es eine operationelle Basis, eine Praxis. Kunstpädagogische Inszenierungen können das Auftauchen ästhetischer Intelligenz (wie auch der ästhetischen Rationalität) begünstigen oder verhindern. Im Grunde ist anspruchsvolle kunstpädagogische Praxis der unablässige Versuch, beide Vermögen zu entwickeln, welches immer man akzentuieren möchte.
Es liegt auf der Hand, weshalb mich der Begriff ästhetische Intelligenz mehr beschäftigt als jener der ästhetischen Rationalität: Ich will aufs Ganze einer Intensität des Bewußtseins hinaus, deren ich im Ästhetischen habhaft werden kann. Dazu bin ich Lehrer und zu nichts anderem ein Künstler-Lehrer, in aller Angreifbarkeit. Und diese Haltung zugunsten einer subjektiven Intensität des Sich-Spürens im Handeln und Denken bezieht alle denkbaren Spielarten des Hervorlockens ästhetischer Intelligenz ein - solche, die sich durch gestaltendes Handeln, und solche, die sich in meditativer Zurückhaltung provozieren oder die sich als Mischformen aktiv eingreifender und kontemplativer Fähigkeiten des Subjekts beschreiben lassen. Die Kernfrage, die hier auch didaktisch zu verhandeln wäre, ist, ob ästhetische Intelligenz, in ästhetischen Arbeitsgeschichten unter Beweis gestellt oder entwickelt, eine Grundfähigkeit darstellt, die in der Konstitutionsgeschichte des Subjekts unverzichtbar ist. Es ist die Frage, ob das Leben mit dieser Be-Gabung g e lebt oder ob es ohne diese selbstproduzierte Eigenschaft nur v e r lebt werden kann.

Ästhetisches Subjekt

Was ist das - ein Subjekt? Ein prozessuales Konstrukt, ein labiles Fließgleichgewicht wechselnder Selbstbildentwürfe, eine permanente Inszenierung zwischen biographischem Gedächtnis, Wahrnehmungsgegenwart, Hormonspiegelschwankungen, Körpergefühl, Unbewußtem, Selbstdistanz, Abstraktionsfähigkeit?
Das Subjekt ist gesellschaftlich-historisch verfaßt das heißt in seinen Selbstkonzepten kulturell geprägt, es wird durch individuelle Biographien ausdifferenziert, es ist in jedem Augenblick der Wahrnehmung neu aufgefordert, sich zu bestätigen oder zu verändern, und es hat einen Körper. Es könnte sich um einen von stabilisierenden und destabilisierenden Komponenten bestimmten, ungreifbaren, im ständigen Ab- und Aufbau begriffenen Zustand des Bewußtseins handeln, zu dem vielleicht die einzig beruhigende Gewißheit zählt, daß wir das Ich sind, das nur einmal und gegenwärtig lebt. Aber auch das kann eine eher aufstörende, beunruhigende Gewißheit sein, wie der Gedanke an den Tod, der ein älteres Subjekt niemals verläßt. Einerseits werden wir als Subjekte schicksalhaft gelebt - durch Geschichte und kulturelle Gegenwart, die sich in die Entwürfe des Selbst hineindrängen, ohne daß wir dies verhindern könnten. Andererseits sind wir als

Subjekte in Lebensplänen, Weltansichten, Sinninterpretationen, Handlungsweisen, Urteilen vielleicht auch als Subjekt der Geschichte aktiv, die es mitzugestalten gilt.

Subjektiv erleben wir uns als Subjekt vor allem in der Dichte des Augenblicks der Wahrnehmung, der immer auch ein Augenblick der Selbstwahrnehmung ist. Aber darf man so vom Subjekt reden? Von diesem zweifelhaften Etwas, das schon dem strukturalistischen Denken suspekt war, das es, wie Deleuze sagt, „aufgelöst" hat - „ein Subjekt, das immer Nomade bleibt, aus Individuationen besteht, aber aus unpersönlichen, oder aus Besonderheiten, aber aus vorindividuellen"?[12]

Wozu Subjektkunstpädagogik, wenn es nur das „unpersönliche", oder, um ein anderes kritisches Bild zu benutzen, jenes von Baudrillard beschriebene „fraktale" Subjekt gibt, in zahllose, winzige „gleichartige Egos" zerfallend?[13] Müßte an einem komplett determinierten oder auch in sich zerfallenden Subjekt nicht jeder Vorschlag einer Selbstbildung im Sinne einer Mitbestimmung an der eigenen Geschichte scheitern? Zum Glück haben wir es in der Praxis immer noch mit erwartungsvollen, identifizierbaren, widerspenstig-eigensinnigen Realsubjekten zu tun, die hinter den theoretischen Projektionen ihrer Unpersönlichkeit oder Atomisierung zurückgeblieben sind.

Das Subjekt konstruiert sich selbst als etwas Unfertiges und Disparates. Aber eben diese ihm beobachtbare, nur momentan gelingende, gleitende Selbstbewußtheit der Geteiltheit konstituiert das sich wahrnehmende Subjekt als solches. Dazu stellt Pierangelo Maset fest: „Man kann im Grunde nur dann zu einem sich selbst bewußten Subjekt werden, wenn die innere Gespaltenheit bejaht wird."[14] Obwohl von der Unmöglichkeit, ein konsistentes „ganzes" Subjekt sein zu können, überzeugt, werde man gerade dadurch ein „authentischeres", ein „dividuelles Subjekt".[15]

Was aber ist nun das *ästhetische* Subjekt, von dem unvorsichtigerweise schon die Rede war?

Immer unter der skizzierten Voraussetzung, daß der Begriff Subjekt eher eine Prozeßbeschreibung, die Bezeichnung einer transitorischen Konstellation des Bruchstückhaften, weniger einen bleibenden Status von Erfahrungen und Eigenschaften meint, könnte ein Subjekt ästhetisch genannt werden, wenn es im besonderen Maße wahrnehmungsfähig und selbstwahrnehmungsfähig, kontemplativ und geistesgegenwärtig-handlungsfähig, bewußtseinsproduzierend-reflexiv und sinngenerativ ist und wenn es in besonderem Maße zum aufmerksamen Zuschauer jenes im biographischen Material der Erinnerung und im Augenblick der Wahrnehmung verankerten Bewußtseinsprozesses werden kann, dem es seine Erzeugung verdankt - wenn es also ästhetisch intelligent genannt werden kann.

Ich setze somit drei ausgeprägte Eigenschaften voraus, die das Subjekt zu einem ästhetischen machen: Es muß in besonderem Maße wahrnehmungsaktiv und in seiner Wahrnehmung anwesend das heißt konzentriert bei sich und bei seiner Sache sein, um sich selbst im Doppelakt des Wahrnehmens, das heißt sich und die Situation wahrnehmend, als Subjekt produzieren zu können. Es muß in besonderem Maße eigensinnig darauf beharren, alles Wahrgenommene und sich selbst im Wahrnehmungsakt als Subjekt im Werden zu interpretieren, um gleichsam mit sich darüber und über sich selbst zu kommunizieren. Und es muß in der Lage sein, in jedem Akt der bewußten Wahrnehmung den Wechsel von der Ebene der Sinnesarbeit auf die Ebene der Sinnarbeit zu vollziehen.

Ich könnte auch behaupten, ein ästhetisches Subjekt sei ein auf besondere, nämlich ästhetische Weise welt- und selbstbewußtes Individuum (oder „Dividuum"), vergleichbar einem Schriftsteller- oder Künstler-Ich, bloß daß es weder an Schriftstellerei noch an Kunst denken muß. So kann jede, jeder Heranwachsende oder Erwachsene ästhetisches Subjekt sein. Wie weit Kinder es schon sind oder uns als solches überraschen, spüren wir, wenn wir zuschauen oder zuhören, wie sie sich als bewußtwerdende „kleine" Subjekte über die Welt und sich selbst äußern.

Nach diesem Beschreibungsversuch leuchtet es ein, daß wir uns nicht jederzeit in einem Zustand ästhetischer Subjektivität, also der Selbst- und Weltaufmerksamkeit befinden, sondern nur zeitweise derart intensiv bei Sinnen und Verstand sind.

Und es leuchtet ein, daß eine pädagogische Praxis der Begünstigung der Konstitution des ästhetischen Subjekts nicht allein mit dem Kunstbezug operieren kann. Die Konfrontation mit Kunst ist nur eine Variante des Herauslockens der Fähigkeit zu einem bildhaften das heißt zu einem poietischen Welt- und Selbstverstehen und zu einer transrationalen Praxis der Daseinsbewältigung durch gestaltendes Handeln. Der Sinn jener Inszenierung, die ich subjektkunstpädagogische Praxis nenne, bestünde zwar im Freisetzen solcher Fähigkeiten, aber sie würden sowohl an Kunst als auch in außerkünstlerischen Erfahrungsräumen des Subjekts gewonnen.

Ästhetische Intelligenz wäre als individuell ausgeprägte Fähigkeit zur autonomen Entwicklung aller besonderen Wahrnehmungs-, Reflexions-, Handlungs- und Sinn-Entwurfsfähigkeiten zu beschreiben, die für ein bewußtes Sein von Bedeutung sind. Sie bezeichnet die Beweglichkeit des Subjekts in seinen ästhetischen Freiräumen des Selbstentwurfs, in denen es gelingt, nicht nur in Wahrnehmungsakten sich selbst mitwahrzunehmen, sondern auch Schlüsse aus dieser Situation zu ziehen und individuelle Sinnperspektiven für das eigene Dasein zu entwickeln. Nur wer in dieser Weise ästhetisch intelligent, das heißt selbstreflexiv, selbstproduktiv und sich selbstbegründend auf der Welt ist, ist eigentlich wach da. Das wäre nicht nur letztbegründeter „Zweck" des ästhetischen Subjekts, sondern auch einzigartiger „Sinn" seiner Intelligenz des Wahrnehmens, Denkens und Handelns. Ästhetisches Subjekt und ästhetische Intelligenz sind letztlich existentialethische Begriffe, die um die Lebenssinnfrage kreisen.

An dieser Frage hat sich im praktischen Leben zwischen Moderne und Postmoderne nicht viel geändert, außer daß eine Zunahme an Sinnkonstruktionsmodellen zu verzeichnen ist und verläßliche Orientierungen an kulturellen Mustern und Werten außer im Rückfall auf irgendeinen Fundamentalismus nicht mehr möglich erscheinen. Die Frage nach dem Sinn eines individuellen Lebens stellt sich jedoch immer wieder neu. Insofern bewegt sich eine Kunstpädagogik, die auf die existentialästhetische oder existenzpädagogische Ebene wechselt, auf höchst unsicherem Terrain. Womöglich bleibt sie ein inkompetenter, unnützer Einmischungsversuch. Jeder pädagogische Pragmatismus endet hier.

Das ästhetische Subjekt in seiner Gespaltenheit und Undeutlichkeit ist „frei", sofern hier von Freiheit und Selbstbestimmtheit überhaupt geredet werden kann. Wenigstens braucht es nicht pädagogischen Vorschriften oder Vorschlägen zu folgen. Es ist sich selbst schon fremd und undurchsichtig genug, eher gesellschaftlich-historisches Produkt als seiner selbst gewiß. Weiß der Himmel, woher es seinen „Eigensinn" bezieht. Erreicht man dieses Subjekt überhaupt als Lehrer?
Muß eine subjektorientierte Kunstpädagogik, selbst wenn sie zwischen alten Arbeitskulturen und neuen Funkulturen geschickt zu interpolieren wüßte, nicht daran scheitern, daß ihr Lernsubjekt auf eigene, kulturell vermittelte Weise zu einem ästhetischen geworden ist? Dieses vielfach aufgespaltene, hedonistisch aktive, spielerische, darin hochkompetente, in neuen Erlebniswelten surfende, sich darin momentan konstituierende Subjekt der Gegenwart - wo soll es sich noch situieren oder gar aussetzen lassen, wenn es das längst in den unterschiedlichsten Erfahrungsfeldern von selbst lustvoll tut? Kann man diesem Subjekt noch mit irgendeiner Sache, einer Situation kommen, die eine Konfrontation darstellt und zu einer aktiven und reflexiven Bewährung motiviert? Kann man ihm mit Kunst kommen? Selbst das ist fraglich: Einerseits erscheint da ein Spiegel aufgestellt, nachdem ein großer Teil der Gegenwartskunstgeschichte unter dem Rubrum multiple Identität geschrieben werden könnte. Andererseits weiß man nicht genau, ob Kunst der Aufrechterhaltung oder Aufstörung von Selbstkonzepten des Betrachtersubjekts dient, oder „ob die Kunst noch die Muster der Gesellschaft mitträgt oder ob sie diese konterkariert oder vielleicht nur ironisch hinterfragt".[16]

Kann man ihm mit „Realität kommen? Die Diffusion des Realitätsbegriffs im Zeitalter der elektronischen Medien hat dafür gesorgt, daß wir nun auch ein „multimediales Sein"[17] haben und zwischen Wahrnehmung einst für gegeben erachteter Realitäten und neuen Hyperrealitäten unterscheiden, das heißt zwischen ihnen leben müssen, womit sich die alte Frage nach dem Ort und der Situierung des Subjekts aufs Neue und vielleicht dringender als je stellt.
So mag es als zweifelhaft erscheinen, heute nach einem Modus der ästhetischen Situierung von Subjekten zu fragen, der in Resten einer „alten" kulturellen Wirklichkeit Anlaß zur Selbstkonstitution des Subjektbewußtseins auf Zeit werden soll, wie an ästhetischen Projekten beschrieben.
Wen kann das noch existentiell berühren, wenn es zutrifft, daß es verläßliche Positionierungen des wahrnehmenden Ich in e i n e m Raum der Erfahrung nicht mehr geben kann, ja daß letztlich ein fundamentaler Zustand der Ortlosigkeit akzeptiert werden muß? Von einer „Großbaustelle namens 'Ich', die Tag und Nacht in Betrieb ist"[18], von einem Vagabundieren zwischen sozialen, beruflichen, privaten,

medialen Erlebniswelten wird gesprochen, so daß die (Selbst-) Konstitution des Subjekts nur punktuell und transitorisch zu gelingen scheint. Multiples Ich, provisorisches Selbst, zerstreutes Subjekt? Dieses personale Etwas, das als Neutrum durch den theoretischen Diskurs geistert, muß eine Kunstpädagogik enttäuschen, die sich traditionsgemäß auf Wohltaten beruft, die sie diesem Etwas im Aufbau seiner selbst seit je hat generös zukommen lassen wollen.

Zugegeben, das vorliegende Material an Beispielen und Interpretationen könnte als Versuch gelesen werden, unter der Maske des Begriffs ästhetische Arbeit alte Hoffnungen zu perpetuierten, zugleich einen nicht mehr zeitgemäßen Subjektbegriff. Weshalb sollten sich junge Leute zum Beispiel körperlichen Strapazen unterziehen, wenn sie statt dessen das „elektronische Disembodyment“[19] in den Cyberspace-Welten dazu benutzen könnten, wechselnde, bewegliche, „leichte“ Identitätsentwürfe anstrengungslos zu entwickeln?

Abgesehen davon, daß dazu in der Regel noch die Ausstattung fehlt und die Utopie des Abhebens in körpertranszendierende virtuelle Erfahrungsräume gesellschaftlich noch nicht so beherrschend ist, wie ihre Protagonisten das fordern, ist mit dem greifbaren Ort und der körperlichen Situierung ein Erfahrungsfeld gegeben, in dem sich ein Lernsubjekt v o r ü b e r g e h e n d aufhalten und selbst definieren k a n n.

Dieser Aufenthalt läuft auf eine Bewährungsprobe, auf ein Intervall der Subjektkonstitution, auf eine inszenierte Gelegenheit zur Selbsterprobung hinaus, die sich in diesem Fall im Zusammenstoß mit der Härte eines Ausschnitts der gesellschaftlich-historisch bestimmten „alten“ Realität vollziehen kann. Der Zusammenstoß ist ein experimentelles Angebot. Welche anderen Möglichkeiten während dieser Zeit versäumt werden, bleibt dahingestellt. Immerhin existiert das Subjekt noch in der Hülle seines einen, sterblichen Körpers und in dieser Weise entschieden ungeteilt, und es kann, momentan, als solches wahrnehmen.

Das Modell ästhetische Arbeit ist e i n e Möglichkeit der Konfrontation mit Welt und sich selbst, wobei andere Möglichkeiten sich vermutlich sanfter und anstrengungsloser realisieren lassen. Ich wundere mich jedesmal, wie es Studierenden gelingt, zeitweilig für ein ästhetisches Projekt aus ihren gewohnten Erfahrungwelten auszusteigen. Seltsamerweise wird das Ansinnen einer Aussetzung an „harte“ Arbeit akzeptiert, ja freiwillig nachgefragt.

Man zieht sich für eine begrenzte Zeit auf einen Nebenschauplatz zurück, aber es ist einer jener Schauplätze oder Baustellen, auf denen ein bewußtes Dasein in der Gegenwart gelebt und vorübergehend auf eine im Studium oder im Privatleben nicht mehr anzutreffende, oft extrem anstrengende, althergebrachte Weise am Widerstand des Materiellen und an der Flüchtigkeit des Bewußtseins, ästhetisches Subjekt zu sein, gearbeitet werden kann.

Man darf vielleicht doch von einem Persönlichkeitskern ausgehen, in dem sich bestimmte Erfahrungen, Erinnerungen und Projektionen versammeln und der wie ein Gravitationszentrum das subjektive Wahrnehmen, Handeln, Denken und Wollen beeinflußt. Kein falscher, gutgemeinter Rettungsversuch also - es wird schlicht vorausgesetzt, daß es

das Subjekt noch gibt, daß es sogar zur Selbstanstrengung ansprechbar ist, daß es sich nicht bis zur totalen Unkenntlichkeit aufgelöst hat:
„Um heute weiterhin vom Ich sprechen zu können, müssen wir entweder neue Vorstellungen von der Vielheit und Komplexität des Ich entwickeln oder davon ausgehen, daß unter der Zerstreuung oder Dekonstruktion verschiedener Dimensionen des Ich ein Identitätskern zurückbleibt, der das Ich in und gegenüber der Welt aufrechterhält, der sich nicht aufspaltet, auflöst, dissoziiert.“[20]
Meine kunstpädagogische Praxis findet um dieses verdeckten, unsicheren Identitätskerns willen statt, der in der ästhetischen Arbeit dem Subjekt zu Bewußtsein kommen mag oder Auflösungs- und Veränderungsproben unterzogen wird.
Dafür wiederum sind jene Gegenwartskunstverfahren beispielhaft, in die das neue, vielgestaltige, transitorische Subjektbild eingewandert ist, um in den gesellschaftlichen Raum zurückgespiegelt zu werden. Cindy Shermans Spiel mit fiktiven Identitätsentwürfen ihrer eigenen Person beruht auf der reflexiven ästhetischen Beweglichkeit eines Künstlerinnen-Ich, ohne daß dieses projektiv und produktiv sich in Frage stellende ästhetische Subjekt tatsächlich sein Situierungsrecht gegenüber der Welt aufgeben oder seinen Identitätskern mutwillig auflösen würde, scheint doch das anstrengende Spiel gerade zu dessen Umschreibung oder Verhüllung getrieben. Wäre der Kern tätsächlich dekonstruiert, würde solche Irritationskunst als Gratwanderung zwischen konstruierten Identitäten und als experimentelles Selbstverwirrspiel oder als Verstörspiel mit dem Betrachter nicht stattfinden können. Angesichts der Fotoarbeiten und Installationen, in denen es sich manifestiert, kann niemand Cindy Sherman für ein Nicht-Subjekt halten. Vielmehr überzeugt ja gerade das Aussetzungsrisiko dieser Künstlerin, ihr Spiel bis an exzessive Grenzen zu treiben und immer als waches, ästhetisches Subjekt spürbar präsent zu bleiben. Sie treibt auf die Spitze, was in der didaktischen Theorie mit „Dividualität“ (Maset) beschrieben wird, aber sie ist in den praktischen Versuchen ihrer Selbstverwandlung immer unverwechselbar sie selbst im Spiel der Varianten ihrer Selbstbildentwürfe.
So besteht eine andere Möglichkeit der Selbstvergewisserung für das sich fraglich gewordene Subjekt in der Rezeption solcher Kunst als einem (Wieder-) Erkennen. Dem Selbstanstrengungsmodell des ästhetischen Projekts mit seinem Situierungsangebot in ästhetischen Erfahrungsfeldern außerhalb von Kunst ist daher ein Konfrontationsmodell mit der Reflexivität von Gegenwartskunst im Feld der Kunsterfahrung hinzuzufügen.
Aber mit welchem Recht? Welcher Jugendliche wird sich vorschreiben lassen, ob überhaupt und welche Kunst er anzuschauen hat? Es liegt doch näher, sich zu piercen oder seine Sinne auf digitalen Wahrnehmungskanälen geschmeidig zu halten.
Das Selbstanstrengungsangebot bietet Anreize zu Versuchen der Selbst-Situierung, die sich komplementär zu neuen Diversifikationen der Selbstwahrnehmung in den virtuellen Erfahrungswelten und den Erscheinungsweisen des Multikulturellen sowohl in seiner gesellschaftlichen Breite als auch in seiner generationsspezifischen Vielfalt verhält.

Nicht ausgeschlossen, daß dort die wirklich existentialästhetisch wichtigen Erfahrungsfreiräume und Subjektbaustellen liegen und jede Kunstpädagogik überflüssig ist, die auf der Grenze von Kunst und Lebenswirklichkeit zu operieren versucht.

Das kunstpädagogische Idealziel wäre dennoch ein zwischen allen Wahrnehmungswelten und Erfahrungsfeldern wanderndes ästhetisches Subjekt der Gegenwart, das souverän mit jeder Art von Situierungsmodus in den alten und neuen Wirklichkeiten spielt. Wenngleich mit Anspruch das heißt ohne Verzicht auf Selbstanstrengung und wachsam gegen Täuschung: Weder ist irgendein Matschen im Lehm eine Erkenntnisoffenbarung, noch ist „eine digitale Illusion am Bildschirm schon eine ästhetische Erfahrung“.[21]

Eher gilt der Grundsatz, daß dem Subjekt zuzumuten ist, selbst „Irritationen durch Wahrnehmung und Wahrnehmung durch Irritation zu erzeugen“.[22]

Vielleicht ist das der Restauftrag kunstpädagogischer Praxen in allen ihren postmodernen Tätigkeitsfeldern? Solange das auf jeder Ebene der Welt- und Selbstwahrnehmung ästhetisch sensible und bewußte Subjekt ein pädagogischer Traum ist, bieten Versuche, die an materialisierte Formen einer „älteren“ Seinsbegegnung gebunden sind wie das ästhetische Projekt, nicht nur einen Widerstand, an dem der Einzelne sich abarbeiten kann, um sich momentan zu definieren. Sie verbürgen auch ein subjektpädagogisches Grundprinzip der Selbstkonfrontation, das auf „neuere“ Formen der Seinsbegegnung übertragen werden könnte, wie sie sich zum Beispiel in der Kunst eines Bill Viola oder Bruce Nauman, aber auch in neuen interaktiven Medienkunstentwürfen niederschlagen. Subjekttheoretisch formuliert ginge es um „sowohl rezeptives Erleben als auch produktives Tun, sowohl In-sich-Aufnehmen als auch mitgehendes Rekonstruieren dessen, was erfahren wird - des Prozesses, in dem das erfahrende Subjekt sowohl selbst formt als auch geformt wird“.[23]

Dabei ist „die Differenz zwischen gegenwärtigem Ereignis und seinen Möglichkeitsformen, zwischen dem, was man ist und was man werden könnte, (...) der Motor einer Suche nach der Ästhetik der Existenz, die keine triviale Suche nach dem verlorenen Kern unseres Selbst meint“.[24] Grundsätzlich müßte das in materiell wie in virtuell instrumentierter ästhetischer Arbeit möglich sein.

Allen Diffusionserscheinungen des Subjekts als kulturellem Konstrukt und individueller Illusion zum Trotz gibt es immer noch Selbstbildentwürfe, ohne die wir nicht sinnorientiert leben könnten. Auch nach dem „Tode des Subjekts“ (vgl. Peter Bürger 1998) sind Selbstkonzepte nicht nur denkbar, sondern unverzichtbar: „Selbstkonzepte sind hochgradig idiosynkratisch und konstruktiv. Sie entstehen zwar notwendig in Interaktion mit der Umwelt und mit anderen (...), und ihr Aufbau ist geprägt durch soziale Klassifikationen und Wertungen. Aber sie sind gebunden an das Subjekt, das diese Konzepte konstruiert und sie sich zuschreibt. Konsistente Selbstkonzepte erlauben dem Subjekt konsistente Handlungsorientierungen und vermitteln das Erlebnis von personaler Kontinuität und Identität.“[25]

Das dürfte für das weibliche und das männliche Subjekt gleichermaßen gelten, bei aller Geschlech-

terdifferenz der konstruktiven Selbstkonzeptionierung. Subjektkunstpädagogische Praxis arbeitet daran mit und zieht daraus ihren Sinn, indem sie Wahrnehmungs- und Situierungsangebote macht.
Daß auch jenes Individuum, dem seine Auflösungserscheinungen wahrnehmbar geworden sind, ein ästhetisches das heißt ein gerade in seiner Fraglichkeit sich handelnd-erkennend-konstituierendes Subjekt ist, steht außer Frage. Damit steht auch außer Frage, daß kunstpädagogische Bescheidenheit nicht angesagt ist. Es gibt keinen Grund, sich auf unterrichtlich begrenzte Rationalitätskonzepte zurückzuziehen oder in das Interdisziplinäre einer allgemeinen ästhetischen Erziehung im Sinne einer Ertüchtigung für das praktische Leben auszuweichen. Brennpunkt kunstpädagogischen Interesses ist und bleibt das seiner selbst kaum habhaft werdende Subjekt auf der Suche nach einer, wenn auch nur momentan gültigen, Ästhetik seiner Existenz. An die Möglichkeit oder Unmöglichkeit der Einmischung in diesen Prozeß stellt sich zum Schluß die Frage nach der Existenzberechtigung des Lehrsubjekts auf der Suche nach dem Sinn s e i n e s Denkens und Handelns: Auch ich möchte und kann nur ein ästhetisches Subjekt sein, auf der aussichtslosen Suche nach mir selbst.

1 Vgl. Franz Erhard Walther, in: Susanne Richardt: Lesen. Franz Erhard Walther. Stirn statt Auge. Das Sprachwerk. Ostfildern-Ruit 1997, S. 108

2 Vgl. Gert Selle: Gebrauch der Sinne. Eine kunstpädagogische Praxis. Reinbek 1988, S. 101 ff.

3 Vgl. Gunter Otto: Ästhetische Rationalität. In: Wolfgang Zacharias (Hg.): Schöne Aussichten? Ästhetische Bildung in einer technisch-medialen Welt. Essen 1991 sowie ders.: Theorie für pädagogische Praxis. Antwort auf Gert Selle., in: Kunstdidaktischer Diskurs, a.a.O.

4 Vgl. Otto: Theorie für pädagogische Praxis, a.a.O.

5 Vgl. Otto: Ästhetische Rationalität. In: Wolfgang Zacharias (Hg.): Schöne Aussichten, a.a.O., S. 160

6 Vgl. Otto, a.a.O., S. 151

7 A.a.O., S. 160

8 Vgl. z. B.: Carl-Peter Buschkühle: Wärmezeit. Zur Kunst als Kunstpädagogik bei Joseph Beuys. Frankfurt am Main/Berlin/Bern/New York/Paris/Wien 1997, S. 362 f.
Vgl. auch Günther Regel: Die Welt von morgen und die Kunst. Herausforderungen für die Erneuerung von Schule und künstlerisch-ästhetischer Erziehung. Vortrag vor der Hauptversammlung des BDK in Güstrow am 17. März 1997. In: Frank Schulz (Hg.): Perspektiven der künstlerisch-ästhetischen Erziehung. Texte zum Leipziger Kolloquium 1996 anläßlich des 70. Geburtstages von Günther Regel. Velber 1996, S. 248 ff.
Vgl. auch: Künstlerisches Erleben ist nicht alles, aber es ist der Dreh- und Angelpunkt im Kunstprozeß. Ein Gespräch mit Günther Regel, geführt von Frank Schulz. In: Frank Schulz (Hg.), a.a.O., S. 261 ff.

9 Vgl. Edmund Kösel: Die Modellierung von Lernwelten. Ein Handbuch zur Subjektiven Didaktik. Elztal-Dallau 1995 [2]

10 Vgl. Niklas Luhmann: Die Kunst der Gesellschaft. Frankfurt am Main 1995, S. 28

11 Vgl. Otto: Theorie für pädagogische Praxis, a.a.O., S. 87

12 Gilles Deleuze: Woran erkennt man den Strukturalismus? Berlin 1992, S. 55

13 Jean Baudrillard: Videowelt und fraktales Subjekt. In: Aisthesis. Wahrnehmung heute oder Perspektiven einer anderen Ästhetik Hrsg. von Karlheinz Barck, Peter Gente, Heidi Paris, Stefan Richter. Leipzig 1990. S. 252

14 Pierangelo Maset: Ästhetische Bildung der Differenz: Kunst und Pädagogik im technischen Zeitalter. Stuttgart 1995, S. 56

15 A.a.O.

16 Dieter Ronte: Multiple Identity. In: Kat. Multiple Identity. Amerikanische Kunst 1975-1995 aus dem Whitney Museum of American Art. Ostfildern 1997, S. 25

17 Vgl. Peter Matussek: www.heavensgate.com - Virtuelles Leben zwischen Eskapismus und Ekstase. In: Paragrana 6, 1997, Heft 1, S.130

18 Vgl. Elisabeth von Thadden: Auf vielen Füßen leben. In: Kursbuch 121/1995 („Der Generationenbruch"), S. 30

19 Matussek, a.a.O., S. 142

20 Volker Adolphs: Das Ich und der Körper. Zur Konstruktion des Subjekts in der amerikanischen Kunst seit 1975. In: Kat. Multiple Identity, a.a.O., S. 39

21 Konrad Paul Liessmann: Von Tomi nach Moor. In: Kursbuch 122/1995 („Die Zukunft der Moderne"), S. 29

22 A.a.O.

23 Richard Shusterman: Kunst leben. Die Ästhetik des Pragmatismus. Frankfurt am Main 1994, S. 56

24 Doris Schumacher-Chilla: Ästhetische Sozialisation und Erziehung. Zur Kritik an der Reduktion von Sinnlichkeit. Berlin 1995, S. 109

25 Siegfried J. Schmidt: Kognitive Autonomie und soziale Orientierung. Konstruktivistische Bemerkungen zum Zusammenhang von Kognition, Kommunikation, Medien und Kultur. Frankfurt am Main 1996 [2], S. 316

6

DIE ANDERE KONFRONTATION

Nathalie und Nariman entdecken Kunst

Sich situieren lassen

Der Stein schweigt

Persönlicher Nachtrag

Gegen Vermittlung und Sinnzwang

Norbert Weiser

Nathalie und Nariman entdecken Kunst

Die Gruppe ist sehr klein; die Kinder beschließen, zusammenzubleiben. Wir gehen langsam durch die Ausstellung, die auf mehrere Räume verteilt vorwiegend Installationen zeigt. An einigen Stellen entwickeln sich Gespräche. Ausgetauscht werden Beobachtungen, Mitteilungen über Empfindungen, Spontaninterpretationen. Wir gehen sehr langsam. In einigen Räumen verweilen wir, schweigend, minutenlang, jeder für sich mit dem beschäftigt, was ist.

Wir sind schon seit eineinhalb Stunden in der Ausstellung, als wir den letzten der Räume betreten. Dieser Raum beherbergt die Installation „Products of Chohreh Feyzdjou" der in Paris lebenden jüdisch-iranischen Künstlerin Chohreh Feyzdjou. Von der Tür in den Raum blickend sieht man sich einem bis an die Decke reichenden, aus Baugerüstelementen zusammengesetzten Gestell gegenüber, das dicht über dicht unterschiedlich große, voluminöse Rollen trägt. Ihr Farbton ist grauschwarz mit bräunlichen Farbnuancen. Diese Rollen tragen das graphische und malerische Werk der Künstlerin seit 1966, durch schwarze, teilweise opak, teilweise lasierend aufgetragenen Farbe zu einem ästhetischen Ganzen zusammengefaßt. Die Einzelbilder, die Feyzdjou auf Bahnen montiert und dann gerollt hat, sind nur noch undeutlich an den Rändern unter der alles vereinheitlichenden schwarzen Übermalung auszumachen. Den Raum betretend erkennt man, daß sich diese Stellage mit den übereinandermontierten Rollen mehrfach hintereinander wiederholt, gefolgt von ebenfalls aus Gerüstteilen sowie schmutziggrauen Baubohlen bestehenden hohen, in ihrer Rohheit wie provisorisch aufgestellt wirkenden Regalen. Auf ihnen stehen Einmachgläser, Stiegen und Holzkisten.
Sowohl die Gläser, als auch die Stiegen und Kisten sind gefüllt mit schwärzlichen Objekten in undefinierbaren Formen. Gleich längst vergessenen Präparaten lagern sie einzeln oder zu zweit in von Fingerspuren beschmutzten Gläsern, rätselhaft, unheimlich, gemahnen an Sammlungen konservierter, im Laufe der Zeit durch Trocknung geschrumpfter und verfärbter Embryonen oder lassen an ungewisse Zutaten heimlich betriebener magischer Praktiken denken. Von gleicher Qualität sind die Objekte in den Kisten und Stiegen, nur handelt es sich bei diesen um seriell auftretende, sich in Form, Größe und Machart einander ähnelnde 'Dinge'. Das Material dieser Objekte ist mit schwarzem Pigment gefärbtes Wachs, in das Haare, Federn, Stoffreste, Zeichenstifte eingearbeitet sind, teilweise umwickelt mit Draht, Wolle und Schnur.
Jede Kiste, jedes Glas, jede Rolle trägt den Aufkleber „Product of Chohreh Feyzdjou", alles ist durchnummeriert, inventarisiert und erscheint in einer draußen im Flur neben der Tür angebrachten Liste, die dem Bestellkatalog eines Spezialgeschäfts technischer Ersatzteile ähnelt. Über dem Fenster schwarz gefärbte Bilder, dicht nebeneinander wie zum Trocknen aufgehängt. An der Wand sind Kartons bis kurz unter die Decke gestapelt, an der gegenüberliegenden Seite des Raumes stehen Bilderrollen, wie die auf den Gestellen an die Wand gelehnt. In einer Ecke stehen die Keilrahmen der Bil-

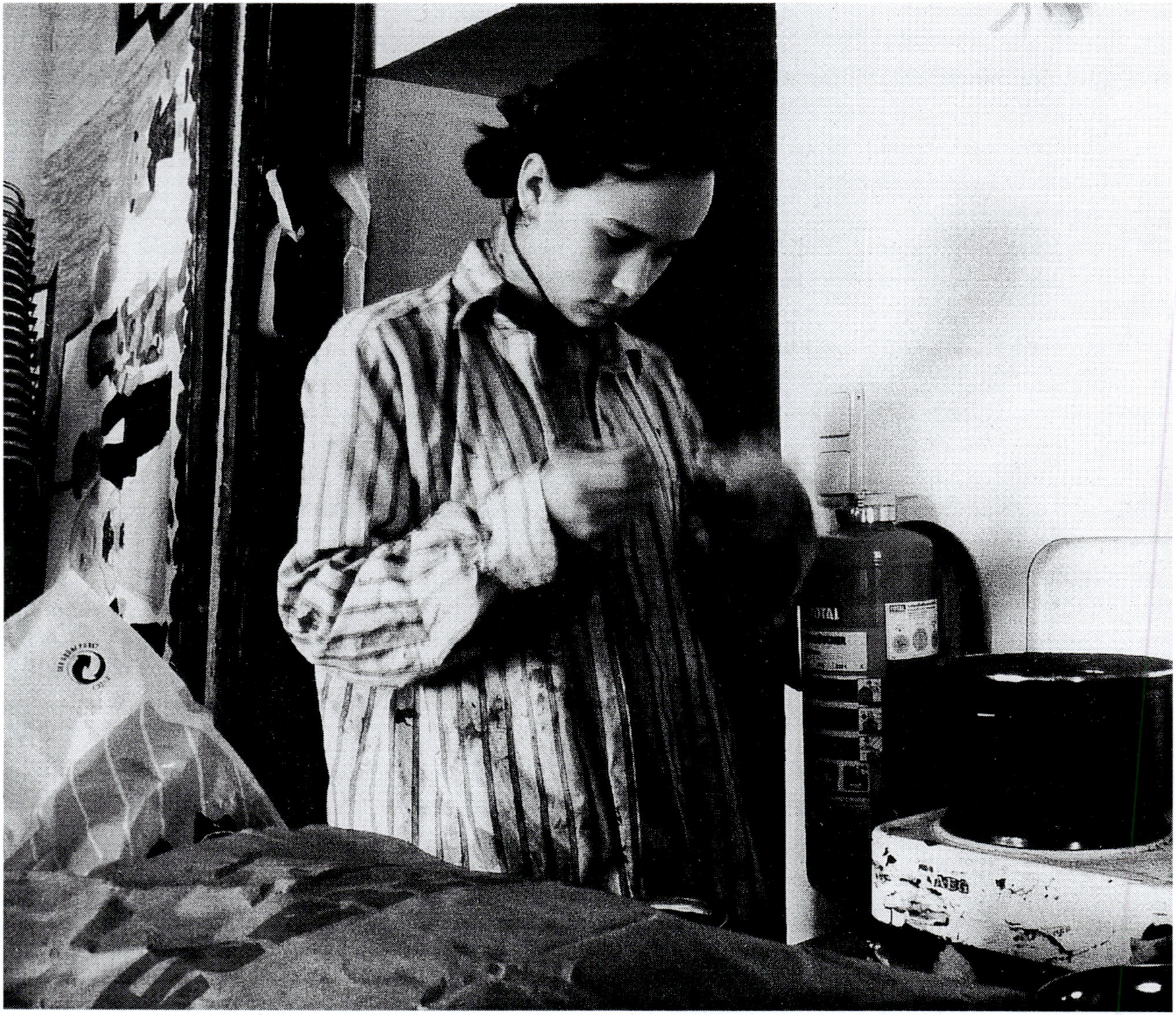

der, die inzwischen zu Bahnen zusammengenäht und aufgerollt in die Stellagen gewandert sind. Die Bilder in ihrer materiellen Gesamtheit sind weiter vorhanden, in Einzelteile zerlegt. Nichts geht verloren. Selbst die Töpfe, Pfannen und Werkzeuge, die Feyzdjou bei der Produktion ihrer Kunst verwendet, haben Einzug gefunden in den Raum. In einer Ecke neben der Tür haben sie ihren Platz neben einem Waschbecken an der Wand.
Ein Lagerraum? Ein Bazar? Eine Alchimistenküche? Die seit Jahren verlassene Werkstatt eines Handwerkers?

In diesem beim ersten Sehen schwer einzuordnenden Raum trifft Nathalie nach neunzig Minuten intensiven Kunst-Ansehens diese Kunst tief.

Sie bleibt am Eingang stehen, verharrt. Sie tritt ein, geht zwei, drei Schitte, verharrt. Sie betrachtet die hohe, die Sicht in den Raum versperrende Stellage mit den Bildrollen. Es dauert eine Serie ruhiger, konzentrierter, schweigend kreisender Blicke. Dann tritt sie ein 'in' die Installation, umkreist die Regale, sehr bewegt anfangs und mit ständigem Platzwechsel. Sie geht alle gehbaren Wege, die der Raum bietet. Sie wechselt Perspektiven, nähert sich den Dingen im Raum bis auf wenige Zentimeter, nimmt Abstand, läßt Blicke aufwärts und abwärts schweifen. Zeitweise ist sie meinen Blicken entzogen. Nach einer Weile, die diesmal länger währte als die Dauer der Blicke beim Betreten des Raumes, sehe ich sie schreiten. Ich wähle den Begriff mit Bedacht. In langsamem gleichmäßigen Fluß sich bewegend erscheint sie mir, als sähe sie mit gierigen Blicken jedes Glas, in jeder Kiste.
Ich hatte hier anfangs 'saugende' Blicke geschrieben, aber seit ich auf Bodo Kirchhoffs Bild-Seh-Beschreibung gestoßen bin, ist saugend eindeutig besetzt durch das saugende Blau. Das Wort ist verbraucht. Aber weder saugend noch gierig scheint mir geeignet, die Intensität der Blicke zu beschreiben, die Nathalie jetzt umherwirft. Ich kann dieses Bild wieder aufleben lassen, sie sehend umherlaufen sehen. Doch ich stoße auf eine sprachliche Barriere. Es liegt etwas in Nathalies Blick, das sich der Beschreibung entzieht.
Sie ist ganz für sich, schweigt, hat jeden Kontakt zu mir und den anderen aufgegeben. Das, was an den Wänden des Raumes aufgestellt ist, nimmt sie es wahr? Ich sehe sie so: Ihre Konzentration gilt dem Zentrum, den übereinanderhängenden Rollen, den Gläsern, den Stiegen und Kisten und deren Inhalten.
Nach einer Weile des Versunkenseins im Betrachten kommt sie und läßt sich Papier und Bleistift geben. Sie fertigt drei Zeichnungen an an diesem Nachmittag, dann zwingt mich die vorgerückte Zeit, sie aus ihrem Dialog mit dem Kunstwerk herauszureißen. Widerstrebend verläßt sie den Raum. Auf dem Rückweg fragt sie, ob wir in der folgenden Woche noch einmal in dieser Ausstellung gehen könnten. Sie selbst wolle dann nur in den Raum Feyzdjou, möchte weiterzeichnen. (...)

These: Wenn Nathalie sich eine Wiederholung der Begegnung mit dem Kunstwerk wünscht, geht es ihr vordringlich nicht um Zeichnen. Das Zeichnen ist eine ihr bekannte, erprobte Form des Sich-Einverleibens eines Kunstwerks, ein Aneignungsritual. (...)

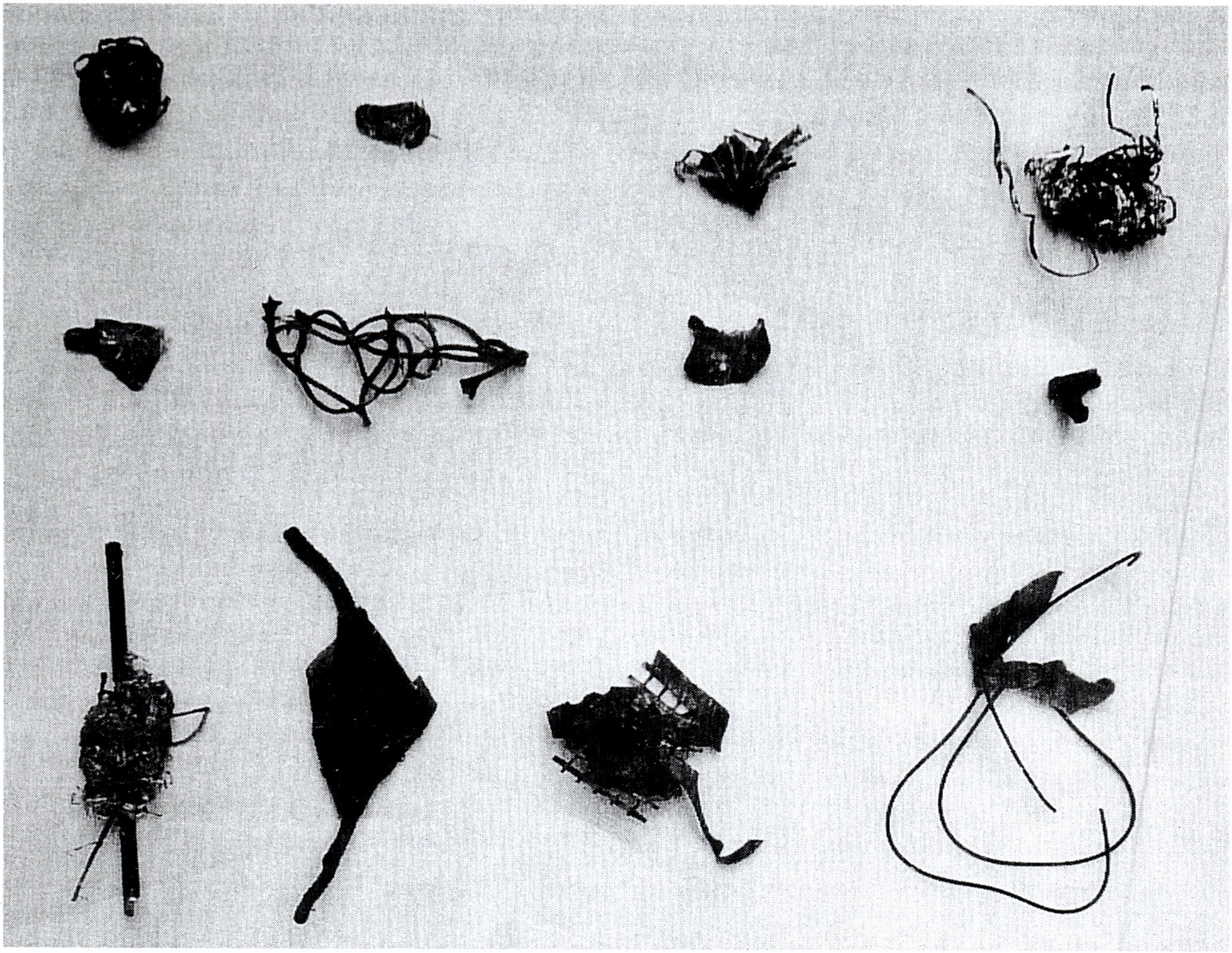

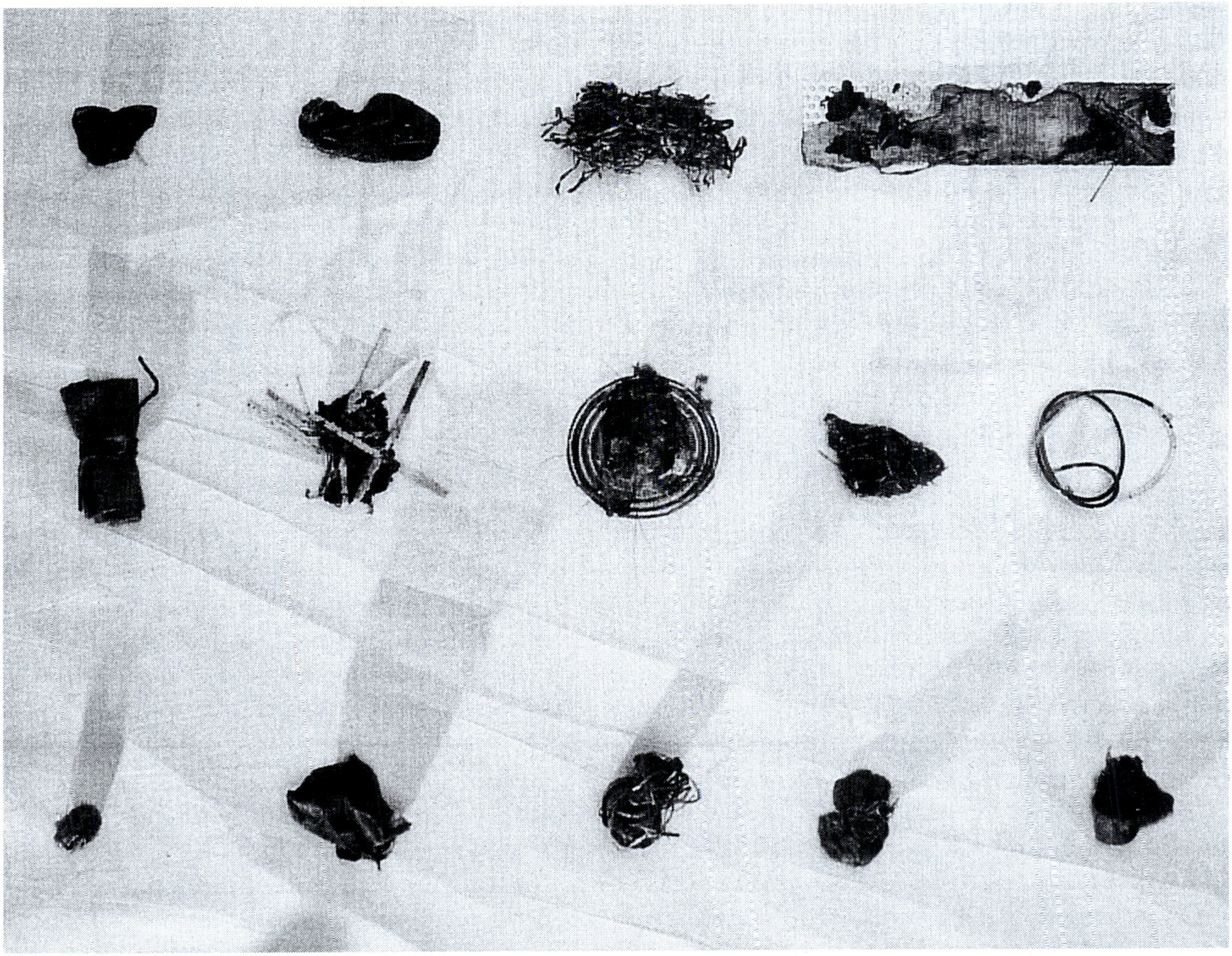

Sie sieht, daß ich mir Kataloge zur Arbeit Feyzdjous kaufe, aber diese interessieren sie nicht. Sie weiß, was sie will, und sie weiß, wo sie es findet. Nur dort, im Angesicht der realen, 'leibhaftigen' Kunst ist es zu haben, dorthin muß sie zurück. Was sie dort findet, hat mit ihr selbst zu tun, gleich, ob sie es benennen kann oder nicht.
Vor der Arbeit Feyzdjous geschah etwas mit Nathalie. Was hat sie entdeckt? Etwas von sich? Welche inneren Grenzen hat sie durchstoßen, welcher Raum hat sich ihr eröffnet? Das bleibt eine offene Frage. Ich weiß nur: In der Schule arbeitete Nathalie in der Zeit vor dem Ausstellungsbesuch im Kunstunterricht und an Nachmittagen an einem Bild, welchem eine für ihr Alter ungewöhnliche Naivität der Darstellung eigen war. Nach der Begegnung mit Feyzdjous 'Products'-Installation gab sie die Arbeit an diesem Bild auf. Sie könne nicht mehr daran weiterarbeiten, sagte sie. Zwei Wochen danach begann sie mit der Herstellung einer Serie von Objekten, die der Arbeit Feyzdjous ähnelten. Nach und nach entfernte sie sich vom Vorbild, ihre Arbeit verselbständigte sich.

Während Nathalie in ihrem persönlich-privaten Dialog mit der Kunst Feyzdjous versinkt, unterhalte ich mich mit Nariman. Unser Gespräch streift die Frage, welche Erwartungen der Gedanke „Heute gehe ich in eine Ausstellung" bei ihm auslöst. Was ihm gefalle, sagt Nariman, seien die Überraschungen. Nie wisse er, was ihn erwarte. Hier z. B. sei alles schwarz. Bei Kunst denke er zuerst an vielfarbige Bilder, ganz anders als das, was er hier sehe, diese „schwarze Kunst".
Ich weiß nicht, ob Nathalie diesem Gespräch zugehört hat. Sie betitelt ihre drei an diesem Tag gezeichneten Blätter mit 'Schwarze Kunst'. Weder sie noch Nariman wissen anscheinend, daß dieser Begriff auf Magie und Zauberei verweist.

Häute - das ist Narimans erste Assoziation zur Arbeit Feyzdjous. Er sehe Häute, Menschenhäute, denke an Nazis und Konzentrationslager. Das ist seine erste Mitteilung. Es sind die über dem Fenster hängenden, Rücken an Rücken gegeneinandergeleimten übermalten Leinwände, die diese Assoziation aufblitzen lassen. Es gelingt ihm leicht, sich von diesem Bild des Grauens wieder zu lösen.

Nun betrachtet er das Werk eher mit intellektuellem Humor. In den Produkten Feyzdjous sieht er Dinge des täglichen Gebrauchs, merkt, daß er eigene innere Bilder auf das Werk der Künstlerin projeziert. Belustigt über sich selbst und über diese Kunst stellt er deren als-ob-Charakter fest, weidet sich daran, in die Einzelobjekte der Installation nutzbare, bekannte Gegenstände hineinzulesen. Für ihn wird der Raum zu einem Bazar, einem magischen allerdings, einem Vexierbild gleich, in dem jedes Ding jeden Moment eine anderen Bedeutung bekommen kann. Wach und gespannt steht er da, in humorvoller Distanz zu sich selbst und der Kunst, die ihn zu diesem Spiel mit sich und den eigenen Assoziationen anregt.
Ist ihm die magische Dimension des Begriffs 'Schwarze Kunst' tatsächlich völlig unbekannt?

Zu dieser spielerischen Weise, die Arbeit Feyzdjous zu sehen, gesellt sich eine andere Beziehungsebene. In dieser wird die Distanz plötzlich aufgehoben. Nähe zur Arbeit Feyzdjous entsteht. Es ist aber eine Nähe, die aus dem Wissen kommt, nicht aus dem Sehen, dem Betrachten, der sinnlichen Wahrnehmung. Während wir uns unterhalten, lasse ich die Bemerkung fallen, Chohreh Feyzdjou sei in Teheran geboren. Ausgerüstet mit diesem Wissen beginnt er, sich intensiv mit der Installation im Raum zu beschäftigen.

Auch Narimans Familie stammt aus dem Iran. Sein Vater mußte aus politischen Gründen das Land verlassen. Die plötzliche Sicht auf die gemeinsame kulturelle Wurzel elektrisiert Nariman. Er fragt mich, ob ich es schlimm fände, wenn er aus einer der Kisten mit den seriell hergestellten Objekten eines stehlen würde. Es fiele nicht auf, sicher seien sie nicht gezählt. Mir fällt der alte jüdische Brauch ein, den Toten einen Kiesel des heimatlichen Dorfs mit an das Grab zu bringen. Steckt nicht auch in dem Wunsch, sich eines der Objekte zu bemächtigen, der Wunsch, sich seiner Heimat zu versichern?
Er läßt sich stattdessen jetzt auch ein Blatt geben, skizziert und schreibt einige Zeilen dazu.
Er erledigt dies rasch. Anscheinend drängt sich ihm während des Zeichnens und Schreibens eine Idee auf. Seine Mutter habe ihm einmal erzählt, die Perser besaßen früher eine Schrift, in der unterschiedliche Augenstellungen und -farben als Zeichen für Wörter oder Buchstaben benutzt wurden. Wäre er Künstler, würde er ein Augenalphabet entwickeln und damit wichtige Sätze aufschreiben.

Die Tatsache, daß auch die Künstlerin der Heimat seiner Familie entstammt, berührt Heimatsehnsüchte, weckt in ihm die Erinnerung an die Schilderung kultureller Tradition seitens der Mutter. So wird auch für ihn die Begegnung mit der Arbeit Feyzdjous zur Begegnung mit sich selbst, jedoch weniger über das Sehen von Kunst als durch das Wissen „Sie ist Perserin ....“. Das bringt ihm die Kunst auf eine seltsame Weise nahe, so nahe, daß er sie - zumindest als Teil davon - mitnehmen möchte. Sein erster Impuls nach meinem Bericht über die Herkunft Feyzdjous geht in Richtung Besitzen-Wollen. Da wird nichts symbolisch vermittelt, der Impuls, sich die Sache anzueignen, wird ganz konkret praktisch gedacht.
Der phantasierte Diebstahl unterbleibt. Daher verfährt Nariman nun wie Nathalie, eignet sich die Kunst zeichnend und schreibend symbolisch an. Während des Prozesses dieser Aneignung jedoch findet ein zweiter, paralleler Prozeß statt. In diesem dreht sich das Denken um die eigene kulturelle Identität und gipfelt in der Frage, wie er, Nariman, diese Identität zum Ausdruck bringen könnte. Der künstlerischen Arbeit Feyzdjous stellt er die Idee einer eigenen Arbeit entgegen: das Augenalphabet.[1]

Sich situieren lassen

Soweit Norbert Weisers Bericht. Nariman hat sein Augenalphabet realisiert. Aber wichtiger ist hier, was ihm im Raum mit den Objekten der Künstlerin durch den Sinn gegangen ist und wie er, wahrnehmend und reflektierend, seiner Herkunft und kulturellen Identität innewerdend, als Subjekt erkennbar wird. Dies geschieht nach einer für uns nachvollziehbaren plötzlichen Konfrontation mit der Herkunft der Künstlerin, die ihn biographisch betrifft. Bei Nathalie handelt es sich offenbar auch um eine Konfrontation von nachhaltiger Wirkung. Nur weiß selbst der ihre Reaktionen aufzeichnende Kunstpädagoge nicht, worauf sie zurückzuführen ist.

Die Aussetzung an Wirklichkeitserfahrung ist eine Bewährungsprobe des ästhetischen Subjekts. Aber auch die Konfrontation mit Kunst ist eine Möglichkeit der bewußten Situierung oder des Situiertwerdens. Die Belastungserfahrung muß nicht geringer sein. Auch vor einem Kunstwerk kann der Boden unter den Füßen schwanken, kann sich eine Wärmewelle des Glücks im Körper ausbreiten, können sich Empfindungen der Bestürzung und Verwirrung oder der Sicherheit und Klarheit einstellen.
Es kann eine Geschichte zwischen Werk und Betrachter, Betrachter und Werk beginnen, die in ihrer sich verzweigenden, in Tiefenschichten der Person eindringenden Ereignishaftigkeit von rezeptionsästhetischen Überlegungen nur zum Teil erfaßt wird. Daß der Betrachter im Werk mitgedacht und latent mitanwesend ist, beschreibt das prozessuale Geschehen nur sehr neutral und allgemein. Man muß eher von einer Verwicklung oder von einer Beziehung sprechen. Ein Werk „spricht mich an, dergestalt, daß es einen Anspruch stellt; es gefällt nicht einfach, sondern es ist, als müßten wir uns von ihm etwas gefallen lassen“.[2]
Auch das Werk muß sich vom Betrachter etwas gefallen lassen: eine Erwartung, eine Hoffnung, eine womöglich „falsche“ Sinnunterstellung oder eine rücksichtslose Art der Aneignung (siehe Narimans spontanen Einfall, ein Objekt zu stehlen).
Viele Werke vor allem der Gegenwartskunst kommen durch Sinnoffenheit und Vieldeutigkeit dem Besetzungsinteresse des Betrachters entgegen. Die Bandbreite solcher Werkeigenschaften reicht von „überlegt placierten Unbestimmtheiten bis hin zu einer geradezu hoffnungslosen Interpretationsbedürftigkeit von ‘fertigen’ Werken“.[3]

Sich Werken von dunklem Sinn auszusetzen, ist eine Selbstbewährungsprobe spezieller Art. Da muß der Betrachter selbst für Sinn sorgen, er muß am Werk, an der eigenen Erfahrungsgeschichte und an seinem Vorstellungs- und Sinnprojektionsvermögen arbeiten, um das „sinnlose“ Werk und sich selber davor überhaupt aushalten zu können.
Es ist eine kunstpädagogische, genauer eine autodidaktische Grundsituation: Das Werk ist dem Betrachter ausgesetzt, der Betrachter dem Werk. In diesem Verhältnis sind beide ausgestellt, wenn es sich in der Öffentlichkeit zeigt. Dann kann man das Werk und den Betrachter am Werk arbeitend ausgestellt sehen. Es ist eine aufschlußreiche Erfah-

rung, im Museum gelegentlich mehr die Betrachter und weniger die ausgestellten Kunstobjekte zu beobachten oder beide als ausgestellte Einheit zu betrachten.

Freilich bleibt das Geschehen in der Regel stumm, man kann keine Gedanken oder Imaginationen lesen. Was man sieht, sind Kräuselungen psychischer Reaktionen auf der Verhaltensoberfläche wahrnehmend-handelnder Personen vor einem Werk. Die subjektbiographischen Verarbeitungsfolgen des Zusammenpralls von Subjekt und Objekt bleiben Privatgeheimnis des Betrachters selbst dort, wo sich die Verarbeitungsgeschichte der Wahrnehmung in Bildproduktionen oder Texten manifestieren.

Nathalie hat erst gezeichnet, später eine umfangreiche Objektproduktion aufgenommen. Selbst wenn wir sie wie Norbert Weiser sehr genau beobachten und dazu noch Tiefeninterviews mit einer derart faszinierten jungen Kunstbetrachterin führen würden, wüßten wir immer noch nicht, was mit ihr geschehen ist und welche Konsequenzen sie für ihre Biographie aus dem Konfrontationserlebnis gezogen hat.

Immerhin sprechen Indizien für eine das Bewußtsein verändernde Berührtheit durch das wahrgenommene Werk. Hier hat eine als gelungen zu bezeichnende Selbstsituierung vor dem Werk stattgefunden oder eine Erfahrung des Situiertwerdens durch das Werk. In einer abgeschwächten, marginalen Form erlauben auch schuladäquat hergerichtete Konzepte der Gegenüberstellung von Betrachter und Werk eine subjektive Situierung in der Phase der Bildung individueller Percepte.[4] Es ist für nahezu jeden Betrachter, der sich Kunstwerken nicht mit einem professionellen Diskurs- und Erkenntnisinteresse nähert, jedoch von unvergleichlichem Wert, sich in der Aussetzung an ein Werk orientieren oder desorientieren („erheben“, „erschüttern“ usw.) zu lassen, wobei das Erkenntnisinteresse ein ganz anderes sein kann, als Pädagogen, Kunstwissenschaftler oder Kritiker voraussetzen.

Es ist die obsessive Neugier auf sich selbst und auf das Werk, auf das persönliche Verhältnis, auf die Liebesgeschichte, die sich ereignen kann. Der gesuchte Zustand des Beglückt- oder Verstörtseins führt über jeden Hedonismus und alle bildungsbeflissenen Teilhabebedürfnisse hinaus zu der geahnten Möglichkeit eines Selbstkonzepts in der Wahrnehmung von Kunst.

Subjektkunstpädagogisch sind vor allem diese dem objektivierenden pädagogischen Denken verdächtigen, unqualifizierbaren, „wilden“ Wünsche und Beziehungen von Belang, also genau jene Komponenten im Kunsterfahrungsprozeß, die sich einer Didaktisierung entziehen oder dadurch zerstört werden. So sind es vor allem die Schwarzfahrer im kunstpädagogischen Geleitzug, die ihren Profit im unbemerkten Abseits machen, sofern sie nicht ertappt und zum „ordentlichen“ Lernen ermahnt werden. In diesem Fall betreiben sie ihre eigene Wahrnehmung sogar noch unter dem Mantel angepaßt geheuchelten Interesses an der pädagogisch empfohlenen Methode, indem sie unter dieser Tarnung ihren Träumen und Berührungsphantasien nachgehen. Vielleicht ist das auch im Zeichnen möglich, wie bei Nathalie.

Das Subjekt muß Unzucht mit dem Werk treiben, dieses das Subjekt in jeder Weise frustrieren oder fordern dürfen. Daraus ergibt sich eine optimale Ausgangsposition für Situierungsgeschichten. Alter oder Bildungsstatus spielen eine untergeordnete Rolle. Als erfahrener Kunstpädagoge hat man in dieser Hinsicht das Wundern verlernt.

Der existentialästhetische Bezug des Kunsterlebens enthebt die Beteiligten jeder Rücksicht auf pädagogische Konventionen: Wenn jemand vor einem Werk zu stöhnen, zu weinen, zu lachen oder zu tanzen beginnt, wirkt das peinlich oder verrückt. Im Kino übrigens wäre das (bis aufs Tanzen) erlaubt. Im Unterricht würden die Grenzen der Schicklichkeit schon durch ein in sich versunkenes Schweigen überschritten.

Wie rasch ist das Leichentuch stumpfsinnigen Geredes über jedes vielleicht beginnende Ereignis des Berührtseins gebreitet: Kunstunterricht wird zur Verhütungsmaßnahme.

Der Schock einer ästhetischen Epiphanie, die transrationale Abgehobenheitserfahrung vor einem Werk, die schmerzliche Plötzlichkeit der Bewußtseinshelle, jener andere Zustand des Daseinsgefühls für den Augenblick einer gelingenden Situierungsgeschichte oder einfach nur die sichere Überzeugung, Ich zu sein gegenüber einem Werk, das dieses Selbstbewußtsein herausfordert - diese für ein Leben so wichtigen und nachhaltigen Erfahrungen wären das einzig lohnende „Lernziel", das so genannt werden dürfte. Und es wäre in jedem Fall ein Ziel, das sich das wahrnehmende Subjekt setzt, indem es sich selbst darin realisiert. Will man dabei nicht alles dem Zufall überlassen, können immerhin Grundvoraussetzungen für eine Situierung, die als innere nicht pädagogisch inszenierbar ist, geschaffen werden. Sie zielen ausnahmslos auf sehr einfache und klare äußere Bedingungen: So altmodisch das im Zeitalter der Virtualität klingt, es kommt auf die doppelte Präsenz des anwesenden Subjekts und des im Raum anwesenden Originalobjekts an, auf einen realen sinnlichen Begegnungs- und Erfahrungsraum und auf eine in die Zeit eines langen Wahrnehmungsprozesses gedehnte, ungestörte Freiheit betrachtenden Gegenübergestelltseins.

Die Grundvoraussetzungen der räumlichen Realpräsenz von Werk und Subjekt mag entfallen, sobald die interaktiven elektronischen Künste den User eines Programms zum Mitkünstler machen und eine Situierung nur im Raum eines virtuellen Beteiligtseins gelingen kann. Eine zeitliche Begrenzung wird es selbst dann nicht geben. Das wahrnehmende Subjekt wird immer zeitlich präsent sein. Wir erleben das in Übergangsformen zum Immateriellen: In einem Farbraum von James Turell ist man einem stofflosen Phänomen ausgesetzt, dem Licht, das langsam „erscheint". In den Video-Environments von Bill Viola sind es flüchtige Bilderschatten und Geräuschattacken, die das im Realraum befindliche Betrachtersubjekt überfallen. Da gibt es nichts mehr anzufassen, wohl aber eine Aussetzung an Sinnesreize von körperlich spürbarer Gewalt.

Auch diese Räume muß man real begehen, das Geschehen (und sich) darin aushalten. Man kann sie nicht in einer Dia-Projektion oder als Overhead-Folie, einer kunstpädagogischen Fachzeitschrift entnommen, und auch nicht über einen Video-Monitor

reproduziert erfahren. Schon der Gedanke wäre absurd. Gefordert ist die reale Konfrontation.
Die Methode der Einschließung habe ich anderenorts beschrieben.[5] Eine Studentin hat die Übung jüngst für sich allein im Selbstexperiment in einem Raum von Rebecca Horn erprobt.[6] Ein anderes Verfahren ist die regelmäßige Wiederkehr vor ein Werk.

Der Stein schweigt

Mit 20 Studierenden im Neuen Museum Weserburg in Bremen. Alle haben ein ganzes Semester Zeit, sich einem einzigen Werk eigener Wahl auszusetzen. Es ist vereinbart, in den ersten Wochen keinerlei Kommentarliteratur beizuziehen. Die Annäherung soll zunächst ohne jede fremde Hilfe durch Sehen, Schreiben, Denken, Zeichnen, Foto- und Videografieren etc. erfolgen: Du triffst eine persönliche Wahl. Bei diesem Objekt bleibst Du, ihm setzt Du Dich aus. Du bist ganz auf Dich gestellt. Du erfindest Deine Methode der reflektierenden Annäherung. Du beginnst eine Geschichte mit dem Werk oder läßt zu, daß das Werk mit Dir eine Geschichte anfängt. Erst am Ende des Semesters vermittelst Du der Gruppe Deinen Weg und wohin er Dich geführt hat.

Michaela Griffel hat sich eine der spröden, verschlossenen Steinskulpturen von Ulrich Rückriem ausgesucht - eine flache, in drei Stufen treppenförmig ansteigende, reliefartige, schwere Platte, in einer Durchgangszone auf dem Boden plaziert.
Weiß der Himmel, wie sie gerade auf dieses eher unauffällig gelagerte Stück gekommen ist. Ein Objekt zum Zähneausbeißen.

Titel: Dolomit (Anröchte/Westfalen), gespalten und geschnitten, 1984.

In ihren Texten gibt es eine kurze biographische Notiz zu Steinen. Zur Entdeckung der Rückriem-Skulptur einen einzigen Satz: „Ich betrat das Museum und wurde vom Stein angehalten.“ [7]
Irgendwann kennt sie diese Skulptur auswendig, kann sie sich jederzeit erinnernd vorstellen, und kommt doch nicht davon los. Sie beobachtet sich in den Wahrnehmungsversuchen, die am Stein abprallen.
Jede Woche begegnet sie der getreppten, schweren Platte mit grau-grüner, fast organisch wirkender Haut an den Bruchkanten und den von der Steinsäge geglätteten, planen Oberflächen. Das Objekt zeigt sich jedesmal als dieses dreifach geschnittene Materialvolumen in der durch den Künstler und die Steinbrucharbeiter bestimmten Form des Hingelagertseins. Michaela Griffel zeichnet den Stein, sie fotografiert ihn. Sie verfaßt einen sehr genau die Struktur, die vermutete Herstellungsweise, die Erscheinung der Skulptur beschreibenden Text.
Sie läßt ihre Betrachtungen in sprachlich assoziative Formen auswuchern. Sie hält irgendwann andere an,

den Stein zu betrachen und auch etwas über ihn zu schreiben. Sie räsonniert über Sprache als Medium ihrer zu Bewußtsein gelangenden Wahrnehmungen. Da in der Weserburg Berührungsverbot herrscht, möchte sie, daß ihre Sprache die Skulptur berührt. Sie will gleichzeitig, daß der Prozeß ihrer Wahrnehmung „sprachlich überdacht, reflektiert und erinnert werden kann".[8]

Sie stellt fest, daß ihre Haltung als Betrachterin gegenüber dem Objekt nicht der Willkür überlassen bleibt. Die Skulptur ermögliche ihr sprachgebundenes Assoziieren und schränke dessen Breite gleichzeitig ein. Sie denkt über ihren Beschreibungsversuch nach:

„Nehme ich an der Steinskulptur nur das wahr, was beschreibende Sprache mir bietet, wird der Stein langweilig. Ich würde mich fragen, was dieses Objekt mit mir zu tun haben könnte und würde mir eine Antwort schuldig bleiben. Die Sprache hält mich von der Skulptur auf Distanz."[9]

Sie zieht kunsthistorische Texte über Ulrich Rückriem bei, qualifiziert den Bezug dieser Texte zu den Werken als „formal", „ohne innere Regung":

„Zweifellos liegt der Sinn von Kunstwerken auch in dem, was man über sie weiß oder wissen kann, aber das ist eben noch nicht alles. Im Wahrnehmungsprozeß gesellt sich zur Präsenz des Objekts immer auch die Gegenwart des Betrachters. Die Situation wiederum ist bestimmt durch die Situation, in der er wahrnimmt. Sie ist dialogisch in bezug zum Objekt und mehrschichtig in ihrer Bedeutung, sie ist nie dieselbe: Sie wechselt mit der jeweiligen situativen Befindlichkeit des Rezipienten, mit seinen Vorlieben, seinen Erfahrungsvorräten im Umgang mit Kunst und mit der Welt."[10] Immer häufiger äußert sie sich zu ihrem Verstummen vor dem Stein: "Nachdem ich einige weitere Male die Skulptur besucht hatte, bemerkte ich, daß mich eine Art Sprachlosigkeit beschlich, die etwas mit der begrifflichen Erschöpfung meiner Wahrnehmung zu tun gehabt hat, die sich, solange ich keine alternative Wahrnehmung als die der begrifflichen Annäherung fand, in der Anschauung zu entleeren schien."[11]

Sie entdeckt - zweifelnd - das Schweigen als Sprache: „Die Thematisierung der Beziehung zwischen Betrachter und Kunstwerk, in der sich nicht immer etwas sagen läßt, in der sich Stille und ein Schweigen einstellt, das weit über den Horizont der Wortsprache hinausgeht. Schweigen bricht sprachliche Barrieren. Schweigen kann durch Sprache gebrochen werden. Schweigen ergänzt die tönende Sprache um den Bereich des Unaussprechbaren. Ohne Worte ist das Schweigen dennoch beredt - Sprache überdeckt Sprachlosigkeit. Kann aber das Schweigen vermitteln? Brauchen wir nicht doch die Worte? Schweigende Vermittlung bleibt ungefähr, referentielle, vermittelnde Worte sind aber ungenügend im ästhetischen Prozeß, für eine sinnlich erfahrene, unerwartete Botschaft."[12]

Sie liest Merleau-Ponty (Phänomenologie der Wahrnehmung) und die Doktorarbeit von Maria Peters, die in der Hamburger Kunsthalle mit ihren Probanden skulpturale Tastwahrnehmung und Sprachakt (Schreiben) in ein produktives Differenzverhältnis zu setzen versucht hat.[13]

Sie denkt weiter über das Schweigen nach: „Wenn Sprache und Wahrnehmung sich wechselseitig in der Konstitution von Wirklichkeit beeinflussen, kann über den Zustand des Schweigens gefragt werden, wie sein Verhältnis zur Sinnenwelt bestimmt ist und in welchem Verhältnis das Schweigen zum Wort steht. Damit wird auch die Frage interessant, wie weit es denn bei dem, was sich der Kommunikation entzieht, doch noch um Kommunikation geht.“[14]

Gemeint ist die schweigende Kommunikation der Betrachterin mit dem Werk und mit sich selbst, einer Betrachterin, die gleichzeitig von der Unverzichtbarkeit der Sprache überzeugt ist. Sie findet einen Ausweg und läßt den Stein „reden“, als sei er eine Person. Es ist eine geschrumpfte Rede, die den Eindruck der Skulptur bei der Betrachterin zusammenfaßt: „ich liege hier und ruhe. meine schwerkraft ungeteilt.“ So scheint der Stein sich mitzuteilen.

Mit diesem Anderthalbsatz zieht sie ein vorläufiges Fazit ihrer Betrachtung. Sie widmet dem Stein ein Buch unter dem Titel „Objektbiographie eines Dolomiten“, in dem der Text in großzügiger Typografie auf hundert Seiten ohne Absatz hintereinandergedruckt ist. Nur die letzten drei Zeilen lauten anders: „geteilt, geschnitten und durchbohrt. meine ruhe fort. WARUM STÖRST DU MICH?“

Die Schlußfrage könnte dem Stein in den Mund gelegt oder an sich selbst als Betrachterin oder an den Bildhauer gerichtet sein, der das Stück Fels der Natur, in der es ruhte, entnommen, es gewaltsam bearbeitet hat. Das Buch mit den hundert Seiten: „ich liege hier und ruhe. meine schwerkraft ungeteilt“ spiegelt die lange, sprachlose, aber nicht ergebnislose Betrachtungsgeschichte und das Verhältnis der Betrachterin zu ihrem Objekt.

Der Text erzeugt bewußt „Monotonie durch nichtvariierende Wortfolge und schaltet ein Verstehen aus“.[15]

Obwohl (und davon hat die Autorin offenbar nichts gewußt) gerade in dieser sprachlichen Enthaltung der lakonische Sinn der Skulptur aufzutauchen scheint: „Ja, das ist nun geradezu wunderbar, daß die Dinge, die da liegen, keine Interpretation mehr nötig haben. Dann werden die Leute wirklich sehr böse.“[16] So Ulrich Rückriem, der damit seiner diebischen Freude darüber Ausdruck gibt, daß seine Skulpturen sprachlos machen. Und daß diese Tatsache eine ihrer möglichen „Aussagen“ sein könnte.

Michaela Griffel ist nicht böse geworden. Sie hat ihr eigenes Ausgesetztsein in der bewußten Situierung als Betrachterin des stummen Steins sowohl „theoretisch“ verarbeitet als auch in Form eines eigenen künstlerischen Produkts, ihres Buches, erfaßt: „Die ästhetische Wirkung dieser Steinskulptur wird ausgelöst durch das, was vorhanden ist: durch die Präsenz der Skulptur in der wahrnehmenden Präsenz des Betrachters. ‘Präsenz’ gedacht als hervorgebrachte Geschichtlichkeit in jedem Lebensmoment.“[17]

Damit finden wir uns auch hier, in dem scheinbar langweiligen Akt der Betrachtung eines verschlossenen Kunstwerks, im existentialästhetischen Raum des in der Wahrnehmung seiner selbst bewußtwerdenden Subjekts wieder. Doch bevor ich dieses Thema weiterfolge, sei ein naheliegender Einwand weggeräumt: Hätte die Studentin nicht schon nach ungeteilt.ich liege hier und ruhe.meine schwerkraft ungeteilt.ich liege hier und ruhe.meine schwerkraft ungeteilt.ich liege hier und ruhe. meine schwerkraft ungeteilt.ich liege hier und ruhe.meine schwerkraft ungeteilt.ich liege hier und ruhe.meine schwerkraft ungeteilt.ich liege hier und ruhe.meine schwerkraft ungeteilt.ich liege hier und ruhe.meine schwerkraft ungeteilt.ich liege hier und ruhe.meine schwerkraft ungeteilt.ich liege hier und ruhe.meine schwerkraft ungeteilt.ich liege hier und ruhe.meine schwerkraft ungeteilt. ich liege hier und ruhe.meine schwerkraft ungeteilt.ich liege hier und ruhe.meine schwerkraft ungeteilt.ich liege hier und ruhe.meine schwerkraft ungeteilt.ich liege hier und ruhe.meine schwerkraft ungeteilt.ich liege hier und ruhe.meine schwerkraft ungeteilt.ich liege hier und ruhe.meine schwerkraft ungeteilt. ich liege hier und ruhe.meine schwerkraft ungeteilt.ich liege hier und ruhe.meine schwerkraft ungeteilt.ich liege hier und ruhe.meine schwerkraft ungeteilt.ich liege hier und ruhe.meine schwerkraft ungeteilt.ich liege hier und ruhe.meine schwerkraft ungeteilt.ich liege hier und ruhe.meine schwerkraft ungeteilt.ich liege hier und ruhe.meine schwerkraft ungeteilt.ich liege hier und ruhe.meine schwerkraft ungeteilt. ich liege hier und ruhe.meine schwerkraft ungeteilt.ich liege hier und ruhe.meine schwerkraft ungeteilt.ich liege hier und ruhe.meine

ein paar Stunden oder Tagen auf die Idee der Verknappung des Sprechens über Eigenart und Wirkung dieser Skulptur kommen können? Wozu der lange Umweg mit den vielen vergeblichen Verstehensversuchen, den Experimenten, dem Reflektieren über Wahrnehmung und Sprache, der Lektüre von Texten, den praktisch-ästhetischen Umkreisungen des Objekts, um endlich bei einer mageren, banal erscheinenden Textauskunft anzukommen, die gebetsmühlenartig wiederholt wird?
Man stelle sich eine Prüfungssituation vor: Eine halbe Stunde darf eine Studentin über das Skulpturenkonzept von Rückriem referieren, um die Prüfungskommission davon zu überzeugen, daß sie eine gute Note verdient hat. Wenn sie nur diesen einen, für ihre Erfahrungsgeschichte fundamentalen Satz wiederholen würde, mit der Behauptung eingeleitet, dies sei das Konzept Rückriems und das Ergebnis ihrer Betrachtungen, würde der Vorsitzende wütend die Prüfung abbrechen und die Kandidatin wäre durchgefallen.
Was mag der Lerneffekt dieses Auflaufens auf den stummen Stein über solange Zeit gewesen sein? Eine Selbstsituierungsgeschichte war es auf jeden Fall. Also hat Michaela Griffel etwas über sich selbst gelernt, zum Beispiel, wieviel Sinnzweifel sie aushalten konnte, ohne die Aussetzung an das Werk als sinnlos zu empfinden. Indem sie in der Entschlüsselung des Objekts im Gegenüber nicht weiter vordringt, wird sie auf sich selbst zurückgeworfen. Sie stellt dazu fest: „Kunstwerke locken etwas Neues in uns hervor. (...) Sie veranlassen uns, über uns als Betrachter nachzudenken d.h. daß nicht wir die Frage ‘Was bist Du?’ in der ästhetischen Auseinandersetzung an das Objekt richten, sondern das Objekt (...) diese Frage an den Betrachter richtet.“[18]
Schließlich schreibt sie: „Vor dem Kunstwerk, aus einem Gefühl der sprachlosen Ohnmacht (...) beginnt die eigene Existenz des Betrachters.“
Diese Feststellung ist das vielleicht wichtigste Ergebnis, eine Erkenntnis aus der Betrachtungsgeschichte mit dem Objekt, das sich sperrt und seinen Sinn verweigert. Im Akt der Betrachtung beginnt die Existenz als Betrachterin, die präsent ist wie das Werk, das sich als ein konkret-materielles Volumen im Raum präsentiert und die Betrachterin anhaltend irritiert und auf sich selbst verweist. Dies ist nun erfahrene Erfahrung, nichts Angelesenes oder Theoretisches.
Da ist jemand über längere Zeit regelmäßig wiederholt einem stummen, dreifach geteilten und wieder zusammengesetzten felsigen Ding für bewußte Momente der Situierung und für jeweils ein Stück Lebenszeit als Betrachterin konfrontiert, um sich in dieser Gegenüberstellung wahrnehmend, denkend, sich fühlend zu bewähren, was eben nicht bloß eine Übung im Betrachten von Kunst ist.

Rémy Zaugg beschreibt die grundlegende Situation: „Das Subjekt nimmt nicht lediglich das Objekt, dem es gegenübersteht, wahr. Es erkennt in einer reflexiven und kritischen Aufspaltung auch das eigene Wahrnehmen und die eigene Wahrnehmung des Objekts - den Akt und dessen Ergebnis. Es nimmt das Objekt wahr; es nimmt in seinem Wahrnehmungsakt wahr, wie die Wahrnehmung des wahrgenommenen Objekts im Werden begriffen ist.

Doch um zu dieser Erkenntnis vorzudringen, kommt es nicht darum herum, sich selbst als einmaliges und ein einmaliges Objekt wahrnehmendes Subjekt wahrzunehmen."[19]

Daß dies vor Kunstwerken schweigend geschehen kann oder in einem vorsprachlichen Raum, in dem die Rede mit dem Werk und mit sich selber sich erst im Betrachter vorformuliert, aber nichts ausgesprochen werden muß, ist eine selbsterarbeitete Erkenntnis aus Erfahrung der Geschichte mit dem Stein. (Das Buch von Eva S.-Sturm stand Michaela Griffel noch nicht zur Verfügung. Darin wird u.a. die Kostbarkeit des Schweigens in Anlehnung an Lacans Nichtgesagtes, „das in den Löchern des Diskurses ruht", thematisiert.)[20]

Die problematische Selbstsituierung zwischen Sprechen und Schweigen, Schweigen und Sprechen umschreibt einen für eine zukünftige Vermittlerin von Kunst grundlegenden Lerneffekt. Ein weiterer wäre, daß die Betrachterin fortan weiß, wie Kunstwerke sich entziehen, je näher man ihnen auf den Leib zu rücken glaubt, und mit welchen „Ausreden" der Sprache man darauf reagieren kann. Mit ihrem Textprodukt der endlosen Wiederholung einer einzigen zentralen Formulierung der Betrachtungserfahrung hat Michaela Griffel sich zu helfen gewußt. Sie hat gleichsam zwischen Sprechen und Schweigen vermittelt, indem sie die lakonische Formel erfand. Sie hat als Autorin und Künstlerin reagiert.
Nur ist mir leider ein kleiner Fehler als Kunstpädagoge unterlaufen: Ich hätte ihr vorschlagen sollen, die letzten drei Zeilen des Buches wegzulassen. Dann hätte in ihrem Buch über hundert Seiten exakt bis zum Schluß nur gestanden: „ich liege hier und ruhe. meine schwerkraft ungeteilt."
Die hermetische Aussagereihe, absolut durchgehalten, hätte ganz im Sinne der Erfahrung der Betrachterin gelegen. Sie selbst wäre damit zufrieden gewesen. Die letzten drei abweichenden, „vermittelnden" Zeilen hat sie vermutlich ihren Leserinnen und Lesern zuliebe hinzugefügt; denn das Buch war am Ende auch als Medium der Vermittlung ihrer Erfahrungsgeschichte an andere, des „Lesens" einer Rückriem-Skulptur Unkundige gedacht. Wahrscheinlich hat sie deshalb geglaubt, noch eine Sinnhilfe geben zu müssen, der sie selbst nicht bedurft hatte. Die schier endlose Wiederholung der einmal formulierten „sinnlosen" Aussage trifft als sprachliche Metapher exakt die in sich ruhende Aussagelosigkeit der steinernen Skulptur Rückriems, und zwar genauer als jede darüber hinausgehende (gutgemeinte) Sinn-Annahme in der Absicht weiteren sprachlichen Vermittelns.
Die reine Erfahrungsaussage ist im Wortsinne „lapidar".
Was ist da, zusammengefaßt, geschehen?
Ein bildhauerischer bearbeiteter Stein hat über ein halbes Jahr die Wahrnehmung einer aussetzungsbereiten Person berührt und ihren Blick auf sich selbst in dieser Situation verändert, indem dieser Stein, als Kunstwerk wahrgenommen, auch ihren Blick auf Kunst durch die Erfahrungsgeschichte der Betrachtung verändert haben mag.
Über diesem Ertrag vergesse ich vorübergehend, was sie sonst noch in einem eher handwerklichen

Sinne als zukünftige Vermittlerin von Kunst gelernt haben könnte. Ich vernachlässige es bewußt um der exemplarischen Grunderfahrung willen, die diese junge Frau in der Selbstanstrengung vor einem schwierigen Werk der Gegenwartskunst an der Grenze zur Sprachlosigkeit gemacht hat, ohne ihren Versuch zur Annäherung im Verstehen entnervt abzubrechen. Diese als eingeschränkt gelungen oder positiv gescheitert anzusehenden Selbstvermittlungsgeschichte muß sich mindestens nach persönlicher Überzeugung gelohnt haben. Welches andere Kriterium wüßte man als Subjektkunstpädagoge anzulegen?

Persönlicher Nachtrag

Zwei Kinder entdecken „ihre“ Kunst und sind davon eine Weile erfüllt. Eine Studentin arbeitet sich an einem stummen Stein ab und verausgabt dazu Lebenszeit und Bewußtseinsintensität. Ist der beobachtend-interpretierende Kunstpädagoge vor Irritationen und Berührungen durch Kunst gefeit?

Auch wer sich hinter professioneller Neugier verschanzt, mag sein blaues Wunder erleben und sich plötzlich in einer hochemotionalisierten Wahrnehmung wiederfinden und damit am Anfang einer womöglich tiefgreifenden Veränderung des Bewußtseins oder einer unverhofften Begegnung mit sich selbst. Es gibt biographisch von langer Hand vorbereitete, gleichwohl situativ überraschende Momente, in denen ein „starkes“ Werk die kulturelle, intellektuelle und emotionale Distanzhaltung, die wir als Schutzhülle produzieren, augenblicklich niederreißt. Mir zieht es dann den Boden unter den Füßen weg; ich werde von einem Schrecken atemlos oder von einer Welle der Euphorie davongetragen. Gegenwehr ist zwecklos. Warum auch, wenn ich vielleicht darauf gewartet habe? Gleichwohl kann man in diesem exaltierten Zustand neben sich stehen und beobachten, wie eine transrationale Projektionsleistung gelingt. So ging es mir bei Bruce Nauman in Wolfsburg.

Als ich die drei Fassungen von „RAW MATERIAL WITH CONTINIOUS SHIFT - OK, OK, OK“ sah und hörte, körperlich hineingezogen in den ersten Raum mit den markant-rhythmisierten, angstvoll-trotzigen ok, ok, ok-Schreien des auf den Monitoren sich ruckartig drehenden Kopfes, bin ich gegen allen Widerstand in Tränen ausgebrochen. Obwohl ich mich bald wieder faßte - was bringt einen kunsterprobten, alten Mann in eine derartige Lage?

Es war der wichtigste und intensivste Augenblick dieses Tages, vielleicht vieler Wochen. Etwas hatte mich überfallartig tief berührt. Was, weiß ich bis heute nicht genau. Vielleicht eine Einbildung, ein Konstrukt, eine Täuschung? Ich will gar nicht wissen, was es gewesen ist, weil es dann nicht mehr ist, was es war: ein durchschlagender Moment von Existenzbewußtheit im Kurzschluß zwischen dem bis

dahin unbekannten Werk und mir als Betrachter in der Situation des Überfallen-Werdens.
Wenn ich den Zustand plötzlicher Erkenntnis erinnern und beschreiben soll, war es die im Augenblick der Wahrnehmung spontan motivierte, unausweichliche Einsicht in die Bodenlosigkeit meiner Existenz, wobei das Wiedererkennen der verdrängten Seinsangst vor dem Nichts in der objektivierenden Härte der Installation seltsamerweise mit einem schmerzhaften Glücksgefühl darüber verbunden blieb, wie gut es diesem Künstler gelungen ist, das Dunkle, Unfaßbare des Lebens zu formulieren. Es war wie ein Schlag vor den Kopf, aber ich glaube, Bruce Nauman „verstanden“ zu haben, augenblicklich, überwältigt, fassungslos. Begründbar muß das nicht sein. Begründbar ist nur die Sucht nach Wiederholungserfahrungen dieses Zustands, so wie man süchtig auf Absencen mitten im Alltagsgeschehen warten kann, auf Entrücktheitszustände, Verschiebungen der Wahrnehmung, in denen man sich selbst gegenübertritt, um sich und etwas Anderes besser zu sehen.

Gegen Sinnzwang und Vermittlung

Auf der documenta x gab es eine allen Besuchern dargebotene, aber nicht als solche gemeinte Performance: das Ritual der Führung. Kein Raum ohne geführte Gruppen, überall das Raunen und Plätschern der Rede über die ausgestellte Kunst. Als ob es unbedingt vermieden werden sollte, eine Pause, ein Schweigen eintreten zu lassen, und daß die Geführten und die Ungeführten plötzlich allein gelassen wären, mit den Werken und sich selbst allein. Die Kommentarmaschine lief ohne Unterbrechung.
Man sah Führerinnen, Führer und Geführte Tag für Tag auf der Wanderschaft über den karg bestückten „Parcours“ ausgestellt.
Je unauffälliger die Werke, um so sichtbarer die Schnüre und Klumpen geführter Gruppen in den Räumen oder im Freien. Bald verfolgte mich die Zwangsidee eines eigenen Beitrags zur Ausstellung. Es wäre mir darum gegangen, ein Dutzend Tonaufzeichnungsgeräte unsichtbar zu positionieren, um das Geräusch der Rede an verschiedenen Orten aufzunehmen und es, zu einem akustischen Palimpsest aller gesprochenen Kunsterklärungen vereint, in einen Darkroom einzuspielen. Diese documenta stellte vor allem Formen ihres Kommentars aus. Nichts gegen die Legitimität eines solchen Konzepts! Es stieß vor allem bei jenen Besucherinnen und Besuchern auf Beifall, zu deren Beruf das Vermitteln zählt, Kritiker ausgenommen: Es war eine kunstpädagogisch gutgemeinte documenta.
Vermittlung wurde wie üblich als unverzichtbares Dienstleistungsangebot verstanden und aufgezogen, nicht als Selbstvermittlungschance unbelehrter und womöglich unbelehrbarer Betrachter. Vermittlern schneidet für gewöhnlich niemand das Wort ab. Aber das Wort der Vermittler darf jedem Betrachter die Aisthesis abschneiden. Wer hört, muß nicht sehen. Auf jeden Fall hört er, was er sehen soll. Im

Kulturbetrieb bezweifelt niemand, daß dies richtig ist. Daß es den bild- und kunstmündigen Betrachter mit eigener Verantwortung gibt, können sich diejenigen, die ihn zum Mündel erklären, nicht mehr vorstellen. Vermittler verkaufen das zu Vermittelnde immer an die nach ihrer Meinung Dummen. Der Gedanke, daß sie selber dumm sein könnten, irritiert sie nicht. Sie wollen unbedingt, daß andere sehen sollen, was sie für sie als Wissen verwalten.

Insgeheim tun das sogar noch diejenigen, die ihre Vermittlungsabsichten schüler- oder klientenzentriert „tarnen", was letztlich noch der Autor dieser Zeilen tut.

Heute erscheint alles vermittelbar, aber niemand mehr selbstvermittlungsfähig. Es fragt sich, welches die Krankheit ist und wer der Kranke, wenn hier ganz offen einer Mangeldiagnose die Zwangstherapie folgt.

Die massenhafte Existenz von Vermittlern, von denen nicht einer daran denkt, er könne überflüssig sein, hat dazu geführt, daß kein Zweifel am Sinn der Vermittlung mehr laut wird. So ist am Ende des kunstpädagogischen Jahrhunderts, an dessen Anfang einmal ein emphatisches Vermittlungsinteresse sich artikulieren durfte, darüber nachzudenken, ob und wie man der angeblich unbezweifelbaren Vermittlungspflicht wieder entrinnen könnte.

Wenn Kunst ein „Steinbruch" ist, „aus welchem sich jeder die Ideen, die seiner Orientierung dienen, selbst herausbrechen kann", wie Jean-Christophe Ammann behauptet [21], dann ist dem Vermittlungsfuror nicht anders zu begegnen als mit einer Erinnerung an das imaginationsfähige, selbständig reflektierende Subjekt der Betrachtung von Kunst, so belehrt oder unbelehrt es sich dabei zeigen mag. Jedenfalls wäre auf Vermittler zu verzichten, die Sehenden jene Bilder und Ideen, die ihrer Orientierung dienen könnten, aus dem Geröll der Kunst herausklauben und sie ihnen auf dem Tablett geführten Verstehens servieren. Das bedeutet nichts als Verrat an den aufzufindenden Bildern und Ideen in der Suche nach Orientierungen bei der Kunst, die nur dann Orientierungen genannt werden können, wenn sie vom Subjekt der Betrachtung so gewollt und erarbeitet worden sind und nicht von einem sinnversprechenden Vormund präpariert.

Ein guter Kunstpädagoge muß ein unwilliger Vermittler, ein konsequenter Sinnverweigerer sein. Er muß es sein aus seiner Nähe zur Kunst und aus seiner Nähe zum Subjekt. Es hat sich nur noch nicht herumgesprochen.

Zugegeben, es fällt jedem Vermittlungsbeauftragten und „Sinnstifter" schwer, das Fürsichsein der Kunst und den Egoismus der Künstler, die grundsätzlich anderen nichts mitzuteilen haben, zu akzeptieren. Bruce Nauman, in einem Interview gefragt, für wen seine Kunst sei, antwortet: „Sie hält mich beschäftigt."[22] Er sagt nicht, sie soll andere beschäftigen.

Vom Betrachter spricht er nicht, obwohl dieser sich am Werk auf das Äußerste beschäftigt sehen kann.

Zugegeben, es fällt auch schwer, sich an den Gedanken zu gewöhnen, das betrachtende Subjekt sei nicht ein zu belehrendes und zu führendes „bildsames Subjekt", sondern selbst dann auf dem richtigen Wege, wenn man als Vermittler genau zu wissen meint, es sei der falsche. Es ist eine Illusion zu glauben, irgendetwas für die Kunst tun zu müssen, indem man sie vermittelt, und irgendetwas für Subjekte tun zu müssen, was darüber hinausginge, ihnen eine Selbstvermittlungsmöglichkeit offenzuhalten, sofern sie diese wünschen und Kunst nicht ohnehin für irrelevant erklären. Kunstpädagogen folgen dem fatalen Hang, Menschen zu etwas zu zwingen, was sie ästhetische Bildung nennen, ohne diese Menschen zu fragen, was für ihr Leben wichtig ist.

Vermittlungs- und Sinnzuweisungszwänge sind verwandte Produkte einer Didaktisierung des an sich freien Verhältnisses von Betrachter und Werk, Werk und Betrachter. Dieses freie Tauschverhältnis wird von nahezu jedem vermittlungsdidaktischen Modell mit der Begründung unterlaufen, das Subjekt bedürfe einer Hilfe oder Unterweisung, wobei dies immer eine ist, die vom Künstler und vom Werk verweigert wird. Vermittlungsdidaktiken unterlaufen also die Interesselosigkeit der Kunst und das Interesse des Subjekts an sich selbst sogar dann, wenn sie behaupteten, sowohl die Eigenart von Kunst als auch die Rechte des Subjekts zu respektieren.

Wer sagt, daß wir unbedingt vermitteln müssen? Man sollte diese Frage im Zeitalter allgegenwärtiger Vermittlung wenigstens laut vor sich hinsagen dürfen.

Vermittlung ist kunstfeindlich und subjektunfreundlich. Vermittlung ist eine pädagogische Phantasmagorie. Vermittlung ist ein unbegründeter Selbstzwang, übertragen auf jene, die sich gefälligst etwas vermitteln lassen sollen. Der Beruf des Vermittlers ist ein einziger Widerspruch in sich selbst. Stellt der Vermittler sich auf den Standpunkt der Kunst, hat er nichts zu vermitteln. Stellt er sich auf den Standpunkt des Subjekts, ist es unverschämte Aufdringlichkeit.

Woraus zieht er den Sinn seines Tuns? Aus der Einbildung, ein guter Vermittler zu sein? Oder aus der Tatsache, daß er heftig nachdenkend am Sinn seines Tuns zweifelt?

Dafür hätte er allen Grund. Scheitert er nicht schon am Eigensinn unberechenbarer Subjekte, scheitert er spätestens am Eigensinn der Kunst: „Kunstwerke, die der Betrachtung und dem Gedanken ohne Rest aufgehen, sind keine.“[23] Immer ist es dieser Rest, der es in sich hat.

Der Satz Adornos klingt für Vermittlerohren so entmutigend, weil darin die Erkenntnis mitschwingt, daß gerade in dem nichtaufgehenden Rest das Herausfordernde, überaus Reizvolle der Kunst liegt, daß also gerade das, was nicht vermittlungsfähig ist, das für das wahrnehmende Subjekt Wichtigste darstellt. Und daß das Sinnkonstrukt des Nichtvermittelbaren eine pädagogikresistente Leistung des Subjekts ist.

Was kann man nun überhaupt noch als Vermittler tun? Als erste Konsequenz bietet sich der Verzicht auf Absicht an, eine Entspannung der Zielorientiertheit auf vermitteltes Verstehen. Ich erinnere zwei für meine spätere Biographie nicht unwichtige Szenen am Rande, ich betone, am Rande meines Kunstunterrichts, als ich 13 Jahre alt war: Ich ging aufs Gymnasium und hatte einen klugen Künstler-Kunstpädagogen. Zwei Jahre nach Kriegsende gab es viel Versäumtes zu vermitteln, aber nicht die Mittel dazu. Dieser Kunsterzieher, Joachim Utech, hatte

im Schulkeller eine kleine Bildhauerwerkstatt, oben machte er einen normalen, ich würde sagen wenig aufregenden Kunstunterricht. Ich kann mich kaum daran erinnern. Aber einmal zeigte er kurz vor dem Klingeln eine Kunstpostkarte mit einem verzerrt-figürlichen Picasso-Motiv darauf.
Ich erinnere kein Wort eines Kommentars, den er sicher abgegeben hat, ehe er die Karte wieder an sich zog. Ich erinnere nur mein schweigendes, zweifelndes Staunen, daß es solche Kunst auf der Welt geben sollte. Nie zuvor hatte ich dergleichen gesehen oder davon gehört.

Ein ander mal durften wir während der Unterrichtszeit aus der Kellerwerkstatt Steinskulpturen Utechs zu einer kleinen Galerie in der Stadt transportieren. Jeder bekam eines der schweren Objekte zum Tragen in den Arm gelegt, mit der Ermahnung, nirgends anzustoßen. Ich trug einen roh behauenen, heute würde ich sagen archao-kubistischen Granitkopf in die Armbeuge gelegt und trug das Ding wie einen schweren Schatz zur Galerie. Auch so etwas hatte ich noch nie gesehen, geschweige anfassen dürfen. Ich erinnere, wie sich eine seltsam vertraute Nähe zu dem Ding einstellte. Ich mußte es unterwegs mehrfach wegen seiner Schwere hin- und herwenden, um das Gewicht zu verlagern, die Hände schützend um das rohe Gesicht des Steins gelegt.
Ich bilde mir heute ein, Steinskulpturen „irgendwie" zu verstehen. Vielleicht, weil so früh dieser körperliche Dialog stattgefunden hat? Schweigendes, zweifelndes Staunen im Befremden, seltsam vertraute Nähe - das waren gleichsam Abfallprodukte eines sonst nicht mehr erinnerbaren Kunstunterrichts. Die Picasso-Postkarte war ein bewußter „Zeigeversuch", ein Experiment des Kunsterziehers mit uns (von den Mitschülern erinnere ich vorwiegend ablehnende Reaktionen), der Transport der Skulpturen war eine Eigenmächtigkeit des Künstlers, mit der er seinen Schülern, vermutlich ohne dies zu beabsichtigen, eine handwarme Erfahrung des Plastischen gönnte.

Ich erinnere Witzeleien der vom Unterricht Mitbefreiten, auch solche sexuellen Inhalts, da einige steinerne Akt-Torsi im Arm hielten. Aber ich blieb abseits und war anders beschäftigt. Zum ersten Mal in meinem Leben allein mit einem Kunstwerk, angestellt als dessen Transporteur, mit dem heimlichen Auge des Betrachters, das bis in die Fingerspitzen reichte. Es war vermutlich der nachhaltigste Kunstunterricht, den ich je hatte. Ich verstand nichts und durfte mir selber vermitteln, daß das nicht davon abhält, sich für etwas heftig zu interessieren. Mein Kunsterzieher war als Vermittler abwesend. Sein Verschwinden war meine Chance. Ich traf ihn erst wieder in der Galerie, um meinen Stein abzuliefern.
Wenn ich die beiden Episoden, das schweigende, zweifelnde Staunen und die seltsam vertraute Nähe des Fremden, nicht nur als biographische Schlüsselszenen meiner Kunsterfahrung interpretiere, sondern sie zur verschwiegenen Inszenierung erkläre, dann hat mein Lehrer damals ahnungsvoll eine Rolle übernommen, die ihn vom durchschnittlichen Vermittlertyp unserer Tage unterscheidet: Er hat Absichten zurückgestellt. Er hat den Versuch des Zeigens unternommen, beiläufig, wohlgemerkt. Er hat,

vor allem in der zweiten Szene, die Möglichkeit einer unvermittelten Werknähebegegnung geschaffen: Eine ganze Klasse schleppt Bildhauer-Steine durch die Stadt, statt Kunstunterricht zu genießen. Diese frühe Öffnung der Schule war ein geradezu genialer Akt. Er verstieß gegen Normen, (pädagogische und juristische), um sie gegen eine andere Norm (die autodidaktische der ästhetischen Erfahrung) auszutauschen.

Utech hat, wie absichtslos zufällig auch immer, einzelnen Subjekten eine erste Gelegenheit verschafft, den Zusammenstoß mit der Fremdheit von Kunst in einer unmittelbaren Konfrontation zu versuchen. Ein Probe-Angebot mit allen Risiken der Ablehnung und des pädagogischen Scheiterns. Der Mann war Anbieter von Situationen, nicht Vermittler.
Vielleicht sollte man aus der Rolle des Vermittlers in die Rolle des Anbieters wechseln. Der Anbieter ist ein Makler zwischen Wahrnehmungsmöglichkeiten von Kunst und latenten Wahrnehmungsoffenheiten des Subjekts. Er ist weder Sinnstifter noch Sinnerklärer. Das ist allein Sache des Subjekts, das sich darin definiert, so wie es die Sache definiert. Es geht immer nur darum, wie und wann, unter welchen Voraussetzungen das in der Wahrnehmung von Kunst sich selbst wahrnehmende Subjekt sich situieren und wovon diese Situierung womöglich provoziert werden kann. Darüber nachzudenken und die geeigneten Schlüsse zu ziehen, ist Aufgabe des Subjektkunstpädagogen. Daß er ein anderer ist als der Vermittler mit Anspruch, daß er Zufälle und Zwischenfälle riskiert, daß er Bildungsansprüche und Erziehungsziele verfehlt, daß er überhaupt das Pädagogische an ein offenes Verhältnis von Werk und Betrachter verraten muß, hat er auszuhalten.

1 Unveröffentliche Aufzeichnung von Norbert Weiser in der Nachbereitung seines Unterrichts (ca. 1996)

2 Günter Wolfahrt: Das Schweigen des Bildes. In: Gottfried Boehm (Hg.): Was ist ein Bild? München 1994, S. 173 f.

3 Vgl. Niklas Luhmann: Die Kunst der Gesellschaft. Frankfurt am Main 1995, S. 24

4 Hier müßte der einst von Gunter und Maria Otto in die Kunstdidaktik eingeführte Perzept-Begriff im Hinblick auf seine subjektgenerative Funktion und seine erfahrungs-biographische Verankerung neu diskutiert und bewertet werden.

5 Vgl. Gert Selle: Betrifft Beuys. Annäherung an Gegenwartskunst. Unna 1994, S. 74 - 102

6 Vgl. Alexandra Schmalz: Rebecca Horn: Das gegenläufige Konzert (1987/97). Annäherung an ein Werkkonzept durch exemplarische Analyse. Examensarbeit für das Lehramt an Gymnasien. Oldenburg 1998. Hier wird eine Methode der subjektiven Aneignung und Reflexion über inszenierte Momente persönlicher Aussetzungen nachvollziehbar gemacht.

7 Michaela Griffel: Möglichkeiten und Grenzen der sprachlichen Vermittlung einer Arbeit Ulrich Rückriems. Hausarbeit im Rahmen der Ersten Staatsprüfung für das Lehramt an Gymnasien im Lande Niedersachsen. Oldenburg 1996, S. 32

8 A.a.O., S. 2

9 A.a.O., S. 8

10 A.a.O., S. 29

11 A.a.O., S. 34

12 A.a.O., S. 31

13 Maria Peters: Blick-Wort-Berührung. Differenzen als ästhetisches Potential in der Rezeption plastischer Werke von Arp, Maillol, F. E. Walther. München 1996

14 Michaela Griffel, a.a.O., S. 38

15 A.a.O.

16 Ulrich Rückriem (1977), in: Texte über Ulrich Rückriem 1964 - 1987. Düsseldorf 1987, S. 132

17 Michaela Griffel, a.a.O., S. 3

18 A.a.O., S. 40

19 Rémy Zaugg: Gespräche mit Jean-Christophe Ammann. Ostfildern 1994, S. 31
Diese Behauptung von Zaugg, die aus einem konstruktivistischen Denken zu kommen scheint, wird durch die Praxis des Selbstexperiments von Silke Schulz anschaulich bestätigt. Ihre Dokumentation berichtet von der persönlichen Aussetzungsgeschichte an ein ähnlich dem stummen Stein von Rückriem unzugänglich-sprödes Bildwerk von Blinky Palermo mit allen auf das Objekt bezogenen Aktivitäten einschließlich Modellbau, Reisevorbereitungen und Performance, Sprechen auf einen Tonträger vor dem Werk, Schreiben, Schweigen usw. Vgl. Silke Schulz: Annäherung an Blinky Palermo. Entwurf eines autodidaktischen Methodenexempels. Magisterarbeit. Oldenburg 1998

20 Eva S.-Sturm: Im Engpaß der Worte. Sprechen über moderne und zeitgenössische Kunst. Berlin 1996, S. 266 f.

21 Vgl. Jean-Christophe Ammann: Bewegung im Kopf. Vom Umgang mit Kunst. Regensburg 1993, S. 54

22 Bruce Nauman, in: Nauman, Bruce. Kat. Kunstmuseum Wolfsburg. Ostfildern 1997, S. 97

23 Theodor W. Adorno: Ästhetische Theorie. Gesammelte Schriften Bd. 7 Frankfurt am Main 1970, S. 184

7

BILDER SEHEN

Sichtbares und unsichtbares Bild

Beuys mit dem toten Hasen

Das Opfer

Die Beschießung Venedigs

Sichtbares und unsichtbares Bild

Weil das Sehen vorgegebener sichtbarer und vorgestellter unsichtbarer Bilder immer ein produktiver Akt ist, in dem der Sehende seine Sicht des vor Augen Liegenden oder sein Imaginäres entwirft, um sich ein Bild zu machen und sich dabei seiner aisthetischen und ästhetischen Präsenz zu versichern, ist jeder noch so zurückhaltende pädagogische Eingriff in diesen intimen Vorgang der Bild- und Subjektselbstkonstitution prekär. Sehen ist bereits, wie andere Sinnestätigkeiten, nur mit einer gewissen kulturell oder auch anthropologisch angesammelten Kompetenz, ein komplexer kreativer Akt, wenn wir von äußeren und inneren, von sichtbaren und unsichtbaren Bildern sprechen, was letztlich heißt, daß wir Nichtsichtbares so gut sehen wie Sichtbares. Wir üben uns pausenlos als Erfinder oder Konstrukteure von Bildern, an deren Sichtbarkeit sich unsere Sinne abstützen können, aber auch von solchen, die wir ganz und gar aus dem unsichtbaren Raum der Erinnerung, der Erfahrung oder der Phantasie vorstellen müssen. Offenbar können wir beides gleichzeitig - das Sichtbare und das Unsichtbare im Bild sehen: „Das Unsichtbare ist eine Höhlung im Sichtbaren." An anderer Stelle sagt Merleau-Ponty, daß „das Sichtbare schwanger geht mit dem Unsichtbaren".[1]

Wenn Sehen, wie es dort auch heißt, bedeutet, mehr sehen zu können, als man sieht, so bedeutet Sehen-Lernen die sich im Subjekt aufbauende, ihm zuandene Fähigkeit, zwischen dem Sichtbaren und dem Unsichtbaren in der Wahrnehmung hin- und herzuwandern. Das tun wir alle unablässig im Alltag und auch vor Werken der Kunst auf unsere eigene schweifende, zerstreute oder selbstaufmerksame Art. Auf Weisungen, wie und wann wir Bilder wahrnehmen und zwischen ihrem Sichtbaren und Unsichtbaren zu unterscheiden hätten, würden wir irritiert reagieren. Das ist eine Privatangelegenheit des ästhetischen Subjekts, das dazu keinen Lehrer braucht. Man darf daher die verwunderte Frage stellen, mit welchem Recht Kunstpädagogen ihre Lehre des Sehen-Lernens betreiben, wenn doch niemand sieht und weiß, was das sehende Subjekt sieht oder imaginiert und weiß. Die Unsitte der verbalen Abfragerei („Was siehst Du da?") ist ein Zeugnis ihrer Unsicherheit aus fehlender Mitwisserschaft. Im Gerede über das Gesehene verschwinden dann die sichtbaren und die unsichtbaren Bilder, und man darf ungestraft behaupten, daß Kunstunterricht infolge seiner Wortgläubigkeit oft gerade die entstehenden Bilder zerstört, über die vielleicht besser nichts gesagt würde. Ich darf hingegen, ja ich muß an dieser Stelle über das Sichtbare und das Unsichtbare an Bildern reden. Dazu suche ich verschiedene Anlässe durch rekonstruierende Beschreibung sowohl von Bildern, die im Verlauf künstlerischer Prozesse in die Welt gesetzt wurden, als auch eines Bildes, das sich „zufällig" aus einer eher unbeabsichtigt-alltäglichen Wahrnehmung ergab.

Beuys mit dem toten Hasen

Am 26. November 1965 wurde in der Galerie Schmela in Düsseldorf die Ausstellung „...irgend ein Strang...“ von Joseph Beuys eröffnet. Dazu fand die Aktion „Wie man dem toten Hasen die Bilder erklärt“ statt. Die Galerie mit den Exponaten blieb zunächst geschlossen, der Galerist Alfred Schmela öffnete nur von innen die Fenstervorhänge, so daß das draußen wartende Vernissage-Publikum die Hälse recken mußte, um etwas zu sehen. Beuys saß mit dem Rücken zum Publikum auf einem Hocker, von dem ein Bein mit Filz umrollt war. Der Hocker stand erhöht auf einem Grafik-Mappenschrank. Beuys trat mit dem rechten Fuß, unter den eine Eisensohle gebunden war, wiederholt auf eine Filzsohle und wieder auf die Fläche daneben. Er hielt einen toten Hasen im Arm und war ohne den legendären Hut; sein Kopf, zuvor mit Honig als Haftmittel bestrichen, war vollständig mit Blattgold belegt.

Das Publikum konnte von draußen mehr oder weniger deutlich sehen, wie Beuys aufstand, um mit der Pfote des Hasen einzelne Bilder zu berühren und sie ihm zu „erklären“, wobei die meisten Zuschauer wohl nur das Klacken der Eisensohle auf den Boden und nichts von dem, was Beuys sprach, hören konnten - wenn er überhaupt sprach. Nach Öffnung des Galerieraumes soll Beuys, auf seinem Schemel sitzend, wie ein Ausstellungsstück betrachtet worden sein.[2]

Was haben die Leute gesehen? In der Aktionsfolge haben sie undeutliche Bilder eines agierenden Künstlers gesehen und etwas Unsichtbares, nämlich einen vermuteten Sinn der Handlung. Danach im Anblick des Künstlers in seiner Maskierung müssen sie wiederum Unsichtbares, Bedeutungsvolles gesehen oder geahnt haben, sonst wären sie, über den Unsinn schimpfend, fortgegangen. Das haben sie aber nicht getan.

Das Publikum sah etwas völlig Neues und Fremdes, das Beuys produzierte, es sah, wie dieser sich selbst als Bild produzierte. Aber es sah auch etwas, das es selber produzieren mußte im Augenblick des überraschten Sehens. Es hat Sinnvermutungen produzieren müssen. Wir können auch sagen, die Leute bildeten sich etwas ein, was sie noch weniger sehen konnten als die undeutlichen Szenen der Aktion. Sie sahen etwas Sinnbildliches, also eigentlich Unsichtbares. Das ist kein Widerspruch.

Merleau-Ponty behauptet: „Der Sinn ist unsichtbar, doch das Unsichtbare ist nicht das Gegenteil des Sichtbaren: das Sichtbare selbst hat eine Gliederung aus Unsichtbarem, und das Un-sichtbare ist das geheime Gegenstück zum Sichtbaren, es erscheint nur in ihm (...).“[3]

Schneede hat die sonderbare, offenbar bildhaft sehr wirksame Situation, von der es keine Video-Aufzeichnung gibt, rekonstruiert. Durch visuelles Beweismaterial kunstgeschichtsfähig geworden ist die Aktion über Fotos von Walter Vogel und Ute Klo- haus. Ich kenne die Aktion nur durch den Text Beschreibung bei Schneede und durch einige d Fotos, die in der Beuys-Literatur häufiger n druckt worden sind. Sie hatten sich in meiner Erinnerung zu einem einzigen Bild überlagert, das ich als solches nicht erkennbar wiederfand. Bei Durchsicht des Materials konnte ich feststellen, daß ein Foto von Ute Klophaus [4] der Anlaß oder Kern dieser Bildvermischung und Bildverdichtung in meinem Gedächtnis gewesen ist.

Dieses Foto zeigt Beuys in ganzer Figur sitzend, dem Betrachter zugewandt, aber mit verschattetem Blick nach innen, die Lippen im Ansatz zum Sprechen leicht geschürzt, die rechte Hand mit aufgerichtetem Zeigefinger angehoben, wie um zu dozieren oder zu segnen, während er den toten Hasen in der linken Armbeuge hält. Der Blick nach innen und diese Geste sind das mir erinnerbare Doppelmotiv des Fotos neben der befremdlichen Maskierung des Kopfes. Es ist eine Momentaufnahme aus dem Bilderfluß der Aktion, die der Fotografin gelungen ist, die vermutlich einen bevorzugten Standort hatte, aber es ist zugleich eine monumental wirkende Festschreibung des Eindrucks der agierenden Person für alle Zeit. Dieses Bild tritt bei mir an die Stelle der Erinnerung eines Dabeigewesenseins, die ich ja nicht haben kann, weil ich nicht dabei war. Es ist das Bild-Objekt, das ich wahrnehmen (und erinnern) kann, um mir ein Bild der historischen Aktion und des Auftretens von Beuys zu machen, ein Bild, das sich mit Kontextwissen, aber auch mit subjektiven Anmutungen und Phantasien mischt, die als meine Hinzufügung gelten müssen. Folge ich in der realen Anschauung den Wahrnehmungsvorschlägen des Fotos, so glaube ich, das Zeugnis einer schamanistischen Handlung vor mir zu haben. Lege ich das Bild beiseite, wird mir bewußt, daß ich damit einer Interpretation der Künstlerfigur gefolgt und dem Zauber einer Bildinszenierung erlegen bin. Es wäre ja zulässig, das Foto, die Aktion, Beuys überhaupt mit anderen, nüchternen Augen zu sehen, mit mythenkritischen Augen. Statt dessen überlasse ich mich dem Bild.

Die brüchige Goldhaut und der schwarze blicklose Blick des Künstlerporträts auf dem Foto führen suggestiv an das heran, was mich immer so stark direkt an Beuys als vorgestellte Person wie an seinem Werk, mehr als all sein Reden und alle Theorien von ihm und über ihn, berührt hat. Genaugesehen ist es nicht nur der Kopf, sondern auch die Haltung der durch das Foto vom Ausstellungsbetrieb isolierten Figur des Sitzenden vor einer Bilderwand, auf der außer Rahmenleisten nichts zu erkennen ist. Natürlich fehlt beinahe alles auf dem Bild, um den Gang der einstigen Handlung rekonstruieren zu können. Dieses Nicht-Abgebildete scheint in einen imaginären Raum ausgewandert. Lassen Bilder Leerstellen, Löcher, Aussparungen, in denen sich unsere Imagination einnisten soll?

Kehren wir zur Ausgangssituation zurück.

Beuys stellt erst zum dritten Mal im größeren Rahmen Kunstobjekte aus, inszeniert aber eine Verweigerung des Zeigens, die er dann, sei es in Rücksicht auf seinen Galeristen, sei es dem eigenen Veröffentlichungsinteresse nachgebend, wieder aufhebt, indem das Publikum nach der Aktion doch in den Galerieraum eingelassen wird. Er hätte auch weiterhin den Eintritt strikt verbieten und die Leute nach der rätselhaften Performance wieder nach Hause schicken können. Ob er nun in diesem Fall konsequent war oder nicht, Beuys hat hier wie in anderen

Aktionen eine Bilderfolge inszeniert, aber deren Wahrnehmung absichtlich erschwert. Der Effekt muß etwa der gewesen sein, als würde man im Kino mit einer Blindenbrille vor Augen und verstopften Ohren ganz nach hinten gesetzt, damit man besser sieht und hört. Vermutlich war es gerade der Trick mit der Aussperrung und der Aussparung, der, wie das Unerklärliche des gerade noch Sichtbaren, die Spannung im Raum erzeugte und die Wahrnehmung der Leute in Bann schlug. Schneede schreibt: „Wie fremd sich das Aktionsritual und dieses Selbstportrait (er meint den maskierten Künstler, G.S.) auch für die Zuschauer ausgenommen haben mögen, so bewegend und suggestiv wirkten sie doch (...) durch die bezwingenden B i l d e r."[5] Die Frau des Galeristen: „Auch wenn niemand verstand, was es bedeutete - es war atemberaubend."[6]

Der Maler Gerhard Richter bekundet als Zeuge, die Aktion sei mit „großem Abstand das Interessanteste gewesen, was überhaupt geschah: Alles andere konnte man verstehen, und das war das Unangenehme."[7] Beuys selbst schließlich kommentiert: „Dies war wohl die Aktion, die die Imagination der Leute am stärksten in Anspruch genommen hat."[8]
War nach Richters Ansicht das Nichtverstehenkönnen unangenehm oder daß es das Interessantere war im Gegensatz zu allem Verstehbaren in der Ausstellung? Ich behaupte, das Bild der originalen Bilderfolge der Handlung im Raum beanspruchte das Interesse der Betrachter nicht zuletzt aufgrund des Angebots an Schwersehbarkeit und Nichtverstehbarkeit. Und vielleicht gilt die Behauptung allgemein: Von einem stets sichtbaren und verstehbaren bzw. verstandenen Bild wende ich mich nach dem Akt des Sehens und Verstehens ab, ich sehe es dann womöglich gar nicht mehr. Es wird durch seinen Anblick und sein Verstandensein für mich nicht nur unsichtbar, sondern auch bedeutungslos, es wirkt auch nicht mehr als wahrnehmbares Bild, es ist kein Bild mehr, es sei denn, man entdeckt es neu. Es ist nicht mehr präsent, das heißt beunruhigend. anstößig, fremd oder bedrohlich. Ich muß mich damit nicht mehr auseinandersetzen. Wenn ich die kunstwissenschaftlichen Kommentare zur Aktion und zu Beuys überhaupt alle gelesen habe und damals nicht dabei war, muß ich das sowieso nicht mehr.
Aber da gibt es dieses Foto, das, wie Dietmar Kamper sagen würde, den „historischen und biographischen Übergang von der Magie (der Präsenz, G.S.) zur Repräsentation"[9] markiert, und es gibt meine imaginierende Tätigkeit zu diesem Sekundärbild des Übergangs, dessen Funktion nicht die eines Erinnerns sein kann, denn ich erinnere ja gar keine konkrete Handlung in Raum und Zeit mit einer vergangenen Gegenwart des Künstlers, sondern ich stelle sie mir vor.
Ich muß das Foto als Ikone wahrnehmen, was die darauf abgebildete strenge Figur in priesterlicher Attitüde nahelegt, also als ein Bild, das andere Bedeutungsqualitäten auf sich versammelt als ein Schnappschuß. Dafür hat die Fotografin in aller ästhetischen Strenge gesorgt, und dafür sorgt der konnotierte Respekt vor der Spiritualität dieses Künstlers, der aus meinem Wissen kommt und die unsichtbare Bedeutungsebene dieses Bildes grundiert.

Sobald ich es betrachte, stehe ich wieder vor dem Rätsel Beuys. Das Foto verdichtet dieses Rätselhafte der Figur wortlos und gebieterisch. Dabei weiß ich doch, daß es nur ein Foto ist und nicht die Person. Sie gewinnt dennoch über das Bild eine magische Präsenz, das heißt, ich konstruiere mir das Gefühl oder die Einbildung dieser Präsenz über meine Wahrnehmung. Ist es also doch ein Heiligenbild und bin ich ein Trottel, der die Inszenierung des fotografischen Blicks auf den Ausschnitt einer künstlerischen Aktion für bare Münze nimmt?

Phantasie ist, um noch einmal mit Dietmar Kamper zu reden, „die Fähigkeit, Bilder wahrzunehmen, auch wenn das, was sie abbilden, nicht da ist".[10]

Wenn das so ist, phantasiere ich offensichtlich. Denn weder ist Beuys da, der abgebildet ist, noch ist irgendeine Geistigkeit da, die sowieso nicht abbildbar wäre, weil sie immateriell, unsichtbar ist.

Wenn etwas Abgebildetes nicht da ist, sondern nur etwas, das in seiner Abwesenheit vom Bild bezeichnet, also durch dessen Struktur in der Betrachtung evoziert wird, muß es sich um eine Eigenleistung des wahrnehmenden Subjekts handeln, die auf einen Reiz - hier das kunstvoll dazu aufgebaute Bild der Fotografin - einsetzt. Ich weiß zwar, daß dieser Reiz von einem Hof zusätzlicher Bilderinnerungen und Wissensfragmente zum Werk und der Person von Beuys und aller meiner Bilderinnerungen überhaupt umgeben zu wirken beginnt. Aber ich mache mir nicht im bewußten Denken, sondern im Anschauen des Fotos ein inneres Bild. Es entsteht einfach. Ich nehme für mich Bedeutendes an dem Bild wahr, indem ich es wahrnehme. Selbst wenn ich zwischenzeitlich nachdenke und mich zur kritischen Wachsamkeit ermahne, um dann wieder auf das Foto zu sehen, sehe ich es als Bild. Das heißt, ich sehe mehr, als ich im Augenblick des Sehens weiß und sagen könnte. Ich sehe Sichtbares und Unsichtbares.

Der Akt der Konstruktion des Bildes samt Bedeutung ist ein Sehen, keine rationale Interpretation. Ich rede dabei nicht mit mir selber, ich denke nicht laut, ich bin eher etwas blöde im Sehen. Ich sehe in dem Abbild des goldüberzogenen Schädels und eines Körpers in hieratischer Haltung sich etwas für mich versammeln, was ich eine Sinnverdichtung meiner Erfahrungen mit Beuys und seiner Art, ästhetisch zu agieren, nennen möchte. Ich sehe etwas, das sofort in Sinnahnung umschlägt. Ich sehe ein Bild, das mich unmittelbar zu berühren scheint. Was da im Augenblick an Bedeutung sich verdichtet und versinnbildlicht, kann ich gar nicht sagen, aber es scheint unwiderleglich in seiner Sinn-Evidenz des Unverstandenen oder Unverstehbaren, man könnte auch sagen, in seinem unsinnigen Sinn.

Das muß es gewesen sein, was die Zuschauer bei der originalen Aktion von Beuys in Bann geschlagen hat. Keiner konnte hinterher berichten, w a s es war, sondern nur sagen, w i e es gewirkt hat, was da in einer Bilderfolge schweigend vorgeführt wurde. „Die wahre Sprache der Kunst ist sprachlos", sagt Adorno[11], aber sie ist, wie wir alle wissen, nicht wirkungslos, und sie macht sprachlos, müßte man hinzufügen.

Ich nehme an, daß selbst Kunstwissenschaftler und Kunstpädagogen, so sie anwesend gewesen wären, sprachlos reagiert hätten. Aber die treten meist erst nach Entstehung eines Bildes auf und sind dann immer schon schlau geworden. Das heißt, sie wissen zwischen Sinn und Unsinn zu unterscheiden.

In der Situation des Wahrnehmens gibt es so etwas wie ein begriffloses Bildverstehen, dem die Argumente fehlen. Davor ist niemand gefeit. Man möchte sagen, glücklicherweise. Oder fatalerweise. Ob man seinen Augen trauen will oder seinem Verstand: Das Bild ist da und will gesehen werden. Oder: Ich bin da und will ein Bild sehen.

Das gilt für das materialisierte Bild, aber auch für die unter seiner Oberfläche verborgenen, unsichtbaren Bilder oder Einbildungen. Das Sehen ist gleichsam ihr dunkler Spiegel, das Erkennen ein unmittelbar im Sehen angelegter Akt. Früher gab es, worauf Beuys übrigens untergründig in seiner Haltung auf dem Foto anspielt, den S e h e r als Spezialisten für das Unsichtbare und Unbekannte.
Heute wird uns von Bildern so etwas wie ein profanes zweites Gesicht abverlangt, über das wir durchaus geübt verfügen, wenn wir zum Beispiel Bilder aus der Kunstsphäre sehen oder in seltenen Zuständen der Absence etwas hinter den Dingen entdecken, was wir sonst nicht sehen. Vielleicht auch, indem wir die Bilderwelt, die uns umgibt, unbewußt „durchschauen“, - wenn im Alltäglichen etwas aufscheint, das uns aufmerken läßt, weil es plötzlich eine ungewohnte „Ansicht“ preisgibt oder dem Auge befremdlich ist. Manchmal widerfährt dieses Wahrnehmungsglück dem schweifend-sinnierenden Auge des Flaneurs:
Walter Benjamin hatte vermutlich im Augenblick seiner Entdeckung des Gedankens bzw. des Phänomens der Aura ein solches zweites Gesicht; der Begriff wird ihm erst hinterher eingefallen sein. Vielleicht gibt es einen direkten Weg zu Bildern und zur Konstruktion ihres Sinnes im Augenblick der Betrachtung, bevor dieser Sinn als Konstrukt zur Sprache kommt.

Meine Vermutung, daß die originale Aktion von Beuys, aber auch dieses ihr abgezogene Foto „verstanden“ werden können, ohne daß der Zeuge oder der Betrachter einer gängigen oder überhaupt irgend einer Interpretationstheorie folgen muß, finde ich bei Richard Shusterman bestätigt. Natürlich fangen wir irgendwann an, Bilder rational zu deuten. Aber Shusterman unterscheidet strikt zwischen dem sprachgebundenen interpretativen Akt und einem Erkennen jenseits oder vor der Sprache und schreibt von einer „somatischen Erfahrung“, die dieses Verstehen ohne das Netz der Sprache ermögliche.[12]
In unserem Fall der präsenten Primärbilder der Aktion und des repräsentierenden Sekundärbildes Foto können das Atmosphärische des Handlungsraumes, das Charisma der handelnden oder der abgebildeten Person, die worttranszendierende bildhafte Semantik der Situation jeweils unmittelbar beim Anwesenden im Raum oder beim Betrachter des Fotos ankommen, der die Bilder für sich stumm realisiert und imaginativ ausbaut, ehe er in übliche Formen der rationalen Reflexion und Interpretation des Wahrgenommenen eintritt. So unverzichtbar dieser Übertritt ins Bewußtsein und in die Distanz einer der eigenen Wahrnehmung bewußten Betrachterposition sein mag, damit wir nicht blind der Ver-

führung durch Bilder erliegen, so wenig geeignet erscheint dieser Weg des Sprechens als ein ausschließlicher zu Bildern jener Sorte zu führen, die hier zitiert sind. Susan Sontag hat sich in „Against Interpretation"[13] schon 1966 gegen dieses Grundmißverständnis von Bildern gewehrt, als Arnold Gehlens Diktum von der Kommentarbedürftigkeit moderner Kunst noch unbestritten galt. Diese wird heute von professionellen Auslegern und pädagogischen Vermittlern weiter behauptet, schließlich legitimiert das ihren Beruf. Man könnte, um ein Wort von Sontag abzuwandeln, auch sagen, das sei ihre Rache an der Kunst oder an den Bildern. Hat Beuys Rache an seinem neugierigen Publikum genommen, indem er ihm sowohl Erklärbares als auch Erklärungen verweigerte? Oder hat er es nur enttäuscht, nämlich von einer falschen Erwartung befreit? Die Verweigerung einer verbalisierbaren Bedeutung der Aktion, ihre Schwererkennbarkeit und ihr dunkel bleibender Sinn haben jedenfalls nicht verhindert, daß etwas bis heute bildhaft Wirksames entstanden ist: Beuys hat in dieser Aktion eine Reihe dem Auge wahrnehmbarer Bilder erzeugt. Ein anwesendes Publikum hat sich ein Bild des Geschehens machen müssen, genauer, so viele Bilder wie Köpfe.

Des Weiteren hat eine Fotografin Ausschnitte der Aktion in statische, noch heute wahrnehmbare Bilder umgesetzt, vermengt mit ihrer Sicht des Ursprungsbildes vor Augen. Später hat jemand, (ich, der ich hier schreibe) mit einem der Fotos eine Geschichte begonnen, über die er Beziehungen zum Nicht-Miterlebten der Aktion, zur Figur des Künstlers und zu dessen Werk zu knüpfen oder zu erinnern versucht. Er macht sich jenseits aller Unmittelbarkeit des einstigen Geschehens mit Hilfe des Fotos und kraft Phantasie ein eigenes unscharfes Bild, eines, das aus mehr Undeutlichkeiten als Genauigkeiten besteht, aber eben doch noch ein Bild von der Sache genannt werden kann, unterfüttert von Zurufen bruchstückhaften Wissens und der Erinnerung an andere Bilder.

Hat Beuys mit seinem Ursprungsbild der Aktion, hat das Foto von Klophaus eine stille Post abgeschickt, so daß sich unentwegt weitere Vorstellungsbilder entwickeln - bei denen, die wirklich dabei waren, und bei denen, die das Foto zu sehen bekommen? Verifizierbar ist, daß diejenigen, die die Originalszene erinnern, und derjenige, der sich ein persönliches Bild davon über ein Zwischenbild (das Foto) konstruiert, bei einem vorsprachlichen Verstehen des Wahrgenommenen und des Imaginierten (in eben diesem Akt des Wahrnehmens und Imaginierens), also in einem Bilder-Raum, ankommen, und daß dieser Bilderraum auch ihr Reflexionsraum ist. Die Ursprungsaktion vollzog sich als Kunstwerk in einer Galerie, das Sekundärbild der Fotografin befindet sich in einem Kunstbuch. Aber was über die Wahrnehmung, die Imagination und das Denken ankommt und sich im Betrachter realisiert, bleibt nicht im Kunstdiskurs stecken. Das Resultat gehört dem wahrnehmenden Subjekt aller dieser Nach-Bilder und wirkt womöglich auf seine Sicht der Welt, nicht nur auf sein Verstehen von Kunst ein. Das könnte sogar verfehlt worden sein im Sinne der Intentionen des Künstlers oder nach Meinung seiner professionellen Interpreten.

Noch einmal: Der Imagination wird gerade dadurch Raum gegeben, daß kein eindeutiges, irgendwie verbal kommunizierbares Modell der Werkerklärung und/oder Weltdeutung angeboten wird. Kein einziges Originalbild im Ablauf der Aktion, keine Geste war eindeutig, mögen sich die Beuys-Exegeten noch so angestrengt um einen Interpretationskonsens bemühen. Auch das Foto bleibt rätselhaft und uneindeutig in jeder Hinsicht, außer daß man weiß, daß es aus dieser Aktion stammt. Offenbar gibt es in der Kunst das Prinzip einer radikalen Verweigerung von Eindeutigkeit des Bildes, ohne daß im Betrachter Unzufriedenheit entstünde. Im Gegenteil, trotz aller Undeutlichkeiten scheinen in der Wahrnehmungsfolge Überzeugtheiten eines nicht aussprechbaren Sinnes auf. Das Betrachtersubjekt generiert selbst Sinn, noch bevor es darüber sprechen könnte, im Augenblick, da es das Bild „sieht“ und „begreift“. Aussparung von objektivierbarem Sinn und kommunizierbarer Bedeutung durch das Bild (und die Anerkennung dieser scheinbar negativen Eigenschaft durch ein Publikum) lassen eine Lücke, in die der Betrachter eintreten kann, um überraschende, irritierende, überzeugende Wahrnehmungen zu machen, ohne zu wissen, wie und weshalb ihm das geschieht. Er gerät in den Sog des Bildes. Bei Günter Wolfahrt ist zu lesen: „Im Augenblick ästhetischer Epiphanie werden wir (...) vom Blick des Bildes erfaßt“[14], das heißt, das Bild schaut uns an, während wir es wahrnehmen. Bei Gottfried Boehm heißt es: „Der Sinn des Bildes bildet sich sinnlich.“[15] Das Bild gibt dem Wahrnehmenden Impulse zur Konstruktion von Sinn, bevor ihm bewußt ist, daß er daran arbeitet.

Das Opfer

Das Feuer neben der Eisenplatte mit seltsamen Instrumenten aus Schrott treibt stinkenden Qualm über den von der Sonne glühenden, wüsten Platz zwischen rostigen Containern. Marc Wittje bückt sich zum Feuerbecken, einer aufgerissenen, in den Boden eingegrabenen Waschmaschinentrommel. Stille und Rauch wie bei einer Opferung. Niemand spricht. Er wirft ein Bündel alter, verölter Arbeitshandschuhe hinein, die Flammen züngeln hoch. Dann wirft er seinen Walkman hinterher, stopft Kabel und Kopfhörer nach. Erschrocken flüstert neben mir eine Studentin: „Das darf er doch nicht!“

Dann nimmt er ein Eisenrohr, kniet vor dem Feuer nieder, steckt das Rohr mit einem Ende ins Feuer, nimmt das andere an den Mund und bläst eine lange, sonore Tonfolge wie eine Beschwörung in das qualmende Loch. Danach steht er auf, legt das Rohr hin und wendet sich wieder der Eisenplatte und seinen Instrumenten zu.

Ein so starkes Bild hatte ich lange nicht gesehen. Allerdings war ich vorbereitet. Eine Woche lang hatte ich mit der Gruppe auf dem Platz mit den Schrottgebirgen verbracht, einer bedrängenden Wahrnehmung ausgesetzt. Das Bild war sofort da, noch ehe ich denken und seine Wirkung auf mich begründen konnte. Es hob sich von selbst aus dem gleichmäßigen Fluß der Performance heraus, wie eine Raffung oder Verdichtung des Geschehens für zwei, drei Minuten.

Die Erfindung im Herstellen eines solchen Bildes beruht auf einem vorgängigen ästhetischen Erfahrungsprozeß und ist Erkenntnisakt, Formakt und Kommunikationsakt in einem. Es ist eine Kunst. Man merkt es daran, daß ein solches Bild im präverbalen Raum beipflichtender Erfahrung oder einer Sinnahnung zündet - manchmal begleitet von der plötzlichen Gewißheit einer ästhetischen Epiphanie, die das sprachlich kontrollierte Bewußtsein wie der Blitz eines momentanen Erkennens durchschlägt: Für einen Augenblick glaubte ich, in das prometheische Feuerloch der Geschichte des homo faber geschaut zu haben, umgeben von Eisenschrott, Schiffsrümpfen, Kränen, hydraulischen Scheren und Pressen, deren Gekreisch uns eine Woche lang in den Ohren gelegen hatte.

Wilde Thesen

Das Bild ist stärker als das Wort.
Der Betrachter ist im Bild, sobald er es sieht.
Das Bild ist da, wenn es gesehen wird.
Im Bild erscheint, was abgebildet ist.
Im Bild erscheint, was nicht abgebildet ist.
Bilder sind Zeugen eines Unbewußten.
Bilder sind Baumaterial von Bewußtsein.
Bilder sind Projektionsflächen dessen, was jemand in ihnen zu sehen glaubt.
Bilder erinnern an etwas, von dem man nicht weiß, daß man es weiß.
Bilder verweisen auf andere, ältere Bilder.
Bilder erzeugen Visionen des Nichtexistenten.
Das Bild fesselt oder verrückt den Blick.
Der Blick verrückt und fixiert das Bild.
Das Bild läßt den Begriff an sich abprallen.
Das Bild ist ein Sinnahnungsrätsel.

Das Bild ist Anlaß von Einbildungen.
Bilder sind das kollektive Gedächtnis.
Bilder spiegeln das Subjekt im Augenblick des Sehens auf sich selbst zurück.
Im Bild erscheint, was es gibt.
Im Bild erscheint, was es nicht gibt.
Das Bild ist eine Basis spontanen Welt- und Selbstverstehens.
Im Bild erhebt das ästhetische Subjekt seinen Existenzbeweis.

Die Beschießung Venedigs

Das weiße Riesenschiff schob sich im Abenddunst hinter der Kuppel von S. Maria della Salute heran, um an der Spitze der Dogana in voller Pracht zu erscheinen, dichte Reihen winziger Menschen an den Reelings und hinter verglasten Gängen, viele Stockwerke übereinander. Als der Koloß an der Gabelung von Guideccakanal und Canal Grande ins Offene glitt, wurde das Feuer eröffnet. Auf der Steuerbordseite ging das Gewitter der Blitzlichter los, Tausende schossen was das Zeug hielt auf den Dogenpalast, obwohl Fotoblitze keine zwanzig Meter weit reichen und die hinter den Glasscheiben Stehenden nur sich selbst blenden konnten. Die lautlose Kanonade dauerte an, bis das Schiff am Anleger von S. Marco vorübergeglitten war, mit einer leichten Rechtskehre der Fahrrinne folgend, so daß die Heck-Passagiere ihrerseits das Feuer aufnehmen konnten, bis zunehmende Distanz die Blitze verebben ließ und die Erscheinung sich im Abenddunst verlor.

Was war das? Erst war es das Bild eines majestätisch langsam herangleitenden großen Schiffes, nichts Aufregendes. Erst als gefeuert wurde, fiel es mir wie Schuppen von den Augen. Plötzlich war da ein anderes Bild. Ich sah es mit blödem Staunen. Da kippte ein Bild urplötzlich in ein anderes um, das mich in helle Aufregung versetzte. Es war mit einem Male da, indem ich es „erkannte", noch ohne genau zu wissen, was es mir zu sagen schien. Da es einige Minuten anhielt, hatte ich Zeit zum Sinnieren.
Obwohl Tourismus mich bis zur Unempfindlichkeit langweilt, war ich sofort hellwach und sog das Bild auf. Es diente ja buchstäblich meiner Erleuchtung. Die Szene schien mit kulturellem Gegenwartssinn gesättigt wie ein unfreiwillig exhibitionistisches Dokument unserer habituellen Bildergier, die mir, dem Zeugen, auf eine ebenso ironische wie gespenstische Weise vorgeführt wurde, fast als hätte jemand diesen Event in der Absicht inszeniert, die in den Kunstschrebergartenhütten der Giardini ausgestellten Werke der Biennale als gesellschaftlich belanglos zu blamieren.
Hätten der aggressive fotografische Blick und dazu der durch ebenso zahlreiche Videokameras kanali-

sierte, blitzlos erzeugte Augenschein nur eine Spur materialisierte Energie freigesetzt, wäre der Palast zu Staub zerbröselt.
Erinnerte mich die Beschießung an Gemälde von historischen Seekriegshandlungen oder einer Huldigung des Dogen? Ich hatte keine Zeit, darüber nachzudenken, weil mir dieses Bild zugleich als überzeugendes Zeichen machtvoll-kollektiver Aneignungswünsche, als Symbol einer Mischung von Gedankenlosigkeit und massenhaft bezeugtem Respekt vor dem Kulturgut eingeleuchtet hat, aber auch als Ausdruck einer blinden Bilderwut, die sich auf das Festhalten des Augenblicks und seiner Beweisfähigkeit stürzt, um den eigentlichen Akt des bewußten, genußvollen Sehens zu versäumen.
Aber vor allen diesen Überlegungen war das Bild gegenwärtig; es war fertig „da“, plötzlich, und es stimmte alles, bevor ich es wußte. „Immer ist das Bild früher da als seine Teile und gibt den sinnlosen Tupfen der Sinneseindrücke erst ihre Bedeutung“, wie wir bei Robert Musil lesen.[16] Wir können auch sagen, immer ist das Bild da, bevor unser Denken anfängt. Eindringlicher als jede kultursoziologisch ausgelegte Medientheorie hat mir dieses Marinestück bildhaft dargelegt, in welcher gesellschaftlichen Gegenwart ich lebe.

Ich mußte lachen. Nicht über die Leute auf dem Schiff. Eher über mich, der ich nur durch Zufall nicht zu denen gehöre, die mit Kameras bewaffnet auf Kreuzfahrt gehen, und dem, weil er etwas abseits steht, ein Bild geschenkt wird. Meine Bildersehnsucht hatte mich nach Venedig zur Biennale getrieben und war dort ungestillt geblieben; so mußte ich warten, bis sich dieses eine Bild ereignete und ich es sah: Das Bildernarrenschiff.
Das Bild des weißen, Blitze schleudernden Geisterschiffs vor der Kulisse des zauberhaften Venedig, dieser fliegende Holländer des Zeitalters der Bildermassenproduktion, war ein Geschenk außerhalb der Kunsterfahrung, derentwillen ich gekommen war.
Ein „Zufall“ hat mich das Bild sehen lassen oder eine leichte Verrückung des Blicks. Plötzlich erschien mir der banale Vorgang als Bild mit hochkonzentrierter Bedeutungsdichte. Wäre ich Konzeptkünstler, würde ich es auf die Dauer seiner Wiederholung zum Kunstwerk erklären. Man braucht keine Kunst, um Bilder zu sehen. Sie sind überall. Sie tauchen aus dem unbemerkt Alltäglichen als Erscheinungen auf, indem wir sie aus einer leichten Verrückung des Standpunktes der Wahrnehmung sehen - hier nach Fahrplan der Costa Line und meiner zufälligen Anwesenheit am Ort des Geschehens. Jeder ist, in einer ironischen Abwandlung einer These von Beuys, sein eigener Bildermacher und Bilderseher. Daran wird keine Pädagogik jemals etwas ändern. Und ob man „gebildet“ sein muß, um Bilder zu machen oder zu sehen, was auf das Gleiche hinauskommt, wage ich zu bezweifeln. Vielleicht kann man nur besser darüber reden.

Das Sichtbare und das Unsichtbare sehen wir ohne Belehrung. Es vermittelt sich als Ausdruck der historischen Kultur, in der wir leben. Wir sind umstellt von Bildern, die wir selbst im Sehen zu solchen machen. Ihre Wahrnehmung oder Erfindung ist ein ge-

nuiner Akt unserer kulturellen Existenz, nicht Anhängsel eines Denkens oder bloß ein Komplement zur Sprache. Bilder sind eigenmächtig durch unser Sehen. Bilder sind verwirrend, banal oder erleuchtend für den, der darüber sprechen kann und für den, der nicht darüber sprechen kann.
Im Bilde sein - wäre das eine Definition von Bildung?
Sie würde diejenigen nicht ausschließen, von denen gesagt wird, sie verstünden nichts von Bildern.

Was heißt nun „Bilder sehen"?
Wir sehen Bilder und sehen etwas hinein, was sie uns zu sagen scheinen. Wir realisieren Bilder im Wahrnehmungsakt auf der Ebene ihrer Sichtbarkeit und auf der Ebene ihrer Unsichtbarkeit.
Wir lassen sie in ihrer Komplexität und Bedeutungstiefe im Konstruktionsprozeß der Wahrnehmung entstehen, der gleichzeitig ein Projektionsprozeß ist.
Bilder werden für uns wirksam und bedeutungsvoll durch ihr Wahrnehmungsangebot und das der Wahrnehmung Entzogene. Also aufgrund dessen, was vorgegeben ist in der Schichtung von Reizen des für uns bewußt erkennbaren (und benennbaren) Materials des Sichtbaren und der Reize des für uns nicht benennbaren, unbewußten Materials des Unsichtbaren, das unter der Haut des Sichtbaren, in der stummen Sprache der Bilder mittransportiert, von uns gelesen werden muß. Auf beiden Ebenen, an beiden Materialien sind wir als Betrachter aktiv, konstituieren wir das Bild und uns selbst als bildbetrachtendes Subjekt.
Bilder sehen ist demnach kein bloßes Festhalten dessen, was zu sehen ist. Es ist immer ein Imaginieren des Unsichtbaren beteiligt, ein Akt der Realisation teils subjektiv konstruierter, teils dem Bild abgehorchter (von ihm gesprochener) „objektiver" Gehalte, für deren Reichweite und Gültigkeit wir als Betrachter die Verantwortung tragen.
Vor dem Bild, am Bild, im Bild sein bedeutet nicht nur eine Konfrontation mit Sichtbarem und Unsichtbarem, sondern auch eine Konfrontation des wahrnehmenden Subjekts mit sich selbst. Daher ist die Aussetzung an Bilder eine subjektkunstpädagogisch unverzichtbare (auto-) didaktische Grundsituation, die über das Verstehen von Kunst hinausführt.

1 Maurice Merleau-Ponty: Das Sichtbare und das Unsichtbare. München 1994^2, S. 275; 298

2 Vgl. Uwe M. Schneede: Joseph Beuys. Die Aktionen. Kommentiertes Werkverzeichnis mit fotografischen Dokumentationen. Ostfildern-Ruit 1994, S. 102 - 108

3 Merleau-Ponty a.a.O., S. 275

4 Vgl. Abb. 87 in: Joseph Beuys. Eine Werkübersicht. Zeichnungen und Aquarelle. Drucksachen und Multiples. Skulpturen und Objekte. Räume und Aktionen. 1945 - 1985, hrsg. von Lothar Schirmer. München/Paris/London 1996

5 Schneede a.a.O., S. 107

6 A.a.O.

7 A.a.O., S. 104

8 A.a. O., S. 103

9 Dietmar Kamper: Stichworte zu Bild und Phantasie, in: Christoph Wulf (Hg.): Vom Menschen. Handbuch Historische Anthropologie. Weinheim/Basel 19978, S. 589

10 A.a.O., S. 1008

11 Theodor W. Adorno: Ästhetische Theorie, Gesammelte Schriften Bd. 7. Frankfurt am Main 1970, S. 171

12 Richard Shusterman: Vor der Interpretation. Sprache und Erfahrung in Hermeneutik, Dekonstruktion und Pragmatismus. Wien 1996, S. 93

13 Susan Sontag: Against Interpretation and other Essays. New York 1966

14 Günter Wolfahrt: Das Schweigen des Bildes. In: Gottfried Boehm (Hg.): Was ist ein Bild? München 1994, S. 171

15 Gottfried Boehm, zit. in Wolfahrt, a.a.O., S. 197.

16 Robert Musil: Der Mann ohne Eigenschaften. Roman II. Aus dem Nachlaß. Reinbek 1978/1996, S. 1503

8

VERLORENE UND WIEDERGEWONNENE ZEIT

Das Prinzip Langsamkeit

Der Handschuh

In der Höhle

Die gelebte Erfahrung

Das Prinzip Langsamkeit

Eine Subjektkunstpädagik, die keine Zeit verliert, ist nicht denkbar. Genauer: In der die Lehr- und Lernsubjekte keine Zeit verlieren und nicht aus der rationalisierten linearen Zeit des Lehrens und Lernens austreten dürfen. Deshalb ist curricular verregelter, zeitökonomisch getakteter und nach Kriterien einer Lehr-Lern-Effizienz kontrollierter Kunstunterricht so unerträglich, wie er sich in der Regel darzustellen pflegt. Schule signalisiert ja schon dadurch ihr gespanntes Verhältnis zur Zeit und zum Subjekt, daß eine Stunde im System dieser in die Lebenszeit gesetzten Institution 45 Minuten dauert. Mit einer Doppelstunde hat man also schon eine halbe Stunde eingespart.

Nun ist hier nicht der Ort, über Organisationsprobleme des Lernens in der Schule nachzudenken, sondern über die Bedeutung von Zeit oder Zeiten für die ästhetische Arbeit, aus der jeweils individuelle Erfahrungsprofile hervorgehen sollen. Es geht schlicht um den Wiedergewinn der Identität von Lernzeit und Lebenszeit im Wahrnehmen, Erkennen, Vorstellen, Träumen und ästhetischen Handeln.

Wir wissen: Kinder „vergessen" die Zeit beim unbeaufsichtigten Spielen. Erwachsene verbrauchen Zeit bei irgendwelchen Beschäftigungen, über die sie niemandem Rechenschaft schulden außer sich selbst. In extensiver Weise scheinen Künstlerinnen und Künstler die Schallmauer des Begriffs der knappen Zeit und einer an sie gebundenen „sinnvollen" Tätigkeit zu durchbrechen, um exemplarisch vorzuführen, wie souverän jemand sein eigenes Zeitmaß und die Suche nach dem Sinn einer Tätigkeit im verlangsamten Lauf der Dinge auslegen kann. Bill Viola zwingt uns als Betrachter zeitlupenhafter Video-Sequenzen zu einem ungeahnten Genuß alltäglicher Bewegungsszenerien, die als Bild in ihrer Gelassenheit der Flüchtigkeit der Zeit zu trotzen scheinen und uns in das Recht des Sehens einsetzen, das die Clip-Kulturen in hektischer Schnittfolge verweigern. Über das Künstlerpaar Fischli/Weiss liest man: „Nach eigenem Bekunden hat ihnen an Gustave Flauberts 'Bouvard und Pécuchet' besonders gefallen, daß in dem Buch zwei erwachsene Männer einen Großteil ihrer Zeit damit verbringen, sinnlose Dinge zu tun."[1]

Wer Sinnloses tut, verschwendet seine Zeit. In der Schule endet das katastrophal; man wird erst diszipliniert, dann eliminiert. Dabei müßte über den Sinn von Zeitverbrauch und scheinbar sinnlosen Tätigkeiten gerade in geschützten Räumen des Lernens neu und grundlegend nachgedacht werden. Der gesellschaftlichen Vorbestimmtheit vom Sinn einer Tätigkeit und vom Wert der Zeit blind zu folgen, kann völlig sinnlos sein. Daß Schule so oft Lebenszeit vernichtet statt erfüllt, ist das historische und bis in die Gegenwart anhaltende Grundproblem dieser Institution.

Denn - was im Zeitaufwand letztlich sinnvoll oder sinnlos gewesen ist - darüber entscheidet keine gesellschaftliche Instanz, sondern das mit dem Aufbau seiner Lebensgeschichte befaßte Subjekt. Hier gelten andere Zeitökonomien und andere Sinnzuweisungen durch Lebenstätigkeit. Wir können auch sagen, subjektive Wahrnehmung verschlingt Zeit. Es dauert, bis ich etwas gesehen und erkannt habe, von dem ich sagen könnte, daß ich es wirklich wahrgenommen, zur Erfahrung verarbeitet und mich selbst in diesem Akt wiedererkannt habe. Wer keine Zeit hat, hat immer gerade dazu keine Zeit und versäumt sein Leben, das ohne solche säumige Wahrnehmung „ungenutzt" verrinnt.

Ein existentialästhetisch orientierter Ansatz kunstpädagogischer Praxis kann die Sinnfrage nicht anders stellen als aus der Sicht der Lebensbewußtheit des Einzelnen, die allein darüber entscheidet, ob ein Ereignis, eine Tätigkeit sich als sinnvoll erweist, egal, wieviel Zeit davon verbraucht wird. Wer sich die Selbstentdeckung des ästhetischen Subjekts zum Ziel setzt, wechselt zu einem anderen Zeitbegriff als die zweckgerichtete Bildungspraxis ihn hat. Die These ist übertragbar auf alle Lernprozesse: Das Freisetzen der Wahrnehmung in eine ihr gemäße Zeit ist der Anfang allen entdeckenden, selbständigen Lernens, so wie der Umweg, oder wie Horst Rumpf es so oft beschrieben hat, die Erschwernis, die Mühsal der Umstände, die es zu meistern gilt, in der Regel erst jenen Erfahrungszuwachs verbürgen, von dem eine systemangepaßte Pädagogik allenfalls träumen kann.

Jedes Erfahrungslernen ist ein ästhetisches und bedarf einer nichtkontingentierten, nichtüberwachten Zeit, in der das Lernsubjekt den Prozeß seiner Wahrnehmung, seiner Erkenntnis und seines Handelns für sich organisieren und zugleich sich selbst darin wie in einem Spiegel wahrnehmen kann. Deshalb mein Plädoyer für mehr ästhetische Projekte statt Unterricht, für „ungerechtfertigten" Zeitaufwand, für die Langsamkeit ästhetischer Blicköffnungen aus der subjektiven Perspektive eines Erlebens, das die Erfahrung grundiert.[2]

Die Suche, der Irrtum, die Irritation, der Zufall, das „Auf-der-Stelle-Treten" (Rumpf), der Zweifel, sind Momente im Lernprozeß, die sich weder pädagogisch regulieren oder kontrollieren noch auf einen durchschnittlichen Nenner des Zeitverbrauchs bringen lassen, aber sie sind entscheidend für jede Erfahrungsgeschichte.

Eine didaktische Theorie des ästhetischen Erfahrungshandelns, die nicht über die Bedeutung „verlorener" Zeit nachdächte, wäre keine. Es sei denn, sie setzt prozedural instrumentierte, ökonomisch bestimmte Anpassungsleistungen als selbstverständlich voraus.

Es sei mir hier eine biographische Anmerkung erlaubt: Ich habe weder als Schüler noch als Student noch als Lehrer-Lehrling, noch als etablierter Studienrat, noch als Hochschullehrer jemals begreifen können, weshalb man ein guter Lehrer sein soll, wenn man es fertigbringt, ein Feuerwerk über 45 Minuten abzubrennen, das irgendwelche Zuschauer (Mentoren, Fachleute etc.) und vielleicht noch einige Schüler unterhält und seine Dramaturgie bestimmten Regeln des Ablaufs von „lebendigem Unterricht" unterwirft. Ich habe diesem Theater schon als Schüler mißtraut, weil es selbst für Kinder und Heranwachsende durchsichtig ist, was da gespielt wird. Als junger Lehrer habe ich beharrlich in größeren Zeiträumen und Lernrhythmen gedacht und jede Zeitnische, jedes Loch im System genutzt, um der

Verhackstückung des Lehrens und Lernens zu entkommen. Ob mein Kunstunterricht gut, mittelmäßig oder schlecht war, wußte ich nach einem halben Jahr. Auch die Schüler wußten dann in der Regel, ob sie gut, mittelmäßig oder schlecht gearbeitet hatten.

Mein Verdacht war schon im Referendariat, daß Unterricht eine Maßnahme sein könnte, um alles auszuschließen, was auf die Anerkennung individueller Lehr- und Lernzeiten, auf die Produktion persönlicher Intensitäten und Verantwortlichkeiten hätte hinauslaufen können, und daß dazu das Disziplinierungsmittel der Zeitverknappung besonders effektiv eingesetzt werden kann. Ich hatte einen Ausbilder, der es offensichtlich gut mit mir meinte, weil er in Lehrproben, in denen ich mich vertrödelte, seine markige Faust mit der Uhr am Handgelenk weit hochstreckte, um mich an die Zeit zu erinnen. Er wußte nicht, welche symbolische Drohgebärde er da produzierte. Sie ist mir bis heute gegenwärtig geblieben.

Bis an das Ende meiner Universitätslaufbahn bin ich in einen Kampf gegen die Rasterung von Erfahrungsgeschichten und die Kontingentierung von Denkzeiten verwickelt, also damit beschäftigt, die Strukturen zu unterlaufen, die in der so gut wie nicht mehr reformierbaren Institution die Wahrnehmung, das Nachdenken und das Auftauchen von Sinnfigurationen verhindern.

Die elementarpraktische Übung und das ästhetische Projekt waren notgeborene Erfindungen, Befreiungsschläge für mich als Lehrsubjekt wie für die beteiligten Lernsubjekte.

Aber im Rückblick ist dies alles andere als eine Verschwendung von Zeit gewesen. Es war ihr Wiedergewinn. Freilich in einer anderen Weise als erfüllte Zeit eines Miteinander in Erfahrungsprozessen, die ganz und gar außerhalb jenes angeblich effektiven Dienstleistungsdenkens verliefen, das einst sogenannte Reform-Universitäten heute durch eigene Controlling-Abteilungen überwachen lassen. Schule und Universität sind aus dem unauffälligen strukturellen Schatten ihrer Gesellschaftsbestimmtheit in das harte, unmittelbare Licht ökonomischer Prioritäten getreten. Deren Gewalt zeigt sich nackt und mit erschreckender Akzeptanz hingenommen. Umso unverzichtbarer wird der ästhetische Widerstand subversiven, aber pädagogisch begründeten Zeitverschleißes, der unter anderem der Sinnsuche für das Lernen gewidmet ist.

Es gibt eine Ökologie des subjektiven Lebens und Lernens, einen individuellen, durch die Lebenszeit begrenzten und daher kostbaren und schützenswerten Bewußtseinsraum des Einzelnen. Wozu das ganze pädagogische Gerede um das Ästhetische, wenn es nicht der Verteidigung oder gar Ausdehnung dieses Raumes in die Zeit dient, die für freie Bildungsarbeit bleibt?

Der Handschuh

Jemand arbeitet im Abseits der linearen Zeit und der Institution, die sie regelt. Hilde Winkler beschreibt dies indirekt in einem Text zu ihrer Tätigkeit im Tagebaurestloch mit:

Bahnschwellen. Die strenge Formation zeichnet eine Richtung vor, auf die ich mich einlasse: Ein Zustand von strenger Ordnung und leichter Verschiebung schreibt sich beim Gehen in meinem Körper ein. Am Ausgangsort links und rechts zwei lose gestapelte hochragende Schwellenobjekte. Nutzlos. Die begierig den Regen in sich aufsaugen. Beharrlich und kleinlaut scheinen sie im Zustand des Bewußtseins um das Enthobensein von einer ehemals wichtigen Aufgabe auf etwas zu warten. Überflüssig. Nie mehr werden sie tragender Teil eines gewichtigen Ganzen sein. Ihren Blicken standhalten. Unruhig tasten meine Augen die feuchte Landschaft ab. Neben mir versickert ein Handschuh im schlammigen Boden. Ich hole ihn heraus, eine Spur bleibt zurück, eine Einbuchtung, aufgerissene Erde: Mein Eingriff in die Landschaft. Die Spur im Boden wird morgen verschwunden sein. Den Handschuh nehme ich mit, trage ihn durch die Landschaft, feuchte aufgeweichte Stofflichkeit. Lege ihn auf die Bahnschwelle, versuche dann wiederholt und vergeblich eine Schwelle aus dem Stapel anzuheben. Den Schwellen eine neue Anordnung schenken, ihnen eine neue Bedeutsamkeit verleihen.
(...) Meine körperlichen Kräfte und Proportionen sind mir nun bewußt. Klein, sehr klein, kraftlos. Riesige Tagebaugrube, Maschinenarbeit, Übersetzungsarbeit, Kräftetransformation. Der Handschuh legt sich als zweite Haut zwischen die Hand und das, was berührt werden soll. Der Handschuh macht die Hand grobschlächtiger für die grobe Arbeit, die eine eigene Genauigkeit erfordert. Das Leder, selbst rauh, beschützt, schont den Tastsinn der sensiblen Hand. Eine Haut aus Tierhaut, außen rauh, innen verstärkt, die nicht dichthält, Luft und Wasser diffundieren. Und Geschichten.

Arbeitshaut, mit der Schwellen bewegt werden, Holz wird zugerückt, damit die Braunkohle per Waggon auf Schienen zur Fabrik gefahren werden kann. Damit. Um zu.

2 Männer heben 1 Bahnschwelle an, 4 Handschuhe leisten hier wichtige Arbeit.

Schutzhaut-Arbeitshaut-Identitätshaut. Schutzschicht, Schichthaut, Hautschicht-Körperschicht, Schichtarbeit. Schicht auf Schicht bewegbare Landschaft. Schicht. Damit ist Schicht.

Ich entdecke gelbe Farbe, mit dem Handschuh wurde gemalt. Die gelbe Farbe entpuppt sich als Sandschicht. Erdpigment. Es wurde nicht gemalt. Vielleicht kein Osthandschuh? Projektionen. Von vorgefertigten Mustern. Ist die Grenze noch erkennbar? Wer erzählt hier wem? Höre ich überhaupt zu? Schweigen.

Ich erkunde den Schaufelbagger. Bei jedem Schritt gibt der Bagger ein dumpfes Raunen von sich. In fast jeder Ecke finde ich einen Handschuh. Die fleckigen Lederhände fliegen durch die Luft, taumeln, atmen kurz durch, unten formieren sie gewichtig eine kleine Erhebung.

Pechschwarze glänzende Gummifäuste, luftundurchlässig, im Fettraum am Ende des längeren Ganges. Es riecht nach Ölen und ranzigen Fetten. Ein bestechender Raum. Er hat etwas Stilles, fast Religiöses. Mit einem Pinsel rühre ich lange in einem Fettbottich. Ich denke an Totenkult und einbalsamierte Leichen, wie es wäre, wenn ich mit diesem Schmieröl einbalsamiert werden würde. Eine Schonschicht zwischen mir und der Außenwelt. Der scharfe Geruch treibt mich wieder heraus. Die schwarzen Gummihandschuhe halte ich mit den Fingerspitzen. Noch ganz berauscht entdecke ich auf einer Plattform über mir eine nasse, öldurchtränkte Jacke, mit jeder Berührung löst sich das Gewebe in seine Bestandteile auf, weichgeölt, naß, vergessen.

Viel Öl für den Schaufelbagger, damit leichte Handbewegungen per Hebel- und Knopfbetätigung große Mengen Landschaft verschieben. Übersetzungsarbeit. Damit, um zu.

Die Handschuhe liegen sorgfältig gereiht in den beiden Fahrspuren, die zur Grube führen. Fast alle Handschuhe haben Ölflecken, schwarze Zeichen. Die schwarzen Gummifäuste überragen in ihrer Größe alle anderen.
Getrennt in linke und rechte beginnen sie gerade mit den sauberen Linienspuren der Kettenfahrzeuge links und rechts neben den Fahrrinnen in einen Dialog zu treten. Während ich mir darüber Gedanken mache, höre ich einen LKW diesen Weg herauffahren. Mein Herz beginnt zu klopfen. Das Pulsieren transportiert eine Erfahrung aus einer anderen Zeit: täglich 8 Stunden und Mittagspausen. Schwarze Flecke in den Körpern der mit den Händen Arbeitenden. Das, was ich hier tue, ist nicht nützlich, es ist überflüssig, ein ästhetischer, elitärer Höhenflug, egozentrisch. Warum bin ich nur hier? Ich möchte alleinsein mit den Handschuhen und ihrer Sprache, gleich werde ich wieder überfahren. Warum bin ich nicht in einem Atelier oder einem Museum mit weißen Wänden? Ich sollte mich beeilen, meine Handschuhe zusammenzusuchen und weiterflüchten, mich in Sicherheit bringen vor dem Nützlichkeitsterror. Alltagsbrutalität. Irgendetwas hält mich zurück. Schnell greife ich nach einem Paar roter Gummistiefel, Größe 29, eine russische Einteilung, etwa mit 37 vergleichbar, ich stelle sie aufrecht neben die flachen Handschuhe in die Spur. Sie haben so hoffentlich etwas Bedrohliches. Der LKW kommt heran, näher, drosselt das Tempo, blinkt ganz selbstverständlich links, fährt aus der Spurrille heraus, macht einen beachtlichen Bogen um die Handschuhe. Die beiden Arbeiter blicken auf die Handschuhe und Gummistiefel, sehen dann

mich an, grüßen und fahren weiter. Mein sortierter, unbeschädigter Fundus blickt mich an, als hätte er sich zu keiner Sekunde bedroht gefühlt, nie in Gefahr befunden, er bleibt wie ich ganz unbeschädigt zurück.

Hängend am Schauffelbagger haben die Jacken an ihren Bügeln die Nacht verbracht.
Hüllen, leer, körperlos, besetztes Material, körperlich; sie sind für sich selbst, ehemals für etwas anderes mit der Umgebung verbunden, Geschichtshüllen, individuell, lebendig. Stumme Narrativität der Stoffe.

Zwei Arbeiter klären uns über die roten Gummistiefel Größe 29 auf, über deren Bedeutung an diesem Platz ich mir nicht klarwerden konnte. Klappenschlägerin ist die einzige weibliche Berufsbezeichnung im Baggerbau. In den Spurrillen neben den Handschuhen wirken die roten Stiefel erhaben, zugleich aber auch ein wenig ausgeliefert.

Ich setzte die Klappenschlägerin mit ihren roten Gummistiefeln, ihrer skurrilerweise ebenfalls roten Bluse und einer roten Jacke, die einzigen weiteren weiblichen Kleidungsstücke, die ich auftreiben konnte, an ihren Arbeitsplatz, in einen oben am Bagger, unterhalb des Förderbandes hängenden Raum. Hier arbeitet sie Tag für Tag. So betrachte ich sie lange. Mehrmals wollte ich ihr dringend raten, dieses Signalrot zu verweigern, es wirkt fast schon anrüchig. Ich frage, wie sie die Pinups findet, die an den Spinden verblassen, aber sie antwortet nie.[3]

In der Höhle

Zeitverschwendung? Oder war hier eine Lernzeit subjektiv ertragreich, dicht, erfüllt? Ein anderes Beispiel: Christine Gelhausen, Teilnehmerin am Sommerprojekt 1997 auf dem großen Schrottplatz in Wilhelmshaven, notiert in ihr Tagebuch: „Etwas sucht mich. Das werde ich finden." Ein erstaunliches Satzpaar. Es spricht von Geduld, aber auch von einer Gewißheit des Findens. Man muß sehr jung sein, um solches Selbstvertrauen in die Zukunft zu haben, oder vom Flügel der Weisheit gestreift. Vermutlich hatte die Autorin Vorerfahrungen mit dem Gefundenwerden und dem Finden. Etwa die, daß sich in der Tat etwas aufeinander zubewegen kann - ein Ereignis und seine Wahrnehmung, eine Ahnung oder Erwartung und das dafür Bereitliegende, das eben nur aus dem Blickwinkel dieser Ahnung oder Erwartung wahrgenommen werden kann. Das Bestechende an dem Satzpaar ist die mitschwingende stille Hoffnung, daß in diesem Finden und Gefundenwerden ein Sinn stecken wird. Zugleich ist ein Trick dabei: die Projektion eines undeutlich Erwarteten auf etwas Entferntes, das einen „sucht". Die eigene Haltung und Bewegung der Suche wird auf das Gesuchte übertragen. Das entspannt die Situation ungemein: Da kann jemand warten, ohne Angst, nichts zu finden. Das zu Findende ist ja unterwegs.

Freilich gibt es eine kleine Unsicherheit. Auf der Tagebuchseite steht groß und scheinbar allein: „Etwas sucht mich. Das werde ich finden." Und - winzig im rechten unteren Eck am Rande: „Nachher vielleicht." Die kleine Verzagtheit war unbegründet. Christine Gelhausen hat gefunden, was sie suchte - mit listiger Verzögerung, auf Um- oder Abwegen.

Zitat aus ihrem Tagebuch:

Ich beschreibe kleinere und größere Kreise um die Dinge. Ich suche. Die Maschinen mit ihren pseudomenschlichen Bewegungen ziehen mich an. Ich suche sie aufs Papier zu bannen. Fehlschlag. Die Konstruktionen einzelner Maschinenteile ziehen mich an.
Ich kann ihren Sinn nicht entlarven. Die Menschen zwischen all diesen Gegenständen ziehen mich an. Aber nein. Ich möchte das Unbequeme suchen. Das Ding, was stumm herumliegt. Dem ich egal bin. Bezugspunkte finden zu Sachen.[4]
(Dann folgt der besagte Doppelsatz und ein oder zwei Tage später die Eintragung:)
Über mir läuft der Kran auf langen Beinen hin und her. Da ist Es. Inmitten eines Lagers großteiliger Dienstentlassenen. Ich habe es weder berührt noch gehört. Aber ich wußte, dies war es, was mich suchte. Ich werde mir Zeit lassen, es zu entdecken. Noch hat es keinen Namen, keinen Geruch und keine Mimik. Es werde mir Zeit lassen, es zu entdecken.
Der Platz, auf dem Es sich befindet, bewegt sich in großer Geschäftigkeit. Ein ungemütlicher Ort. Die Kralle des Baggers gräbt sich unermüdlich in den Autoberg. Alles scheppert und kracht. Nur mein auserwähltes Es tönt nicht. Unbeeindruckt thront es inmitten der gewaltigen Schrottwüste. Wenn sich mir der Rollkran zu gefährlich nähern will, kann ich hineinklettern. In Es. Es bietet einen Raum an. Von außen scheint es die Farbe seiner Umgebung angenommen zu haben. Rot- und Brauntöne marschieren über die Flächen und lassen sich dann und wann von einem leuchtenden Orange überraschen. Aber im Inneren beherrscht ein schmutziges Weiß den Raum.[5]

Es dauerte eine Weile, ehe ich, Andeutungen folgend, selber das Objekt fand - einen großen, außen rostigen, innen mit Schamott ausgekleideten Kessel, wie aus dem Rumpf der Titanic geborgen. Den Tagebucheintragungen nach wird dieses Objekt für seine Finderin zum Zufluchtsort, aber auch zum Ort des Nachdenkens über das unaufhaltsame Verrinnen der Zeit. Sie geht den Narben auf der Oberfläche des Objekts nach, entwirft eine fiktive Geschichte seiner Nutzung, zweifelt an der „absurden Idee", eine Woche lang mit einem Objekt zuzubringen, „das ich nicht einmal benennen kann". Fragt sich, was sie da überhaupt mache. Vermutet, sich am Ende besser zu kennen als das Ding.

Sie beschließt, eine Nacht in der Röhre auf dem Schrottplatz allein zu schlafen.
In einer Mischung von Neugier und Erwartungsangst zögert sie bis zur tiefen Dunkelheit, ehe sie zu ihrem Objekt auf dem nun ungewohnt stillen Schrottplatz geht und hineinschlüpft. Aber zum Schlafen ist sie kaum gekommen, weil sie, blind schreibend, in der Höhle weiter Tagebuch führte, vor allem zu ihren plötzlich dominanten Tasterfahrungen.
Wie weit die Reise zurückgegangen ist, wird ihr erst am nächsten Tag bewußt: „Eben, als ich mich wegen des nächtlichen Schlafentzugs noch einmal ins Bett legte und die Augen schloß, fing mein Bett an zu schaukeln. Und jetzt erinnere ich mich auch wieder: Meine Höhlenröhre ist eine Wiege! Beim Hin- und Herdrehen meinerseits nimmt die Röhre meine Bewegung auf und beginnt ihrerseits, mich zu schaukeln.“ [6]

Aber nicht die hier im Nachhinein bewußtwerdende Regression in den Raum frühkindlicher Erfahrungsanmutung scheint mir als treibendes Motiv des ästhetischen Selbstexperiments dieser Frau, sondern das schon vorher erkennbare, durchgehende Moment der Verzögerung der Annäherung an das geheimnisvolle Objekt aus der Technik-Geschichte, das auf dem wüsten Platz zu seiner Vernichtung abgelagert ist.
Die gesuchte Beziehung zu diesem verlorenen, wertlosen Ding wird abwartend hergestellt, stellvertretend für alles andere Angehäufte, und zwar in einem Akt der einfühlenden, ja einwohnenden sinnlichen Kenntnisnahme, mit der Produktion von Phantasmen und Reflexionen gemischt, so daß der ganze Vorgang bewußt in die Zeit gedehnt erscheint. Das schlußendlich intime Verhältnis zum Objekt wird durch „Aufstauung der Aufmerksamkeit“ [7], oder in der Art aufgebaut, wie wenn jemand sich einen Genuß aufspart, seine Erfüllung verzögert. Ganz der These Horst Rumpfs folgend, daß es produktive Schwebezustände, Unfertigkeiten des Bewußtseins beim Lernen geben muß (ich würde hinzufügen, zeitweilige Blindheiten oder nur ahnungsvoll-schweifende Seitenblicke der Wahrnehmung), hält sich Christine Gelhausen das Ergebnis ihrer Objektumkreisungen und -annäherungen lange offen. Damit wird ein ästhetisches Moment der selbsterzeugten Spannung auf das Erfahrungsereignis erkennbar. Ästhetisch nenne ich dieses Moment, weil es mit der Erwartung und dem Vollzug der Wahrnehmung verbunden ist, weil es womöglich schon vorher die Produktion von Vorstellungsbildern von dem, was kommen wird, anregt, auf die Wahrnehmung zuführt. Ich weiß nicht, ob solche lust- und erwartungsvoll zögerliche Herangehensweise an ein Objekt jemals außer im Begriff des unterrichtstechnischen „Spannend-Machens“ schon in irgendwelchen Lerntheorien Berücksichtigung gefunden hat. Mir fällt hier gerade der nichtinstrumentelle Charakter dieser subjektiven Entscheidung für die Verlangsamung auf.
Wie würde man sich als Lehrer verhalten, wenn eine Schülerin, ein Schüler entgegnet: „Ich will das jetzt nicht so lernen. Ich will warten, bis es zu mir

kommt.“ Das widerspräche jeder schulischen Ökonomie des Lernens, die immer den kürzesten Weg bevorzugt und honoriert. Ganz abgesehen davon, daß das Beschlafen einer Sache oder eines Problems zwar eine bewährte Alltagsmethode ist, aber beileibe nicht zum pädagogischen Instrumentarium zählt. Aber es geht hier nicht um das langsamere „Lerntempo“, das jemandem zugestanden wird, sondern um die Wahrnehmung im Grundsatz, die Zeit verbraucht, die umständlich, von Zweifeln und Irritationen, Ängsten, ekstatischen Momenten, Stauung der Gefühle, Müdigkeiten, Aufwallungen durchsetzt verläuft - alles andere als ein glatter Akt der Aufnahme von Sinnesreizen. Wahrnehmung braucht ihre Zeit für alles, was dabei im subjektiven Abseits passieren kann. Rumpf spricht von „abseitigen und querschlagenden Phantasmen“ oder von „belebende(r) Berührung mit den aus der Ordnung des Begehrens (im Lacanschen Sinne, G.S.) aufsteigenden und die normalen Weltbilder zerklüftenden Phantasmen“.[8]

Das heißt auch, daß sich eine junge Frau mit einem alten Dampfkessel auf einem Schrottplatz anfreunden kann, um in einem Innern, einem schützenden Raum, über sich und die Welt nachzudenken - quer zu allem, was ihr das Studium für Leistungen im Sinne einer schlanken Ausbildung zur Kunstlehrerin abverlangen mag.

Sie befindet sich aber nicht nur in einer bergenden Höhle oder gar zurückversetzt in die Sicherheit der Wiege, sondern in eine Zeitnische versetzt, in der sie ungestört kontemplativ wahrnehmen und philosophisch träumen kann, wie das Tagebuch ausweist. Und in der sie allerlei „sinnlosen“ Tätigkeiten nachgehen kann, zum Beispiel dem Zerkratzen von Polaroidfotos aus dem Innern der Röhre, dem krakeligen Zeichnen ihrer Umgebung oder dem Fotografieren der Mikrostrukturen des Materials in den Bergen von Schrott.

Nun könnte man sagen, da hat jemand für eine Woche Entlastung vom Universitätsbetrieb genossen und etwas von der Eigenart ästhetischer Arbeit erschnuppern dürfen, um erfrischt in den ernsthaften Ausbildungsbetrieb zurückzukehren.

Aber ich denke, es steckt mehr in dem Beispiel als nur ein kompensatorischer Wink. Ist Trägheit eine verkappte Tugend des Bewußtseinsprozesses? Könnte ästhetisches Lernen (das ja angeblich immer mehr in das Bewußtsein von Pädagogen gerückt ist) mit einer Art „natürlichen“ Strategie der Verzögerung oder des Aufschubs von Erkenntnis, des Offenbleibens der Wahrnehmung angereichert sein, die es unempfindlich gegen alle Direktheitsansprüche eines Sofort, also gegen die Linearität des Lernens in den Institutionen macht?

Wenn ja, würde damit eine Konterbande eingeschleust, die das System, das die Künstlichkeit des unmittelbar zielorientierten Lernens erfunden und durchgesetzt hat, nachhaltig stört. Plötzlich ist das Bremsen wichtiger als die Beschleunigung. Es wird ein Anspruch in die Ordnung der Institutionen infiltriert, der irritiert.

Für eine existentialästhetisch akzentuierte Subjektkunstpädagogik ist die Forderung längst akzeptiert: Ihr geht es nicht nur um Anstrengung und Intensität

auf den Wegen und Umwegen der ästhetischen Erfahrung, es geht ihr auch um die (Selbst-)Gewährung jener Lust, den Augenblick der Erkenntnis hinauszuschieben, die Wahrnehmungsgegenwart zu dehnen, den Aufbau der eigenen Erfahrungsgeschichte genußvoll zu beobachten, dabei hemmungslos zu imaginieren, wild zu denken und Zeit zu verlieren. Dies alles nicht nur, damit die Erfahrung ihren besseren ästhetischen Boden gewinnt (was noch konventionell pädagogisch gedacht wäre), sondern damit das Subjekt auf sich selbst aufmerksam wird in Momenten seines schweifenden Daseinsbewußtseins, was auch bedeutet: Die Neugier oder Lust auf sich selbst muß so stark sein dürfen wie die Neugier oder Lust auf irgendein anderes Objekt.

Was könnte sonst Christine Gehlhausen dazu motivert haben, gleich zwei mal hintereinander beschwörend zu schreiben: „Ich werde mir Zeit lassen, es zu entdecken?"

Ich interpretiere das so: Der Satz steht für den in Anspruch genommenen Luxus der Langsamkeit. Seine Wiederholung für den Anspruch auf den Luxus der Lust, sich selbst in der Verzögerung der Annäherung an den Gegenstand zu beobachten.

Da kommen gleich zwei Motive in Konflikt mit den Erwartungen der Institution. Hat es je eine Pädagogik gegeben, die sich auf Langsamkeit, womöglich Begriffsstutzigkeit, und auf den Subjekt-Selbstbezug bezog? Die Rüge: Schlaf nicht ein! hat man aus der eigenen Schülerbiographie noch im Kopf. Aber wie produktiv war die verträumte Zeit vielleicht aufgewendet?

Wenigstens im Kunstunterricht muß antizyklisch mit einer Ästhetik der Verlangsamung des Lernens in der Abseitigkeit des sich selbst wahrnehmenden Subjekts experimentiert werden dürfen - in einer Gegenbewegung zu allen rationalisiert-curricular oder didaktisch festgezurrten, angeblich der ästhetischen Erfahrung zuarbeitenden Prozeduren.

Die gelebte Erfahrung

Subjektkunstpädagogische Praxis basiert auf dem Prinzip des selbstständigmachenden ästhetischen Erfahrungslernerns. Sie baut Spielräume zur Entwicklung individueller Differenzprofile des Wahrnehmens, Denkens und Handelns auf, gewährt Zeit für Bewußtwerdungsprozesse und setzt die Eigenverantwortlichkeit des Lernsubjekts in jedem seiner Schritte voraus.

Es besteht aber kein Zweifel daran, daß diese Praxis immer noch eine pädagogische ist. Das Lehrsubjekt bleibt eine Lehrerin oder ein Lehrer, das Lernsubjekt eine Schülerin oder ein Schüler und alle Gewährung Teil eines Maßnahme-Katalogs. Trotzdem unterscheidet sie sich von jeder anderen Art der Lehre, und zwar durch die zentrale Position der Eigenerfahrung.

Prozeß und Produkt ästhetischer Erfahrungsarbeit sind, im Gegensatz zur Wissensvermittlung als Transfer von Erfahrung aus zweiter und dritter Hand, original in einer Praxis des Miteinander von Lehr- und Lernsubjekt zu realisieren. Eine elementarpraktische Übung oder ein ästhetisches Projekt hat zwar ein strukturelles „Programm"; seine Inhalte, Verläufe und Ergebnisse differieren jedoch individuell und sind auf ihre Weise als authentische Erfahrungsgehalte der Lehr- und Lerngeschichten Einzelner nicht wiederholbar. Sie werden sozusagen einmal gelebt, in einem bestimmten Moment der je eigenen Lebens- und Lerngeschichte. Sie sind nicht durch Denken, durch ein Buch-Lernen oder andere mediale Vermittlung herstellbar. Sie sind einmalig, wie eine Aufführung oder ein originales Bild, das zu einer bestimmten Zeit wahrgenommen wird.

Wohlgemerkt, die Priorität der konkreten Erfahrung gilt für das Lehr- wie für das Lernsubjekt. Wer ein ästhetisches Projekt für andere anzettelt, wird sofort in die Eigendynamik der Inszenierung verwickelt - anders als ein Lehrer, der nach bewährter Methode Unterricht macht, Stoffe vermittelt, abfragt und sich auf Distanz zum Lerngeschehen halten kann. Ästhetische Erfahrungsarbeit ist ein Handeln, in das auch der Lehrende als Subjekt seiner Wahrnehmung, seiner Erfahrungsgeschichte, seiner Vorlieben für gestalterische Zugriffe, seiner Reflexionsfiguren, seiner Freiheitssehnsüchte verwickelt wird. Neutralität ist hier eine Fiktion, „Objektivität" eine Illusion. Nähe freilich eine Möglichkeit, selbst etwas zu erfahren und sich zu Bewußtsein zu bringen. Anderen zuzuschauen, wie sie ästhetisch arbeiten, kann wirklich aufregend sein, weil man oft den Eindruck hat, da werde die eigene Sache konsequent und einfallsreich verhandelt, indem andere gerade das tun, wozu man sich selbst vielleicht nie loslassen würde. Wenn ich daher von einem teilnehmenden Lernen im Lehren spreche, meine ich die Befriedigung des ästhetischen Erfahrungshungers, die ich als Voyeur an den Erfahrungsgeschichten anderer, nämlich jener gewinne, für deren Lernen ich verantwortlich bin. Obwohl Erfahrung niemals gleich und nie vollständig teilbar sein kann, weil sie immer eine persönliche ist, gibt es doch Möglichkeiten des intersubjektiven Austauschs gerade über Momente des Gestalthaften ihrer Erscheinung in den prozessualen Formen ästhetischer Arbeit und in den präsentativ-symbolischen Formen entstehender Produkte. Da muß nicht gesprochen werden. Oder in einer Sprache, wie im Tagebuch, die unbeabsichtigt poetische Struktur gewinnt, die unter der Hand, wie von selbst den Verrückungen der Wahrnehmung und den Verrücktheiten des Handelns folgt. Da tut jemand etwas öffentlich für sie oder ihn selber Bedeutsames, vielleicht ohne es schon genau zu wissen. Daß es zunächst kein Ziel, keine vorabbestimmte Linie des Wahrnehmens und der Selbstaufmerksamkeit gibt, sondern eher ein Tasten und Suchen, eine Unsicherheit auch dann noch, wenn schon zielgerichteter gearbeitet wird, ist der Unterschied zu jedem Erfahrungslernen, das an einer definierten Aufgabenstellung orientiert ist. Die „Aufgabe" stellt sich

irgendwann selbst oder sie besteht gerade darin, den Weg zu ihr zu finden.

Gewiß ist die Inszenierung eines Projekts eine eingrenzende, die Aufmerksamkeit der Suche fokussierende Hilfe. Aber die Entscheidung über Vorgehensweise und Ziel bleibt offen. Letztlich ist dies eine Übung, in der jeder Einzelne Zeit verlieren, sich selbst anstrengen und die Irritation aushalten muß, lange nicht zu wissen, wozu das am Ende gut sein soll.

Ein „Sinn" ästhetischer Arbeit wird nicht vorherbestimmt und vorwegbegründet (zum Beispiel durch den Lehrenden, der um Verständnis für eine Aufgabenstellung wirbt), sondern erst im Nachhinein durch eine reflektierte Erfahrungsgeschichte definiert. Hinterher ist man ein anderer, einer der selbst beurteilen kann, ob das eigene Tun einen Sinn hatte. Dieses „Nachher-ein-anderer-Sein" bezeichnet die Nähe ästhetischer Erfahrungsarbeit zur Lebensgeschichte.

Ästhetische Arbeit *ist* ein Stück Lebensgeschichte. Sie schneidet Zeitfenster in rationalisierte Abläufe des Lernens, die sich zu jener anderen Zeit der Erfahrung des Lebens öffnen, die vom Druck leistungsorientierter Zeitökonomien verdrängt ist. Hier wird sie bewußt in die Erfahrungs- und Bewußtwerdungsprozesse zurückgeholt, mit Folgen für alle Beteiligten, auch für den „Veranstalter" eines ästhetischen Projekts: Ich bin dann eine Woche weggetreten, vollständig absorbiert durch innere und äußere Beteiligung an einem unkalkulierbaren, immer wieder überraschenden, oft problematischen und unübersichtlichen Geschehen. Das ist wie bei intensiver künstlerischer Eigenarbeit. Da läuft nichts nebenher.

Dieses Heraustreten in einen noch undurchsichtigen Zusammenhang spielerisch-experimenteller, aber auch anstrengend intensivierter Wahrnehmungstätigkeiten, die zunächst vereinzeln, jeden auf sich selbst und vor die Frage stellen, wie das Begonnene weitergeht, kann inzwischen Euphorie, Ratlosigkeit, Durchhängen und aufblitzender Sinnvermutung in einen Zustand existentieller Ausgesetztheitsgefühle führen. Weder für den Lehrenden noch für die Lernenden gibt es eine Rückzugsmöglichkeit. Die Frage „Warum bin ich hier und was mache ich hier zu welchem Ende?" stellt sich jedem: Ich selber warte auf beginnende autodidaktische Erfahrungsverläufe und Bewußtseinsentwürfe. Die ästhetisch Arbeitenden warten auf die Selbstdarstellung von Sinnfiguren ihres Wahrnehmens, Handelns und Denkens. Das heißt, alle warten auf Anzeichen, die sie interpretieren und denen sie auf ihre Weise verstärkend nachgehen können. Letztlich ist das ganze Geschehen in einem doppelten Sinne autodidaktisch: Es geht um die Selbstorientierung des wahrnehmend-handelnd-reflektierenden Subjekts und es geht darum, im Nachhinein zu erkennen, daß es sich bei dieser Erfahrung um ein didaktisches Prinzip handelt, das für eigene spätere Berufstätigkeit in und außerhalb der Schule von Bedeutung sein kann. Es geht also auch um die Autogenese didaktischen Denkens im zukünftigen Lehrsubjekt. Dies auf der Basis einer *gelebten* Eigenerfahrung.

Als teilnehmend Lehrender (und Lernender) weiß ich, daß ich meine Art, Erfahrung zu machen, niemals auf andere, die Erfahrungen machen sollen, übertragen kann, sowenig es mir gelingen würde, Wahrnehmungsweisen und Sinninterpretationen anderer für mich zu übernehmen. Trotzdem gibt es ein Mitleben der fremden Erfahrung aus der Nähe, weil es Schnittmengen der Erfahrungsneugier, der Verfahrensphantasie, der Sinnspielerei und der Einfallsfreude gibt, die den intersubjektiven Austausch begünstigen. Dann entsteht dieser Eindruck, daß andere machen, was man gern selber getan haben möchte. Es gibt also die gelebte und die gelebt-miterlebte Erfahrung in ästhetischen Projekten. Alle Beteiligten begegnen sich in Anerkennung der Verschiedenheiten ihrer Sicht. Sie leben eine Weile zusammen, statt sich nur in „Veranstaltungen" zu treffen, um aneinander vorbeizulehren und vorbeizulernen. Lernzeit und Lebenszeit fallen plötzlich ineinander. Damit das möglich wird, sind Öffnungen der Institution in fremde Erfahrungsräume, Expeditionen ins Unbekannte, Zeitreisen der repressionsfreien Wahrnehmung unerläßlich. Der Einwand, das sei in den Lernfabriken Schule und Universität praktisch nicht möglich, greift nicht. Wer will, kann „austreten", sein „Zeitpaket" und das der Beteiligten schnüren und einen reizvoll-abseitigen oder mitten im Leben plazierten Ort einer anderen Wirklichkeit aufsuchen, um eine Weile „draußen" zu arbeiten und zu leben. Mein Verdacht: Der Einwand soll nur verschleiern, daß es umständlich, risikoreich und anstrengend ist, so zu lehren, und daß man das nicht will.

Der Begriff der gelebten Erfahrung, so ungewohnt, ja unbekannt er im hochschuldidaktischen Bereich und in der Schule zunächst sein und so sehr er im Widerspruch zum Abstraktionsdruck stehen mag, der dort herrscht, ist untrennbar mit dem Phänomen des erfahrungsgrundierenden Erlebens verknüpft. Das klingt reformpädagogisch verstaubt. Aber erstens sind moderne mediale Wahrnehmungs- und Verarbeitungsweisen in das Erleben integrierbar (Camcorder und PC sind selbstverständlich für das Equipment eines Projekts), zweitens gibt es keine ästhetische Erfahrung aus zweiter oder dritter Hand (selbst den Medienbildern und der Virtualität haftet noch Authentisches und Originäres an, nämlich die Erfahrbarkeit ihrer Eigenart und Herkunft und der eigenen Reaktionen darauf). Drittens ist kein anderer Weg sichtbar: Wer Subjektkunstpädagoginnen und -pädagogen ausbilden will, muß ihnen die Grunderfahrung, wie Erfahrung entsteht, in einer Praxis am eigenen Leibe vermitteln, das heißt, sie sich diese Erfahrung des Erfahrens selbst vermitteln lassen. Das nenne ich ein Er-leben.

Wie sollte das auch anders gehen? Durch theoretische Lehre? In der Kunst entstünde daraus ein Akademismus. In der Didaktik erscheint die Weitergabe von Erfahrung durch abstrahierende Lehre unvermeidlich. Aber vielleicht nur, weil es Didaktiker gibt, die sonst nichts zu tun hätten. Erst die gelebte, selbsterarbeitete, aktualisierte, überschichtete, reflektierte Erfahrung ist die eigene und kann zur Basis der Fähigkeiten werden, die jemand einsetzen mag, um ästhetische Erfahrungsprozesse für andere

vorzubereiten. Sie ist der Kern des autodidaktischen Prinzips der Freisetzung des Subjekts durch sich selbst und zu sich selbst. Es lohnt sich daher, in das Basiserleben der eigenen Erfahrungsfähigkeit und der Folgen ihrer Ausreizung jede Menge Zeit und Mühen des teilnehmenden Lehrens zu stecken. Es ist der Kern, jedenfalls meiner, subjektkunstpädagogischen Lehre. Würde ich solche Ausreizungen nicht immer wieder aufwendig inszeniert und begleitet haben (auch um darin m e i n e Erfahrung zu prozessieren), wäre ich nicht der Didaktiker geworden, der ich bin. Die gelebte Erfahrung eines Tuns, einer Beobachtung, eines Denkens, einer Befindlichkeit ist immer ein Baustein in der fragilen Konstruktion der Identität, kein Instrument, um irgendein Lernen zu optimieren, worauf man als Pädagoge routiniert zurückgreifen könnte. Sie ist ein Stück erinnerbarer Bewußtheit des Lebens, während unaufhaltsam neue Erfahrung beginnt.

1 Frank Frangenberg: Fischli/Weiss. „Arbeiten im Dunkeln". Ausstellungsbericht in : Kunstforum International 140/1998

2 Vgl. z.B. Gert Selle: Das kunstnahe ästhetische Projekt. Erfahrungsarbeit des Lebens auf Wegen der Kunst. Und: „Zeit" in Basel. Ein ästhetisches Projekt für fünf Tage. In: Gert Selle/Jens Thiele (Hg.): Zwischenräume. Jahrbuch für kunst- und kulturpädagogische Innovation. Oldenburg 1994

3 Hilde Winkler: Entrückung. In: Yvonne Hackmann u.a. (Hg.): das loch/ des// nützes. Ästhetisches Projekt im Tagebaurestloch. Beiträge zu einer Exkursion ins Geiseltal von Studierenden der Carl von Ossietzky Universität Oldenburg und der Burg Giebichenstein - Hochschule für Kunst und Design Halle in Zusammenarbeit mit dem Institut für ökologische Ästhetik in Halle. Oldenburg 1996, S. 23 ff.

4 Christine Gelhausen: Unveröffentlichtes Werktagebuch. Wilhelmshaven 1997. Der Text liegt mir in einer Kopie vor.

5 A.a.O.

6 A.a.O.

7 Horst Rumpf: Didaktische Interpretationen. Galilei, Euler, Lichtenberg, Lessing, Tolstoi, Freud, Kükelhaus, Oevermann u.a. Weinheim/Basel 1991, Klappentext

8 A.a.O., S. 103, 104

9

KUNSTPÄDAGOGIK IM AUGENBLICK IHRER NICHTNOTWENDIGKEIT

Anspruch auf Nutzloses?

Vom Verfall der Begründungsmuster

Eine didaktikfreie Zone

Gesellschaftliche Aussicht

Resümee

Anspruch auf Nutzloses?

Was Kunstpädagogik sein, was sie bewirken soll, ist eine Frage von Vereinbarungen. Wer für eine Subjektkunstpädagogik plädiert, hat sich für eine Lehre entschieden, die zwischen Freiheit der Kunst und Freistellung des Subjekts operiert. Sie ist durch „Privatheit" und Nutzlosigkeit und nichts anderes begründet. Diese leichtsinnige These sei hier verifiziert, auch weshalb ein Anspruch auf das Nutzlose bestehen könnte.
Vorweg: Wie nützlich und daher begründet muß Kunstpädagogik sein? Spräche eine Diagnose, die ihr Nutzlosigkeit bescheinigt, gegen sie und jede Form ihrer Begründetheit? Die Fragen erscheinen ohne Sinn. Denn - was nutzlos ist, wäre offensichtlich unbegründet. Nutzen ist Grund an sich, im Wirtschaftsleben wie in der Pädagogik. Eine nutzlose Kunstpädagogik wäre als Programm einer wie auch immer nutzenbezogenen Bildungslehre nicht begründbar, obwohl es genug unnütze pädagogische Anstrengungen und Aufregungen, die jedermann für begründet hält, auf diesem Gebiet gibt.
Man sollte weiterfragen: Kann etwas gerade durch seine Nutzlosigkeit gerechtfertigt, ja sogar notwendig sein? Zum Beispiel, weil sein Sinn nicht im Begriff des Nutzens erscheint, sondern nur dort sichtbar wird, wo das offenkundig Nutzlose getrieben wird? Wäre eine Subjektkunstpädagogik nur dann auf der Höhe ihres Selbstverstehens, wenn sie theoretisch und praktisch aus dem Zwangskomplott von Nutzennachweisen, Notwendigkeitsbehauptungen und Begründungsrhetorik ausstiege, um sich zu einer Art Unterabteilung der Kunst und zu einem Projekt des Lehr- und des Lernsubjekts zu erklären, das ihm die institutionell verengte Erziehung und Bildung vom Leibe hält?

Die Fragen sind anstößig, aber begründbar. Erstens, weil Kunst einfach da ist. Sie muß keinen Berechtigungs- oder Nutzennachweis führen. Pädagogisch gesehen ist das ein Skandal, gegen den man aber nichts unternehmen kann. Kunst ist durch Freiheit zu sich selbst ausgewiesen und genießt den Sonderstatus gesellschaftlicher Duldung. Kunst ist nur Kunst, wenn sie nutzlos ist. Das ist ihre einzige Begründung. Also ist sie ein Luxus (bei dem man freilich fragen kann, ob er notwendig ist).
Zweitens, weil das Subjekt einfach da ist, wie in die Welt geworfen. Es muß seine Existenz nicht begründen, ihren Nutzen nicht beweisen. Pädagogisch gesehen ist das ein Skandal, gegen den sofort etwas unternommen werden muß. Denn das Subjekt genießt keinen Sonderstatus gesellschaftlicher Duldung außer es sei ein künstlerisches. Abgesehen davon, daß diese Eigenschaft sich in der Regel nur selten und erst ziemlich spät zeigt, ist die allgemeine Vorhandenheit von Subjekten ohne Belang: Für das Funktionieren des gegenwärtigen Gesellschaftsmodells ist das Subjekt nicht erforderlich. Also ist seine Existenz ein Luxus. Das wird jedem klar, dem auffällt, wie heute mit Subjekten praktisch umgegangen wird. Sie sind „wertlos", sobald sie aus dem allgemeinen Verwertungszusammenhang fallen oder in diesen erst gar nicht aufgenommen werden.

Aus allem folgt, daß Subjektskunstpädogik ein Unternehmen ohne Wertsteigerungsnutzen, also ein Luxus ist, betrachtet man sie als eine Kunst und als einen Dienst am Subjekt. Wäre sie tatsächlich eine Kunst, die Kunst produziert, könnte man bei ihren Produkten wenigstens auf Wertzuwachs spekulieren. Da sie aber nur das Ziel hat, Subjekten im Raum ihrer Situierung in der Gegenwart und bei Konfrontationen mit Kunst beizustehen, ist sie gesellschaftlich nutzlos. Sie fällt aus dem Raster der Nutzenerwartungen an das Bildungssystem heraus und stört zudem durch ungerechtfertigten Aufwand und durch ihr Anderssein den pädagogischen Betrieb. Sie stiftet also eher Schaden als Nutzen. Freundlicher formuliert: Sie ist überflüssig.

Es ist sogar nicht einmal nachgewiesen, daß sie dem nutzlosen Subjekt nützt, dem sie ja im gleichen Moment, in dem sie ihm Beistand verspricht, sein ästhetisches Entscheidungsrecht garantieren müßte, will sie es nicht an die Pädagogik verraten. In einem ähnlich widersprüchlichen Verhältnis steht sie zur Kunst, die ihrer Vermittlungsdienste nicht bedarf, weil sie auf eine Direktkonfrontation mit ihrem Wahrnehmungssubjekt angelegt ist. Dies ist das Dilemma jeder Kunstpädagogik. Aber eine Subjektkunstpädagogik steckt gleich doppelt in der Klemme: Sie muß die Freiheit individuellen Handelns gewährleisten und sie muß das System Kunst in seiner Autonomiebehauptung respektieren, obwohl sie selbst in einem System der Bindungen und Zwecke, der gesellschaftlichen Nutzenerwartungen an das Pädagogische, gefangen ist.

Subjektkunstpädagogik muß dies aushalten, um sich realisieren zu können; zugleich darf sie sich nicht mit der gesellschaftlichen Determiniertheit der Funktionen des Pädagogischen solidarisieren. Ihr Part ist die Solidarisierung mit der Ziellosigkeit von Kunst und der Zwecklosigkeit des Subjekts. Das heißt, Subjektkunstpädagogik fordert den Spagat einerseits zwischen Kunst und Pädagogik, andererseits zwischen Pädagogik und Subjekt. Wenn jemand behaupten würde, eine Balance zwischen den gegensätzlichen Verpflichtungen sei unmöglich, könnte man kaum widersprechen. Man könnte aber auch kaum widersprechen, wenn jemand behaupten würde, jegliche Art von Kunstpädagogik sei unbegründet und nutzlos, ja schädlich, weil sie erstens Kunst kleinmachen muß, sobald sie diese pädagogisiert, und weil sie zweitens das Subjekt kleinmachen muß, sobald sie es pädagogisiert. Um so notwendiger und gerechtfertigter erscheint der Versuch einer Subjektkunstpädagogik, in vollem Bewußtsein der eigenen Widersprüchlichkeit nach Wegen zu forschen, die nicht zwangsläufig zu diesem Ergebnis führen müssen.

Nun könnte jemand einwenden, hier handele es sich um eine Erörterung auf der Basis abstrakt-akademischer Logik. Aber auch der praktizierende Künstler und Pädagoge Norbert Weiser schreibt zum Beispiel über das Verhältnis von Pädagogik und Kunst:

„Löst sich die Pädagogik auf, sobald sie nicht mehr mit der Idee ihrer Nützlichkeit verbunden wird, ist es mit der Kunst genau umgekehrt. Versucht sie, nützlich zu sein, löst sie sich auf (...).

Ist der Begriff Kunstpädagogik ein paradoxer Begriff, weil man nur eins sein kann: entweder frei und unbeschadet jeglicher Nutzenerwartungen zu arbei-

ten - also künstlerisch - oder dem Nutzen verpflichtet zu sein durch die pädagogische Referenz, auch dort, wo Nützlichkeit sich nicht ganz so einfach und problemlos nachweisen läßt?“[1]

Was den konsequenten Rollentausch vom Pädagogen zum Künstler auf der Ebene des Diskurses bedeuten würde, macht Weiser am Beispiel eines fiktiven Vortrags auf einem pädagogischen Kongreß deutlich: „Es liegt im Wesen der Pädagogik, nicht nützlich sein zu wollen. Das Pädagogische ist in gewisser Weise der Gegensatz des Nützlichen: es ist dasjenige, dem jegliches Nützlichsein erlassen ist. Der Sinn jeder pädagogischen Handlung ist, zu sein. Eine pädagogische Handlung ist vor allem nichts, von dem man meinen kann, daß sie jemand mit Absicht ausführte. In dieser Weise führen Sie fort, stets Sätze aus Schriften über Kunst benutzend, indem Sie dabei jedoch die Begriffe Kunst, Kunstwerk oder -gebilde und Künstler durch die Begriffe Pädagogik, pädagogische Handlung und Pädagoge ersetzten. (...)
Aber führen Sie fort bis zum Ende Ihres Vortrages, die Selbstreferenz der Pädagogik als ausschließlich mögliche zu betonen und sie von jeglicher Fremdreferenz freizusprechen, wie dies für Kunst getan wurde und noch getan wird, hätten Sie sich damit Ihre wissenschaftliche Karriere versaut. Sie verließen das Podium als einer, der im Kreis ernstzunehmender Pädagogen seine letzte Rede gehalten hat. Vorausgesetzt, Sie haben kein Augen- oder Nervenleiden, das Sie zu ständigem Zwinkern zwingt. Dann könnte es Ihnen immer noch blühen, daß die aus den ersten Reihen hinterher umgingen und sagten: ‘Aber, habt Ihr nicht gesehen, er hat ständig dabei gezwinkert’.“[2]
Weisers Einfall folgend könnte man sich eine fiktive Rede auf einem k u n s t pädagogischen Kongreß vorstellen, die zur Abwechlung einmal nicht den Widerspruch zwischen Kunst und Pädagogik zuspitzt, sondern die Unvereinbarkeit von Pädagogik und Subjektbezug herausarbeitet: Man dürfe dem Subjekt allenfalls als Subjekt, auf keinen Fall aber als Pädagoge erscheinen, geschweige nahetreten. Und in dieser Einstellung zur freiwilligen Dekonstruktion des Pädagogischen im Zuge einer eigenen Positionierung zwischen Kunst und Subjekt habe man auf keinen gesellschaftlichen Konsens hinsichtlich irgendeines Nutzens oder einer Notwendigkeit seines Denkens und Tuns zu hoffen. Im Gegenteil, die Abwesenheit jedes Notwendigkeitszuspruchs sei der einzige Berechtigungsnachweis des Handelns ohne Erwartung eines pädagogisch ausweisbaren Erfolgs. Konsequentes Denken und Handeln im subjektkunstpädagogischen Sinne müsse von vorneherein als nutzlos und nichtnotwendig gedacht und geplant sein usw. usw.

Würde man nicht schon zu den ersten Sätzen zwinkern, müßte man bei den immer leicht erregbaren Kunstpädagoginnen und Kunstpädagogen im Auditorium mit einiger Unruhe rechnen. Ohne Zwinkern würde man als Kunstpädagoge endgültig indiskutabel. Aber: Ist der Ruf erst ruiniert, lebt es sich ganz ungeniert - als Subjektkunstpädagoge mit einem bewußt herbeigeführten Didaktik-Verlust und einer neuen Bescheidenheit in gesellschaftlichen Effektivitätsbehauptungen seiner Arbeit.

Der Vorschlag, eine nutzlose Pädagogik zu betreiben, ist für Kunstpädagogen eine doppelt zynisch erscheinende Abmahnung. Erstens wissen sie genau, wieviel nutzloser Unsinn in der Praxis des Kunstunterrichts getrieben wird. Zweitens wissen sie in der Abwehr dieser Einsicht besser als andere Pädagogen, was dem Subjekt frommt (der Autor dieser Behauptungen inbegriffen). Sie haben sich in den letzten dreißig Jahren schwere theoretische Legitimationskeulen geschaffen, die sie gegen jeden schwingen, der ihnen mit Skepsis oder anderem Anspruch in die Quere kommt.

Von der politischen Aufklärungslehre der visuellen Kommunikation über die „Sinnenreich"-Varianten einer allgemeinen ästhetischen Ertüchtigung bis zu postbeuysianischen Therapiemodellen der Gesellschaft reichen die Begründungskonstrukte kunstpädagogischen Denkens, die alle nur beweisen, daß Kunstpädagogen zum Größenwahn neigen, und dazu, sich als Parteigänger eines umfassenden pädagogischen Anspruchs und nicht unbedingt als Parteigänger der Kunst oder des Subjekts auszuweisen. Sie behaupten ohne jede Irritation, gesellschaftlich grundnotwendig zu sein, ohne zu merken, daß niemand mehr lacht. Unentwegt überziehen sie das Konto ihrer bescheidenen Wirkungsmöglichkeiten.

Man darf deshalb probeweise auf jedes Zwinkern verzichten und behaupten, die beste Kunstpädagogik sei gar keine. Dadurch würden Verwicklungen in den Widerspruch von Kunst und Pädagogik und in den Widerspruch von Pädagogik und Subjekt vermieden. Die Behauptung, die beste Kunstpädagogik sei gar keine, läuft jedoch nicht auf deren Abschaffung als Institution hinaus. Vielleicht gäbe es sensible Gelenkfunktionen zwischen Erfahrungswelt und Erfahrungssubjekt wahrzunehmen, die eine ästhetische Subjektkonstitution begünstigen und die bei Zurückhaltung didaktischer Gewißheiten und Utopien die Wiedereinführung der Instanz des Kunstpädagogen nahelegen. Das würde eine Entspannung im Aufwand an Nutzenbeweisen und Notwendigkeitskonstrukten, einen Abrüstungsvorschlag im Sinne einer Selbstbefreiung vom Legitimationsdruck bedeuten.

Die Behauptung steht im Raum, daß Subjektkunstpädagogik gesellschaftlich nicht legitimiert, daß sie nicht notwendig und nutzlos, aber vielleicht nicht ganz ohne Sinn ist. So gesehen bestünde Anspruch auf etwas Sinnvolles, zugleich Nichtnotwendiges, ja Nutzloses. Das heißt, es wird womöglich außerhalb des pädagogischen Vertrags, der an das Bildungssystem bindet, über den Sinn einer Tätigkeit oder eines Verhältnisses zwischen Lehr- und Lernsubjekt direkt verhandelt. Kryptische Formen von subjektkunstpädagogischer Praxis gibt es auch im Kunstunterricht. Vor allem aber ist das vermehrte Auftreten nur locker institutionalisierter Lehr-Lern-Beziehungen in der außerschulischen Praxis ein Indiz für den zunehmenden Konsens auf solche Vertragsauflösungen, nicht nur für einen Privilegienbruch. Wer seinen Kindern etwas Gutes tun will, meldet sie in einer privaten Kunstschule an. Da wird meist ohne großen Aufwand an Didaktik eine Art Subjektkunstpädagogik getrieben, die ohne jeden Notwendigkeitsnachweis auskommt. Den erwartet die Klientel nicht.

Um so weniger sollte eine reflektierende Subjektkunstpädagogik krampfhaft ihren Nutzen- und Notwendigkeitsnachweis erbringen wollen.
Sie kann sich nur als Beteiligungsangebot verstehen. Das ist etwas anderes als belehrende Einflußnahme oder pädagogische Unterweisung im Sinne einer systemisch verankerten Didaktik.
Subjektkunstpädagogik kann sich für Eigenkonstitutionsleistungen des Subjekts mitverantwortlich erklären, in dem sie Zugänge zu situativen Erfahrungsräumen gesellschaftlicher Wirklichkeit und zu Konfrontationen mit Kunst öffnet. Mitverantwortlich - der Anspruch wäre immer noch beträchtlich. Aber wodurch wäre er ausgewiesen?
Durch kunstpädagogische Tradition? Durch Hilferufe des Subjekts? Durch ein noch nicht artikuliertes gesellschaftliches Bedürfnis? Oder durch die pure Behauptung, das Beteiligungsangebot mache Sinn?

Vom Verfall der Begründungsmuster

Kunstpädagogen geraten in Verlegenheit, wenn sie ihren Beruf legitimieren sollen. Es gibt historisch-gesellschaftliche Hintergrundmotive ihrer Verunsicherung. So läßt sich ein Weg der Argumentation nach bildungsbürgerlichen Wertstandpunkten, die für eine Erziehung durch Kunst und zur Kunst sprechen, über diverse Stadien des Werte- und Vorstellungswandels in der Grundlegitimation emanzipatorisch-ästhetischer Erziehungsziele bis hin zu Auflösungserscheinungen einer normativen pädagogischen Praxis verfolgen, was alles gesellschaftlichen Entwicklungen geschuldet ist. Heute erleben wir die paradoxe Situation, daß es ein derzeit scheinbar anerkanntes ästhetisches Bildungsgebot gibt, dessen mangelnde Begründetheit nur deshalb noch nicht sichtbar geworden ist, weil das Ästhetische überall und eben auch in der Pädagogik Konjunktur hat. Der Bildungsbegriff selbst scheint davon durchdrungen, wenn ein Erziehungswissenschaftler (Karl-Josef Pazzini) öffentlich feststellt: „Bildung ist immer ästhetisch. Wenn Bildung das nicht ist, dann ist sie auch keine Bildung.“[3]
(Man könnte genauso gut sagen, Bildung sei immer politisch, ethisch usw., um auf andere historische Ausgangspositionen Bezug zu nehmen.)
Eine solche Behauptung lebt vom augenblicklichen Durchdrungensein des Pädagogischen vom Ästhetischen. Kunstpädagogen scheinen daher vom Bewußtsein ihres eigentlichen Mangels an Begründetheitsargumenten enthoben. Es wird ihnen schlicht vom Zeitgeist bescheinigt, daß ihre Tätigkeit wichtig, unverzichtbar, ja implizit bildend sei. Von Beginn dieses nun ausgehenden kunstpädagogischen Jahrhunderts bis heute haben sie in der Illusion gelebt, ihr Beitrag zur Bildung sei begründet unverzichtbar. Doch ist das Ende aller Begründetheitsvisionen gekommen. Man könnte auch sagen, daß es längst keine großen didaktischen „Erzählungen“ oder „Bilder“ mehr gibt, nur noch einen blassen Widerschein einst gültiger Überein-

künfte. Der idealistische Internationalismus der Kunsterziehungsbewegung, die mit dem „Jahrhundert des Kindes“ begann und - in Deutschland - das wilhelminische Bildungsbürgertum begeisterte (weil es seinen eigenen Bestand darin garantiert sah), und die sich zu einem nationalen Erneuerungsdenken ausweitete, zu dem Politik, Ökonomie und Kulturbewußtsein eine unheilige Allianz eingingen, ist trotz aller Einschlüsse des ideologisch gefärbten Irrtums (oder gerade deswegen) eine tragfähige Begründetheitsvision gewesen. Sie diente zur einst unbezweifelbaren Legitimation einer ästhetisch-pädagogischen, in großer Breite gesellschaftlich akzeptierten Offensive gegen die kulturellen und sozialen Folgen der industriekapitalistischen Entwicklungsdynamik im deutschen Kaiserreich, die um 1900 ähnlich umwälzend und bedrohlich in Erscheinung trat, wie es die ökonomische, technologische und kulturelle Globalisierung in der Berliner Republik am Ende dieses Jahrhunderts zu tun verspricht.

Die kulturelle Vision war auf eine Zähmung der unkontrollierten Kräfte der Veränderung, die ästhetische Vision auf eine neue Schönheit des Alltags für alle, die pädagogische Vision auf ästhetisch-moralische Bildbarkeit aller Schichten, die politische Vision auf einen Ausgleich der sozialen Widersprüche, dazu auf die wirtschaftliche und kulturelle Führungsposition Deutschlands in der Welt gerichtet. Das ist der Hoffnungshintergrund der Kunsterziehungstage und der Kunstgewerbereform gewesen.

Von der Wiederentdeckung der Sinnlichkeit und einer ästhetisch grundierten Bildung in Gegenposition zum funktionellen Rationalismus schulischen Lernens, von der Vermittelbarkeitsbehauptung von Hochkunst zur allgemeinen ästhetischen Ansprechbarkeit des Lernsubjekts, von Lehren der ästhetischen Erfahrung zu einer davon begründeten Ethik des Handelns lassen sich Grundstrukturen des kunstpädagogischen Denkens bis heute verfolgen.

Aber durch den katastrophalen Verlauf der deutschen Geschichte ist das visionäre Potential der Kunsterziehungsbewegung gebrochen, sind tragende Ideologeme entwertet worden. Die kurze musische Renaissance nach 1945 wirkt nur noch wie ein Abgesang oder als Verdrängungsversuch kommender Rationalisierungen des kunstpädagogischen Bewußtseins, das nach 1968 zu einem Neuansatz gesellschaftspolitischer Letztbegründetheit ästhetischer Erziehungsaktivitäten aufgerufen wurde, bis durch den neutralen Begriff des Paradigmenwechsels bezeichenbare didaktische Modelle von diffundierender Partialgültigkeit zur freien Wahl standen. Heute können wir zwischen Lehren der ästhetischen Rationalität, der ökologischen Ästhetik, der Kunstvermittlung, der Medienbeweglichkeit oder der Subjektkunstpädagogik oder einer Kombination von allem wählen.

Fast alle Konzepte verwehren die Einsicht, daß Kunstpädagogik tatsächlich durch ihre Nichtnotwendigkeit und Nutzlosigkeit begründet ist. Das erste Konzept, das keinen Nutzennachweis führt und offen zugibt, keine Legitimation zu besitzen und auch keinen Wert darauf zu legen, eine solche Formel zu entwickeln, ist die radikale Subjektkunstpädagogik.

Sie beruft sich auf ein verschwiegenes Motiv: Es kann sie nur so lange geben, so lange sie ertragen wird - wie die Kunst. Sie ist weder von der Kunst, noch vom Subjekt gefordert. Also auch von daher nicht legitimiert.

Braucht Kunst eine Pädagogik? Braucht der gegenwärtige Kunstrezipient Kunstpädagogik? Oder pfuscht diese nur einer Kunst ins Geschäft, die sich zunehmend mit ihrem Rezipienten kurzschließt? Kunst war noch nie so populär wie heute, der Massenzustrom ist sicher nicht eine Folge kunstpädagogischer Bemühungen. Kunstpädagogen wissen im Grunde, wie überflüssig sie sind, so daß es unter ihnen auch solche mit einem verdeckten Haß gegen die Kunst gibt, die ihre Notwendigkeit nie beweisen muß und sogar das Recht beansprucht, Sinneneinsicht zu verweigern, was Kunstpädagogen in die Pflicht nimmt, sich als Sinnproduzenten von Kunst bewähren zu müssen, während Künstler sie dabei im Stich lassen. Sagt doch Jochen Gerz: „Das was ich kann, kann jeder. Was ich tue, ist nicht wichtig, weil es Kunst oder Literatur ist, sondern weil ich es tue. Die Bedingung für das, was ich mache, ist nicht die Kunst, sondern das Leben.“[4]

Die Kunst der Geistesgegenwart des Lebens ist wahrscheinlich eine andere als jene vieler Kunstpädagogen, die Kunst in Kulturgut verwandeln und sie dadurch stillstellen helfen. „Der guten Sache nicht dienen. Jerusalem nicht befreien. Ausatmen!“ lautet daher der Rat von Jochen Gerz an alle. Und der Maler Rémy Zaugg geht so weit zu behaupten, daß ihn nur noch der Betrachter interessiere, „das Bild überhaupt nicht mehr“.[5]

Also auch nicht die Vermittlung von Kunst.

Die Notwendigkeit der Vermittlung von Kunst wird zwar immer wieder eingeklagt, aber vorzugsweise von Vermittlern, die ihr Geschäft betreiben, weniger von Künstlern, die das offensichtlich gar nicht interessiert.

Indizien sprechen dafür, daß es unter (Kunst-) Pädagogen auch einen versteckten Haß gegen das Subjekt gibt, das sich entzieht oder opponiert, und einen Selbsthaß. Denn jede Forderung, etwas Bestimmtes in bestimmten Formen institutionalisierter „Objektivität“ lernend und lehrend zu vollziehen, ist ein disziplinierender Feldzug gegen die Freiheitsbedürfnisse des Lern- und des Lehrsubjekts. Beide haben sich dieser vorausgesetzten Objektivitätsregel zu unterwerfen. Von den Lehrsubjekten tun es viele allzu freiwillig, was man von den Lernsubjekten nicht sagen kann. Anders ist zum Beispiel der Hang mancher Kunsterzieher zur Curriculum- und Richtlinientreue und zur Bereitschaft, systemisch bedingte „Selbstverständlichkeiten“ anzuerkennen und dies auch von ihren Schülern zu verlangen, nicht zu erklären. Ist das Subjekt, vor allem das ästhetische, des Teufels, „strenger“ Kunstunterricht ein Mittel der Inquisition? Oder wenigstens der Disziplinierung?

Unter Abzug aller Lust zur Übertreibung bleibt der Eindruck, daß das ästhetische Lehren und Lernen heute dringend einer Entregelung bedürfte. Subjektkunstpädagogik als Programm könnte ein Versuch sein, die Situation zu entspannen.

Subjektkunstpädagogik ist jedenfalls nicht damit zu legitimieren, daß sie die Brechung des Widerstands von Kunst gegen ihre pädagogisch organisierte Erschließung und die Brechung des Widerstands des

Subjekts gegen seine pädagogisch organisierte Bevormundung zur Aufgabe hätte.

Genau das wäre ihr falscher Überflüssigkeitsbeweis. Es gäbe dazu Alternativen:
Lehrsubjekt und Lernsubjekt können sich auf einer intersubjektiven Sinneinverständnisebene begegnen, zum Beispiel in Momenten gemeinsamer Situiertheit des Wahrnehmens: Da tut jemand etwas, und ein anderer schaut beipflichtend zu. Oder jemand stellt listig eine Wahrnehmungsfalle, und plötzlich sitzen beide drin. Jeder weiß oder ahnt vom anderen, daß er sich in Prozessen der ästhetischen Selbstvergewisserung befindet. Beide operieren in gewisser Weise „künstlerisch“, wobei die pädagogisch behauptete Grunddifferenz von Lehrsubjekt und Lernsubjekt momentan aufgehoben wird. Für beide geschieht etwas von subtil persönlicher Bedeutung und womöglich biographischem Gewicht. Beide wissen voneinander, daß jeder „wach da“ sein will, um bewußter zu leben. Auf dieser existentialästhetischen Ebene kann es zu Verständigungen jenseits des feindseligen pädagogischen Verhältnisses kommen. Ich muß gestehen, daß ich um dieser Augenblicke willen Lehrer bin. Wenn ein Subjekt etwas tut oder für mich erkennbar denkt, was sich als seine ästhetische Möglichkeit oder als Projektion seines Wunsches nach Gegenwärtigkeit erweist, bin ich zufrieden.
Subjektkunstpädagogik ist durch den Eigensinn des Lern- und des Lehrsubjekts legitimiert. Ein anderes Motiv kann ich nicht erkennen, eine gesellschaftliche Legitimation jedenfalls nicht. Es gibt nur dieses (mein) Interesse (genannt pädagogische Neugier) am Wahrnehmen, Handeln und Denken von Lernsubjekten, die genußvolle Teilhabe des Beobachters, der aus seiner Rolle als Lehrsubjekt fällt. Das kann er natürlich nur kurz. Aber die Möglichkeit zur zeitweiligen Befreiung beider Subjekte vom pädagogischen Zwang besteht aufgrund des legitimationsfreien Raumes, in dem kunstpädagogische Praxis heute gedacht werden darf.
Von Lehre kann in solchen Momenten keine Rede sein, eher von einem Lern-Geschehen. Das ist keine pädagogische Kategorie, sondern eine existentielle.

Eine didaktikfreie Zone

Alles spricht für den Verzicht auf traditionelle Legitimationsformeln. Alles spricht für eine Entdidaktisierung kunstpädagogischer Praxis. Nicht um kunstpädagogische Gedankenlosigkeit zu unterstützen, sondern um einer Solidarität des Bewußtseins willen, gerade im Unnützen, Nichtnotwendigen etwas noch Sinnvolles zu tun. Gebraucht wird dazu ein Versuchsgelände, eine didaktikfreie Zone zwischen Subjekt und wahrnehmbarer Welt, Subjekt und Kunst, Lehrsubjekt und Lernsubjekt. Wie unseriös es wäre, legitimatorisch weiterzuargumentieren, um das alte Pädagogenspiel zu spielen, zeigt sich auch daran, daß keine der je aufgestellten Nutzen- und Notwendigkeitsbehauptungen bis hin zu

neueren Beiträgen jemals den empirischen Beweis ihrer Wahrheitshaltigkeit angetreten hat. Wer heute zum Beispiel behauptet, ästhetische Bildung habe irgendeine Auswirkung auf das Wirtschaftssubjekt, fände einen historischen Hinweis in einer ironischen Quelle, nämlich dort, wo Robert Musil der Romanfigur des Großindustriellen Arnheim die Bemerkung in den Mund legt, Intuition sei die Begründung seiner Geschäftsfähigkeit. Im Grunde könnte man ästhetische Bildung für alles oder nichts in Anspruch nehmen. Man stelle sich einen Börsenmakler, eine Chipingenieurin, eine Kauffrau oder einen Facharbeiter vor, die in ihrem Beruf irgendetwas aus der Erinnerung eines Kunstunterrichts besser machen könnten. Doch zweifellos sind sie Subjekte ihrer Gegenwart, und es wäre subjektkunstpädagogisch interessant, was sie sonst so machen, um am Leben teilzunehmen. Das gilt auch für alle Forderungen und Behauptungen, Subjekte durch ästhetische Erziehung oder Bildung zu gesellschaftlich „guten", z. B. aufgeklärten, sich sozial verhaltenden, ökologisch denkenden, kulturell kompetenten usw. - also in einem höheren Sinne nützlichen - zu machen. Die Grenze des kunstpädagogischen Überziehungskredits muß neu markiert werden.

Subjektkunstpädagogik kann - wenn überhaupt - ihre Letztbegründetheit nur im existentiellen Bedürfnis des Subjekts finden, sich daseiend zu spüren. Sie ist nur insoweit begründungsfähig, als sie - wie die Kunst - das Subjekt-Weltverhältnis in das Zentrum ihrer Beteiligungsangebote oder Inszenierungen rückt. Alle anderen Zielbegründungen sind obsolet. Man kann sich nur noch auf die ästhetische Selbstkonstitutionsfähigkeit des Subjekts berufen. Sie ist das „Motiv" subjektkunstpädagogischen Denkens und Handels und seine Begründung.

Der Gedanke ist nicht unbedingt originell. Man erinnere, daß das ästhetische Subjekt Schillers, von der Schönheit überwältigt, einen eigenen „ästhetischen Bildungstrieb", wie es im 27. Brief zur ästhetischen Erziehung des Menschen heißt, entwickelte, also der idealistisch-klassischen Idee nach keinen ästhetischen Erzieher brauchte. Den wir für einen solchen halten, gab es erst rund hundert Jahre später, als die Kunsterziehungsbewegung entstand, nachdem die Nähe des sich selbst bildenden bürgerlichen Subjekts zum Ästhetischen nicht mehr selbstverständlich gegeben war und das Argumentieren für eine allgemeine Erziehung zur Kunst und durch Kunst erfunden werden mußte. Heute könnte Kunstpädagogik gerade in dem Maße für notwendig und begründet gelten, in dem sie erwiesenermaßen nicht notwendig und unbegründet ist. Didaktik kann momentan nur in Form ihrer äußersten Selbstfraglichkeit produziert, daß heißt, als Hermeneutik ästhetischer Subjektaktivitäten betrieben werden. Das Konzept einer nutzlosen Kunstpädagogik ohne Notwendigkeit liegt in der Luft, ohne daß die scheinbare Absurdität des Gedankens stört.
Doch so lange es der Mehrheit der Kunstpädagoginnen und Kunstpädagogen wie ihren didaktischen Ratgebern an Mut fehlt zu zwinkern, wenn sie die gesellschaftlich unverzichtbaren, äußerst positiven Folgen ihres Handelns beschwören, werden sie wei-

terhin in Angst vor ihrer Abschaffung leben und weiter ihre Nützlichkeit und Unersetzlichkeit zu behaupten versuchen. Nun zwinkere ich selbst heftig aus Verlegenheit, weil ich mit diesem Buch begründe, weshalb es mich noch als Kunstpädagogen gibt.

Zusammengefaßt:

Es sind zwei kunstpädagogische Blickrichtungen auf das Subjekt der Gegenwart denkbar - eine, die unter dem Anspruch ästhetischer Eigenarbeit in Wahrnehmungssituationen gesellschaftlicher Wirklichkeit führt (mit der Möglichkeit des Hineingleitens in künstlerische Formprozesse der Erfahrungstätigkeit), und eine, die Konfrontationen des Subjekts mit Gegenwartskunst inszeniert, mit einer Kunst, die sich in reflexiver Distanz zu Wirklichkeiten der Gegenwart befindet, aber eben auch in ihrer Nähe.

So ergibt sich eine noch fast traditionell auf das Verhältnis von Kunst und Subjekt bezogene und eine neue, das Kunstpädagogische transzendierende, existentialästhetische Komponente des experimentellen (auto-)didaktischen Denkens unter Gesichtspunkten der Situierung oder der Konfrontation - beide verstanden als Anstöße zur autopoietischen Konstitution des Subjekts.

Es wäre das Subjekt, das sich in seiner eigenen Gegenwart spürt und denkt - in momentanen Entwürfen eines Selbstkonzepts auf Probe. Es wäre jenes nichtsnutzige ästhetische Subjekt, das sich selbst produziert und das sich - wie eine Künstlerin oder ein Künstler - nicht vorschreiben ließe, was es wie tun und denken soll. Derart begründungslos begründet müßte eine Subjektkunstpädagogik sich selbst behaupten können. Sie darf zu Wahrnehmungen, Handlungen, Selbstentwürfen, Sinnvermutungen verführen oder zusehen, wie die Angeregten sich dazu selbst situieren. Sie darf sich als Sammlungsort ästhetischer Handlungs- und Reflexionsentwürfe verstehen, vielleicht als eine Art Kunst der Anstiftung von Subjekten zum Selbstexperiment und als kooperative, ja komplizenhafte Begleitung auf Wegen ins Unbekannte der Wahrnehmung, der Selbstwahrnehmung und der Formfindungsprozesse.

Gesellschaftliche Aussicht

Möglich, daß sich neue Legitimationsfiguren für subjektkunstpädagogisches Handeln aufbauen. Zwei Stränge der gesellschaftlichen Modernisierung zeichnen neue Aufgabenbereiche ästhetischer Bildungspraxis vor, von denen erst einer in das Blickfeld der Kunstpädagogen geraten ist: die ausstehende Ertüchtigung für das Leben im Medienzeitalter, wobei noch unklar ist, welche Fähigkeiten wie zu vermitteln wären. Der andere Strang ist die gegenwärtige Abwertung und Umwertung gesellschaftlich produktiver Arbeit. Darüber wird im kunstpädagogischen Raum nicht nachgedacht, das Problem scheint hier noch nicht in der Wahrnehmung angekommen. Niemand weiß heute, welche

Rolle kunstpädagogischen Praxen in einer Gesellschaft nach der Arbeit zugewiesen wird.
Daß eine solche Zuweisung unausweichlich ist, ja daß sie sich im gesellschaftlichen Raum vorbereitet, scheint mir unstrittig. Um der Verdrängung dieser absehbaren Tatsache zuvorzukommen, versuche ich es mit dem historisierenden Blick: Fachdidaktikgeschichte ist nicht ohne parallele Pädagogikgeschichte, diese wiederum nicht ohne Bezug zum ökonomischen, kulturellen, politischen und mentalen Zeithintergrund zu verstehen, dessen Ausdruck sie ist.

Für historisierende Didaktikforscher dürfte kein Zweifel daran bestehen, daß Kunstpädagogik ihre stabile Nischenexistenz eben jenen gesellschaftsformenden Gewalten verdankt, deren negativen Begleiterscheinungen sie begegnen soll. Insofern braucht es uns nicht zu wundern, daß es kunstpädagogische Praxen trotz aller Rationalisierungstendenzen im Bildungsbereich immer noch gibt. Kunstpädagogik ist eine legitime „Funktion" der Industriekulturgeschichte. Sie beginnt mit ihr und ist seither ununterbrochen damit befaßt, zwischen der erwarteten Zulieferung angeblich verwendungsfähiger Qualifikationen für das Produktionssystem und angeblichen Befreiungen des industriekulturell geprägten Subjekts vom Druck der Produktionsökonomie, also zwischen systemisch bedingten Anforderungen wie Qualifizierung und Entlastung und dem Selbstbildungsanspruch des ästhetischen Subjekts zu vermitteln. Das will nicht recht gelingen. Es ist gleichsam die offene historische Wunde der Kunstpädagogik, die sich nie schließen wird, weil sich zwischen den Freiheitsräumen der Kunst und des Subjekts einerseits und den Bindungen des Bildungssystems an die gesellschaftliche Ökonomie und ihre Dynamik andererseits nur Scheinversöhnungen inszenieren lassen. So gibt es eine immer wieder aufflammende Kompensationskritik.
Wir müssen jedoch als fundamentale Tatsache akzeptieren, daß Kunstpädagogik von ihrem Ursprung an kompensatorische Funktionen zugewiesen bekommen hat. Sie lassen sich alle letztlich auf ein einziges Motiv, auf die entfremdete Arbeit und ihre Auswirkungen zurückverfolgen. So groß die Entfernung kunstpädagogischer Praxis zu Begriff und Wirklichkeit der industriellen Arbeit auch immer gewesen ist, so nahe ist sie ihr als Hoffnungsentwurf seiner subjektbildenden Gegensteuerung immer geblieben. Dies aus dem Eigeninteresse des systemischen Selbsterhalts einerseits und aus dem emanzipatorischen Interesse pädagogisch handelnder „systemkritischer" Subjekte andererseits.
Was hier jeweils überwogen haben mag, möchte ich nicht entscheiden müssen. Seit dem ersten Modernisierungsschub der deutschen Großindustrie um 1900, also mit Beginn der zeitgleich sich entwickelnden Kunsterziehungsbewegung, korrelieren die scheinbar weit auseinanderliegenden Kategorien industriebestimmter Erwerbsarbeit und ästhetischer Bildungsarbeit in dieser Weise. Mit der modernen Kunsterziehungsidee spielt sich so etwas wie ein Konsens auf gesellschaftlich erwünschte, differenzierte Leistungsprofile kunstpädagogischen Handelns ein, der Zielsetzungen und Anforderungen der Arbeit im Produktionssektor mit Gegenströmungen der Bildungsarbeit konfrontiert. Die als Aufbruch zu

einer kulturellen Erneuerung und Eintritt in ein reformpädagogisches Zeitalter gefeierte Kunsterziehungsbewegung bleibt also bruchlos in den Rahmen der gesellschaftlichen Strukturen eingespannt, aus dem sie hervorgegangen ist, obwohl sie in Opposition zur industriellen Rationalität zu stehen scheint.

Heute wäre kaum noch von einem Gegenbild der Bildung zur entfremdeten Arbeit zu sprechen (viele würden weniger leiden, hätten sie eine solche), sondern eher von einem Bezugnehmen auf das sich selbst entfremdete, weil seiner kulturellen Verwirklichung durch Arbeit beraubte Subjekt, das sich mit der neuen Situation des Verschwindens der Arbeit im alten Sinne konfrontiert sieht.

Als Kunstpädagoge kann man nicht so tun, als ginge einen das nichts an. Auch ein noch so radikal gedachtes subjektkunstpädagogisches Programm, das von sich selbst behauptet, keine Kompensationsabsicht zu verfolgen und ganz der Freiheit der Kunst und der Unbestimmtheit des postmodernen Subjekts verpflichtet zu sein, könnte aus dem gesellschaftlich-historischen Kontext nicht ausscheren, dem es die eigene, und sei es nur gedachte Existenz verdankt. Wer im Zeitalter der knappen Arbeit über ästhetische Arbeit, ästhetische Intelligenz und ästhetisches Subjekt nachdenkt und dazu praktisch experimentiert, kann sein Wissen um die gegenwärtige Problemlage nicht ausblenden. Im Gegenteil. Plötzlich gewinnen scheinbar abseits konstruierte didaktische Baustellenbegriffe eine zunächst vielleicht gar nicht beabsichtigte Tiefendimension des gesellschaftlichen Wirklichkeitsbezugs, und der verträumte Subjektkunstpädagoge sieht sich aus dem Schatten seiner Nischenexistenz ins grelle Licht einer harten gesellschaftlichen Realität gezerrt.

Bis vor Kurzem war es selbstverständlich, den größten Teil des Lebens mit Erwerbsarbeit zuzubringen. Arbeit war biographiebestimmender Faktor schlechthin. Man hatte seinen Beruf bis zum Rentenalter. Ausbildung und Bildung blieben der Sicherung dieser Arbeitsbiographie unter- und zugeordnet. Heute sieht sich die historische Kategorie Produktionsarbeit als lebensbestimmendes und sinngenerierendes Prinzip erstmals in Frage gestellt. Nachdem zunächst ratlos von einer Gesellschaft nach der Arbeit die Rede war, werden inzwischen Konzepte einer neuen „Tätigkeitsgesellschaft“[6] diskutiert, in denen traditionelle Erwerbsarbeit, Gemeinwesenarbeit und individuell bestimmte produktive Praxis zu einer neuen, zusammengesetzten Beschäftigungsweise führen sollen, damit die vorhandene Arbeit umverteilt werden kann, nicht mehr bezahlbare Dienstleistungen im sozialen Sektor sichergestellt sind und den Einzelnen Zeit zu privat bestimmter Produktivität bleibt. Wer in einem solchen Moment unvorsichtigerweise den Begriff ästhetische Arbeit auch nur in den Mund nimmt, sieht sich nolens volens in den Kreis derer eingereiht, die über Neudefinitionen des gesellschaftlichen Arbeitsbegriffs nachdenken, auch wenn man entschieden verneint, daß ästhetische Arbeit in irgendeiner Weise den Verlust lebenserhaltender Arbeit je ausgleichen könnte.[7]

Inzwischen kann der Gedanke nicht zurückgewiesen werden, daß ästhetische Arbeit gerade heute in einer Phase der Sinnkrisen des Subjekts infolge

Arbeitsmangels eine Rolle spielen, also vereinnahmt werden könnte. Es gibt längst gesellschaftlich weit verbreitete Substitutformen von Arbeit, darunter so anstrengende wie den Leistungs- und Breitensport oder jene extremen Abenteuer, die den Kick des Überlebens versprechen, oder auch nur die unproduktive Verausgabung beim Bodybuilding als Selbstzweck. Aussetzungs- und Anstrengungsbereitschaft existiert massenhaft außerhalb des ästhetischen Bildungsbereichs. Offenbar gibt es eine gesellschaftliche Kompensationsautomatik im Zeitalter der Arbeitsknappheit und der Anstrengungslosigkeit.

Subjektkunstpädagogen mögen sich noch so gegen unerwartete Indienstnahme sträuben. Sie sind einem allgemeinen Mangel konfrontiert, und da sie behaupten, daß Wahrnehmungsanstrengung in Sinngebung übergeht, daß der Selbstkonstitutionsprozeß des ästhetisch arbeitenden Subjekts einen Wert für sich darstellen kann, sind sie an einer Diskussion beteiligt, die am Wertbegriff der Arbeit festhält, die das Leben weiter als produktive Tätigkeit beschreibt, die dem Begriff der Freizeitgesellschaft mißtraut, weil „ein großer Teil der sogenannten Freizeit mit freiwilliger Arbeit verbracht" wird, und die von der Ökonomie des Gesellschaftlichen her die Sinnfrage neu stellt: „Die Entwicklung hin zu einer zunehmenden Differenzierung der verschiedenen Arten produktiver Arbeit als komplementäre Elemente einer Persönlichkeit ist relativ neu."[8]

Das klingt wie ein Plädoyer für das dividuelle Subjekt, das sich endlich in differenten Formen und auf verschiedenen Ebenen produktiver Arbeit verwirklichen darf - auf wechselnden Erwerbsarbeits-Teilzeitplätzen mit wechselnden Qualifikationen, in Positionen sozialer Arbeit auf freiwilliger Basis, in persönlich frei gewählten Feldern ungebundener Bildungsaktivitäten usw. Weshalb also nicht auch in Formen ästhetischer Arbeit?

Nicht nur ein neu gewonnener postmodern-subjekttheoretischer Standpunkt, auch die Konturen einer neu aufgeteilten Arbeitswirklichkeit werden zukünftig zu kunstpädagogischen Reaktionen führen müssen. Zu welchen, wissen wir noch nicht.

Das gesellschaftliche Feld der pädagogischen Dispositionen befindet sich im Umbruch - europaweit. Kein Mensch weiß, was mit dem grundlegenden Wandel der alten Arbeitsgesellschaft in eine neue Tätigkeitsgesellschaft mit beschränkter Haftung für eine vielfältige Mischung und Brechung produktiver Beteiligungsinteressen und -perspektiven auf das Bildungssystem zukommt. So darf sich die Didaktikproduktion eine Erholungspause gönnen. Es ist ein seltener, vielleicht kostbarer Augenblick: ein Moratorium in der Geschichte der unablässigen Verteidigung des kunstpädagogischen Auftrags, allen Einreden von berufener und unberufener Seite zum Trotz.

Das kunstpädagogische Denken erscheint momentan freigesetzt, was man daran erkennen mag, daß es plötzlich eine Modellierung von Vorstellungen jenseits der alten Nützlichkeits- und Begründetheitsstandpunkte geben kann, so daß jemand eine kunstpädagogische Theorie des Augenblicks sub-

jektiver Sinnsetzungen auf Probe gründen darf - wie hier vorgeschlagen. Vielleicht liegt diese Idee derzeit - wer weiß, wie lange noch - gesellschaftlich erlaubt (oder gar erwünscht) in der Luft?

Resümee

Auch wenn hier behauptet wird, daß kunstpädagogische Praxen ihre traditionelle Begründungsbasis im gesellschaftlichen Nutzen verloren haben und neue Anforderungen sich gerade erst formulieren, ist damit nicht die Stillegung didaktischen Denkens empfohlen. Die Baustelle ist nicht geschlossen. Es ist nur eine Besinnungspause angesagt. Darin erscheint das vorgeschlagene Modell einer radikalen Subjektkunstpädagogik als momentan denkbares, in seiner historischen Gültigkeit gewiß begrenztes Experiment. Theoretisch einer konstruktivistisch unterlegten Vorstellung von Selbstbildungsmöglichkeiten des Subjekts verpflichtet, praktisch durch ein Hervorheben der Wahrnehmungsaktivität und -reflexivität in der Konstitution der Selbst- und Weltbilder des Subjekts instrumentiert, erscheint das subjektkunstpädagogische Denken als ein von gültigen Paradigmen und exemplarischen Realisationsverläufen gestützter Versuch, Kunstpädagogik reflektiert zu praktizieren, um die Sinnfallen zu umgehen, die auf ihrem Gelände versteckt oder offen aufgestellt sind. Vom Denkansatz her ist Subjektkunstpädagogik weder therapeutisch, noch kompensatorisch oder anderweitig nützlichkeitsorientiert, obwohl sie solche Nebeneffekte nicht ausschließt. Sie ist ein Angebot für Gegenwartssubjekte, sich als Subjekte ihrer Gegenwärtigkeit wahrzunehmen und damit bewußt Gegenwart mitzuproduzieren. Dabei ist Subjektkunstpädagogik als Entwurf aus einer Hermeneutik der Praxis entstanden, die für Bescheidenheit und Begrenzung plädiert. Viele didaktische Theorien neigen zu Überverbindlichkeiten, das heißt, sie werden unrealisierbar durch den geforderten erzieherischen Überbietungseifer, der in einen aussichtslosen Wettlauf mit gesellschaftlichen Erfordernissen eintritt, die, wie die Geschichte des Faches Kunst gezeigt hat, nie eingeholt worden sind.

Dagegen wäre eine Praxis der Situierung des Subjekts in Feldern seiner Gegenwartserfahrung und der Konfrontation mit sich selbst im Wahrnehmungsakt - sei es vor Ausschnitten gelebter Wirklichkeit oder vor Kunst - ein sowohl theoretisch hinreichend begründeter als auch praktisch umsetzbarer Beitrag zu ästhetischen Selbstbildungsprozessen. Im weiteren Sinne wünschbare kulturelle, soziale, ökologische das heißt auch insgesamt „politische" Sensibilitäten bedürfen der Basis eines wahrnehmungs-, empfindungs- und reflexionsfähigen Subjekts, das als historisch und kulturell bestimmtes immer auch in seinen individuellen Erfahrungen und Entscheidungen gesellschaftlich kommuniziert und interagiert. Es ist nicht nötig, dieses seiner selbst bewußtwerdende Subjekt mit einem normativen Forderungskatalog von allgemeinen ästhetischen Erziehungszielen zu überziehen. Subjektkunstpädagogische Praxis führt

eine diskrete Möglichkeit vor, die Selbstbewegungsfähigkeiten des Subjekts, die ihm eigenzugängliche ästhetische Intelligenz des Wahrnehmens, Handelns und Reflektierens zwischen alltäglicher Welt und Kunst unter Beweis zu stellen. Man mag diese Möglichkeit als einschränkende Option verstehen. Daß zu ihrer Verwirklichung ausbaufähige Räume der Inszenierung und brauchbare methodische Instrumente zur Verfügung stehen, dürfte als bewiesen gelten.

So weit, so gut. Oder nicht, werden skeptische Leserinnen und Leser befinden - auch solche, die dem vorgeschlagenen Praxismodell und seinen Beispielbelegen aufgeschlossen gegenüberstehen.
Günther Regel äußert sich in einem Brief vom Juli 1998: „Irgendetwas stört mich, insbesondere in den stärker theoretisch gehaltenen Passagen. Ich sehe mich (noch) nicht in der Lage, präzise zu sagen, was mir Unbehagen bereitet, aber es hängt sehr wahrscheinlich zusammen mit der, wie ich finde, über jeden Selbstzweifel erhabenen Verabsolutierung mancher Ihrer Thesen.“ Der Verdacht trifft mich um so mehr an empfindlicher Stelle, als das ganze Buch aus Selbstzweifeln an meiner Eignung und Aufgabe als Kunstpädagoge entstanden ist. Von erhabener Verabsolutierung kann keine Rede sein. Vielmehr hat mich trotz aller Erfahrungsgrundiertheit des Sprechens gerade die professionelle Verunsicherung auf Ab- und Umwege der doppelten Verneinung und in die Rigidität rücksichtslosen, abenteuerlich abweichenden Denkens getrieben, was ich keinesfalls bereue. Warum soll ich Rücksicht auf andere nehmen? Solche Methode abwägender Vorsicht ist schon viel zu lange auf das Kunstpädagogische angewendet worden.

Heute läßt sich das vielleicht noch wünschbar „Positive“ allenfalls in Formen seiner Dekonstruktion beschreiben. Auch diese vermutlich wiederum zu selbstsicher vorgebrachte These ließe sich auf das Kunstpädagogische übertragen: Heute ist nur noch eine gebrochene Antipädagogik des Ästhetischen denkbar, alles andere wäre blinder Traditionalismus. Eine Zukunft hat Kunstpädagogik nur, wenn sie sich selbst in Frage stellt. Doch auch diesen feststellenden Satz aus überzeugter Einsicht und Erfahrung kann ich nur in verletzender Schärfe oder ironischer Gebrochenheit und nicht in einer schonungsvollen, Leserin und Leser besänftigenden Weise niederschreiben.
Schließlich kann ich , indem ich aus guten Gründen Kunstpädagogik zu einer Kunst erkläre, die das Lehr- und das Lernsubjekt beschäftigt hält, nicht eine Sprache sprechen, die so tut, als habe sie nicht mit Kunst, sondern nur mit einem wissenschaftsrational verbrämten Zweckdenken namens Kunstpädagogik zu tun. Nirgends verraten Kunstpädagogen sich und ihre Sache so wie in ihrer Sprache.
Oder anders ausgedrückt: Wenn einem die Sache egal ist, ist auch die Art, wie man von ihr spricht, egal. So kann ich aber nicht verfahren.
Ich muß eine Sprache führen, die Widersprüche, Brüche, Zweifel, Dunkelheit und Klarheit, Bestimmtes und Unbestimmtes in sich aufnimmt. Es ist wie in der Kunst: Wenn die Praxis des Bildes und des Bildens, die einer als Kunst treibt, nicht mehr

sagt als ihre Theorie, taugt sie eben als Kunst nicht viel.

Wer immer der Kunstpädagogik theoretische Anweisungen gibt, meint sie natürlich nicht als Kunst, sondern will sie als Technik des Bildens absichern oder verbessern. Ich halte diese Absicht für ehrenwert. Aber sie ist nicht mein Geschäft. Wünschenswert wäre der Fall ins Bodenlose einer Krise, in das Bewußtsein der eigenen Widersprüchlichkeit, in den Prozeß der Selbstdekonstruktion, in dem wir entscheiden müssen, was wir in Zukunft wollen. Ich weiß wenigstens, was ich nicht will. Dazu zählt, daß dieses Buch weder Gebrauchsanweisung sein kann noch möchte.

Ich berichte hier von einem Jahrzehnt rücksichtslosen experimentellen Erfahrungshandelns und entsprechender Konsequenzen des Denkens. Dazu nehme ich mir das Recht sprachlicher Spröde in Uneindeutigkeit und Eindeutigtkeit. Ich nehme mir das Recht, als Künstler zu sprechen.

Wenn von einzelnen Sätzen dieses Buches oder von seiner Grundgestimmtheit Irritationen ausgehen, sind sie unvermeidlich.

Ich provoziere nicht aus Lust an der Provokation. Es bleibt mir keine andere Wahl: Wer Kunstpädagogik widerspruchsfrei, in Zielsetzungen und Begründungsformeln glatt aufgehend beschreibt (und das tun „Didaktiken“ in der Regel), beschreibt sie falsch.

Kunstpädagogik kann ihren Rest an verquerem Sinn heute nur noch auf dem Umweg über das gewagte, erfolgsunsichere Experiment einer alternativen Praxis finden. Andernfalls würde sie zur fragwürdigen Institution erstarren, die sich mit der Illusion am Leben hält, unverzichtbar zu sein.

1 Aus unveröffentlichten Aufzeichnungen Norbert Weisers, die mir in losen Manuskriptblättern vorliegen.

2 A.a.O.

3 Karl-Josef Pazzini: Merkmale ästhetischer Bildung. In: BAKEB Information, Hg. Bundesarbeitsgemeinschaft Katholischer Erwachsenenbildung in Österreich. Wien 1996, S. 5

4 Jochen Gerz in Günter Metken: Spurensicherung - Eine Revision. Texte 1974-1995. Amsterdam 1996, S. 170

5 Rémy Zaugg in Wolfgang Kemp: Zeitgenössische Kunst und ihre Betrachter. Köln 1996, S. 52

6 Vgl. z. B. Jeremy Rifkin: Das Ende der Arbeit und ihre Zukunft. Frankfurt am Main 1994. Vgl. auch Orio Giarini/Patrick M. Liedtke: Wie wir arbeiten werden. Der neue Bericht an den Club of Rome. Hamburg 1998, sowie Uwe Jean Heuser/Erika Martens: Zwischen Zwang und Spaß, in: Die Zeit Nr. 10 vom 20.02.1998, S. 24 f.

7 Vgl. Gert Selle: Ästhetische Arbeit. Vortrag in der Reihe EIGENHÄNDIG zum zehnjährigen Bestehen der Werkbund Werkstatt Nürnberg. In: BDK-Mitteilungen 1/1997

8 Giarini/Liedtke, a.a.O., S. 210

Nachwort

Anne Duden, Schriftstellerin, fragt, wie es zu poetischen Sätzen kommen könne:

„Etwa schlicht durch Sensibilität, durch lange und geduldige Schulung, rotes oder weißes Martyrium, durch Müttergesangsvereine, über angestrengtes Spähen durch Hagioskope, oder beiläufig, unterwegs, über den Weg von Not und Bedürftigkeit oder Begehren und Sehnsucht?
Vielleicht erreicht man sie aber gar nicht. Vielleicht kommen sie, buchstäblich, nur über einen. Oder sie unterlaufen einem. Oder man begeht sie wie ein Verbrechen gegenüber der Allgemeinheit und mitten in ihr; oder sie werden verübt wie eine Indiskretion, auch um dann, überraschend, ans Licht zu kommen, Licht der Öffentlichkeit und Veröffentlichung. Vielleicht erfüllt man sie sich auch nur wie einen lang gehegten Wunsch, kann sie sich endlich erfüllen. Oder man erkennt sie bloß, kann sie auf einmal erkennen im Zustand der Liebe (...).
Etwas Fremdes oder ein Außersichsein, das aber als Aggregat offenbar immer schon gegeben ist, ein Vorkommen, und fortwährend als solches sich auch hält, unverbraucht und unaufzehrbar, und darauf wartet - das möchte zumindest ich als Schreibende (...) annehmen - in Erscheinung treten zu können durch einen ungemeinen Satz zum Beispiel, durch seine Niederschrift.“*

Das Geheimnis, wie Kunst gelingt und weshalb der Drang, sie zu machen oder zu spüren, unaufhörlich ist, wird zwar nicht gelüftet, aber umschrieben. Schon das ist eine Kunst. Wir sollten uns als Kunstpädagogen einen Reim darauf machen.

* Anne Duden: Vom Versprechen des Schreibens und vom Schreiben des Versprechens, in: Lobreden auf den poetischen Satz. Literarisches Collegium Wolfenbüttel, hrsg. von der Stiftung Niedersachsen in Zusammenarbeit mit der Herzog August Bibliothek Wolfenbüttel und der Bundesakademie für kulturelle Bildung Wolfenbüttel 1998, S. 10-11

Adolph, Volker: Das Ich und der Körper. Zur Konstruktion des Subjekts in der amerikanischen Kunst seit 1975.
In: Kat. Multiple Identity. Amerikanische Kunst 1975-1995 aus dem Whitney Museum of American Art. Ostfildern 1997

Adorno, Theodor W.: Ästhetische Theorie. Gesammelte Schriften Bd. 7. Frankfurt am Main 1990

Ammann, Jean-Christophe: Bewegung im Kopf. Vom Umgang mit Kunst. Regensburg 1993

Arlinghaus, Claus: Erfahrungen aus einem ästhetischen Projekt und Analyse der impliziten Didaktik. Hausarbeit im Rahmen der Ersten Staatsprüfung für das Lehramt an berufsbildenden Schulen im Lande Niedersachsen. Oldenburg 1996

Baudrillard, Jean: Videowelt und fraktales Subjekt. In: Aisthesis. Wahrnehmung heute oder Perspektiven einer anderen Ästhetik. Hg. von Karlheinz Barck, Peter Gente, Heidi Paris, Stefan Richter. Leipzig 1990

Boehm, Gottfried (Hg.): Was ist ein Bild? München 1994

Böhme, Hartmut: Das Licht als Medium der Kunst. In: Paragrana 5, Heft 1, 1996

Bürger, Peter: Das Verschwinden des Subjekts. Eine Geschichte der Subjektivität von Montaigne bis Barthes. Frankfurt am Main 1998

Buschkühle, Carl-Peter: Wärmezeit. Zur Kunst als Kunstpädagogik bei Joseph Beuys. Frankfurt am Main/Berlin/Bern/New York/Paris/Wien 1997

Deleuze, Gilles: Woran erkennt man den Strukturalismus? Berlin 1992

Dewey, John: Kunst als Erfahrung. Frankfurt am Main 1980

Dinkla, Sönke: Pioniere interaktiver Kunst von 1970 bis heute. Edition ZKM, Hg. Zentrum für Kunst und Medientechnologie Karlsruhe/ Heinrich Klotz. Karlsruhe 1997

Duden, Anne: Vom Versprechen des Schreibens und vom Schreiben des Versprechens, in: Lobreden auf den poetischen Satz. Literarisches Collegium Wolfenbüttel hg. von der Stiftung Niedersachsen in Zusammenarbeit mit der Herzog August Bibliothek Wolfenbüttel und der Bundesakademie für kulturelle Bildung Wolfenbüttel, 1998

Frangenberg, Frank: Fischli/Weiss. „Arbeiten im Dunkeln". Ausstellungsbericht in Kunstforum International 140/1998

Griffel, Michaela: Möglichkeiten und Grenzen der sprachlichen Vermittlung einer Arbeit Ulrich Rückriems.
Hausarbeit im Rahmen der Ersten Staatsprüfung für das Lehramt an Gymnasien im Lande Niedersachsen. Oldenburg 1996

Hackmann, Yvonne/Meinen, Alexandra/Pieper, Beate/Schröter, Sabine/Winkler, Hilde (Hg.): das loch / des // nützes. Ästhetisches Projekt im Tagebaurestloch. Beiträge zu einer Exkursion ins Geiseltal von Studierenden der Carl von Ossietzky Universität Oldenburg und der Burg Giebichenstein - Hochschule für Kunst und Design Halle in Zusammenarbeit mit dem Institut für ökologische Ästhetik in Halle. Oldenburg 1996

Hackmann, Yvonne: Begegnung. In: Yvonne Hackmann u.a. (Hg.), a.a.O., 1996

Kamper, Dietmar: Rilkes Testament: Über die Assoziation von Arbeit und Liebe. In: Paragrana 5, Heft 2, 1996

Kamper, Dietmar/ Wulf, Christoph: Schweigen. Unterbrechung und Grenze der menschlichen Wirklichkeit. Berlin 1992

Kemp, Wolfgang: Zeitgenössische Kunst und ihre Betrachter. Jahresring 43/Jahrbuch für moderne Kunst. Köln 1996

Kösel, Edmund: Die Modellierung von Lernwelten. Ein Handbuch zur Subjektiven Didaktik. Elztal-Dallau 1995 [2]

Kritzokat, Elina: Erinnerungen. In: Yvonne Hackmann u.a. (Hg.), a.a.O., 1996

Lantermann, Ernst-D.: Bildwechsel und Einbildung. Eine Psychologie der Kunst. Berlin 1992

Ließmann, Konrad Paul: Von Tomi nach Moor. Ästhetische Potenzen - Nach der Postmoderne. In: Kursbuch 122/1995 („Die Zukunft der Moderne")

Luhmann, Niklas: Die Kunst der Gesellschaft. Frankfurt am Main 1995

Maset, Pierangelo: Ästhetische Bildung der Differenz. Kunst und Pädagogik im technischen Zeitalter. Stuttgart 1995

Matussek, Peter: www.heavensgate.com - Virtuelles Leben zwischen Eskapismus und Ekstase. In: Paragrana 6, Heft 1, 1997

Merleau-Ponty, Maurice: Das Sichtbare und das Unsichtbare. München 1994 [2]

Metken, Günter: Spurensicherung - eine Revision. Texte 1979-1995. Amsterdam 1996

Mollenhauer, Klaus/ Wulf, Christoph (Hg.): Aisthesis/Ästhetik. Zwischen Wahrnehmung und Bewußtsein. Weinheim 1996

Musil, Robert: Der Mann ohne Eigenschaften I. Roman, 1. u. 2. Buch. Reinbek 1996

Musil, Robert: Der Mann ohne Eigenschaften. Roman/II. Aus dem Nachlaß. Reinbek 1996

Nauman, Bruce: Image/Text 1966-1996. Kat. Kunstmuseum Wolfsburg. Ostfildern 1997

Otto, Gunter/Otto, Maria: Ästhetisches Verhalten. In: Kunstdidaktischer Diskurs. Texte zur Ästhetischen Erziehung von 1984-1995, Hg. Dietrich Grünewald. Velber 1996

Otto, Gunter: Ästhetische Rationalität. In: Wolfgang Zacharias (Hg.): Schöne Aussichten? Ästhetische Bildung in einer technisch-medialen Welt. Essen 1991

Otto, Gunter: Theorie für pädagogische Praxis. Antwort auf Gert Selle. In: Kunstdidaktischer Diskurs. Texte zur Ästhetischen Erziehung von 1984 - 1995. Velber 1996

Paetzold, Heinz: Ästhetik der neueren Moderne. Sinnlichkeit und Reflexion in der konzeptuellen Kunst der Gegenwart. Stuttgart 1990

Pazzini, Karl-Josef: Experiment „Ästhetische Bildung". Notizen zur Einleitung. In: BAKED Informationen, Kommunikation, Service 4/1995 „Ästhetische Bildung"
Hg. Bundesarbeitsgemeinschaft für Katholische Erwachsenenbildung in Österreich (Wien)

Peters, Maria: Blick - Wort - Berührung. Differenzen als ästhetisches Potential in der Rezeption plastischer Werke von Arp, Maillol, F. E. Walther. München 1996

Regel, Günther: Die Welt von morgen und die Kunst. Herausforderungen für die Erneuerung von Schule und künstlerisch-ästhetischer Erziehung. Vortrag vor der Hauptversammlung des BDK in Güstrow am 17. März 1995. In: Frank Schulz (Hg.), nachfolgend.

Regel, Günther: Künstlerisches Erleben ist nicht alles, aber es ist der Dreh- und Angelpunkt im Kunstprozeß.
Ein Gespräch mit Günther Regel, geführt von Frank Schulz. In: Frank Schulz (Hg.): Perspektiven der künstlerisch-ästhetischen Erziehung.
Texte zum Leipziger Kolloquium 1996 anläßlich des 70. Geburtstages von Günther Regel. Velber 1996

Richardt, Susanne: Lesen. Franz Erhard Walther. Stirn statt Auge. Das Sprachwerk. Ostfildern 1997

Richter, Gerhard: Text. Schriften und Interviews. Hg. Hans-Ulrich Obrist. Frankfurt am Main/Leipzig 1994 [2]

Ronte, Dieter: Multiple Identity. In: Kat. Multiple Identity. Amerikanische Kunst 1975 -1995 aus dem Whitney Museum of American Art. Ostfildern 1997

Rumpf, Horst: Didaktische Interpretationen. Galilei, Euler, Lichtenberg, Lessing, Tolstoi, Freud, Kükelhaus, Oevermann u.a. Weinheim/Basel 1991

Schiller, Friedrich: Über die ästhetische Erziehung des Menschen, in einer Reihe von Briefen. In: Friedrich Schiller. Sämtliche Werke, 2. Band. Stuttgart 1869

Schmalz, Alexandra: Rebecca Horn: Das gegenläufige Konzert (1987/97). Annäherung an ein Werkkonzept durch exemplarische Analyse. Prüfungsarbeit für das Lehramt an Gymnasien. Oldenburg 1998

Schmidt, Siegfried J. (Hg.): Der Diskurs des Radikalen Konstruktivismus. Frankfurt am Main 1994 [6]

Schmidt, Siegfried J.: Kognitive Autonomie und soziale Orientierung. Konstruktivistische Bemerkungen zum Zusammenhang von Kognition, Kommunikation, Medien und Kultur. Frankfurt am Main 1996 [2]

Schneede, Uwe M.: Joseph Beuys. Die Aktionen. Kommentiertes Werkverzeichnis mit fotografischen Dokumentationen. Ostfildern 1994

Schröter, Sabine: Tangenten. In: Yvonne Hackmann u.a. (Hg.), a.a.O., 1996

Schulz, Silke: Annäherung an Blinky Palermo. Entwurf eines autodidaktischen Methodenexempels. Magisterarbeit. Oldenburg 1998

Schumacher-Chilla, Doris: Ästhetische Sozialisation und Erziehung. Zur Kritik an der Reduktion von Sinnlichkeit. Berlin 1995

Seel, Martin: Die Kunst der Entzweiung. Zum Begriff der ästhetischen Rationalität. Frankfurt am Main 1985

Selle, Gert: Ästhetische Arbeit. Vortrag in der Reihe EIGENHÄNDIG zum zehnjährigen Bestehen der Werkbund Werkstatt Nürnberg. in: BDK-Mitteilungen 1/1997

Selle, Gert: Berührung durch Kunst. Ingo Arend sprach mit Gert Selle. Interview in Kunstforum International 131/1995

Selle, Gert: Betrifft Beuys. Annäherung an Gegenwartskunst. Unna 1994

Selle, Gert: Das ästhetische Projekt. Plädoyer für eine kunstnahe Praxis in Weiterbildung und Schule. Unna 1991

Selle, Gert: Das kunstnahe ästhetische Projekt. Erfahrungsarbeit des Lebens auf Wegen der Kunst.
Und: „Zeit" in Basel. Ein ästhetisches Projekt für fünf Tage.
In: Gert Selle/Jens Thiele (Hg.): Zwischenräume. Jahrbuch für Kunst- und kunstpädagogische Innovation. Oldenburg 1994

Selle, Gert: Gebrauch der Sinne. Eine kunstpädagogische Praxis. Reinbek 1988

Selle, Gert: Kunstpädagogik jenseits ästhetischer Rationalität? Über eine vergessene Dimension der Erfahrung. In: Kunst+Unterricht 192/1995

Selle, Gert: Soll man von ästhetischer Intelligenz reden? Ein ketzerischer Einwurf. In: BDK-Mitteilungen 2/1994

Shusterman, Richard: Vor der Interpretation. Sprache und Erfahrung in Hermeneutik, Dekonstruktion und Pragmatismus. Wien 1996

Sontag, Susan: Against Interpretation an Other Essays. New York 1966

Stoppa-Sehlbach, Ingrid: Wirklichkeit im Zeitalter der Virtualität. Déjà vu! - Kunst und Virtualität.
In: Bernd Flessner (Hg.): Die Welt im Bild. Wirklichkeit im Zeitalter der Virtualität. Freiburg (Brsg.) 1997

S.-Sturm, Eva: Im Engpaß der Worte. Sprechen über moderne und zeitgenössische Kunst. Berlin 1996

Texte über Ulrich Rückriem 1964-1987. Hg. Kunstsammlung Nordrhein-Westfalen Düsseldorf, Kölnischer Kunstverein, Städtisches Museum Abteiberg Mönchengladbach. Düsseldorf 1987

Thadden, Elisabeth v.: Auf vielen Füßen leben. In: Kursbuch 121/1995 („Der Generationenbruch")

Weiser, Norbert: Legen. Projekt mit sieben Kindern einer Grundschule in Neukölln. In: Gert Selle/Jens Thiele (Hg.): Zwischenräume. Jahrbuch für kunst- und kulturpädagogische Innovation. Oldenburg 1996

Wolfahrt, Günther: Das Schweigen des Bildes. In: Gottfried Boehm (Hg.): Was ist ein Bild? München 1994

Wulf, Christoph (Hg.): Vom Menschen. Handbuch Historische Anthropologie. Weinheim/Basel 1997

Zacharias, Wolfgang (Hg.): Schöne Aussichten? Ästhetische Bildung in einer technisch-medialen Welt. Essen 1991

Zacharias, Wolfgang (Hg.): Interaktiv. Im Labyrinth der Wirklichkeiten. Essen 1996

Zaugg, Rémy: Gespräche mit Jean-Christophe Ammann. Ostfildern 1994

Die Tagebücher von Christine Gelhausen und Alexandra Meinen, aus denen zitiert oder Bildmaterial entnommen wurde, waren im Original zugänglich.
Die Texte von Norbert Weiser liegen in Kopie nichtveröffentlichter Aufzeichnungen vor, sofern kein Publikationsnachweis geführt wurde.

Bildnachweis

Claus Arlinghaus (S. 62, 66/67, 93); Michaela Griffel (S. 136); Sandra Kramer (S. 23); Alexandra Meinen (S. 86, 88, 97); Beate Pieper (S. 28, 29); Timm Sander (S. 73); Sabine Schröter (S. 77, 78, 79, 80, 81); Gert Selle (S. 33, 53, 54, 55, 99, 168); Thomas Tauber (S. 36/37); Norbert Weiser (S. 17, 124, 126, 127); Hartmut Wiesner (S. 199)

Einbandgrafik nach einem Foto von Norbert Weiser (Lichtaktion mit Schülern)